82일 간 여행 코스

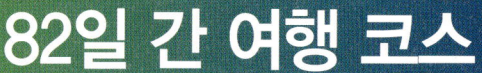

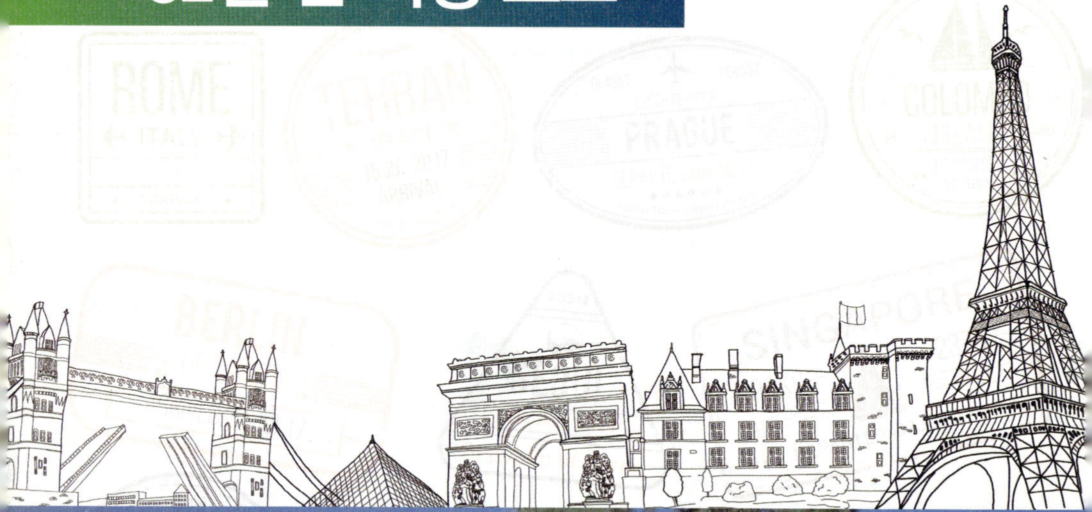

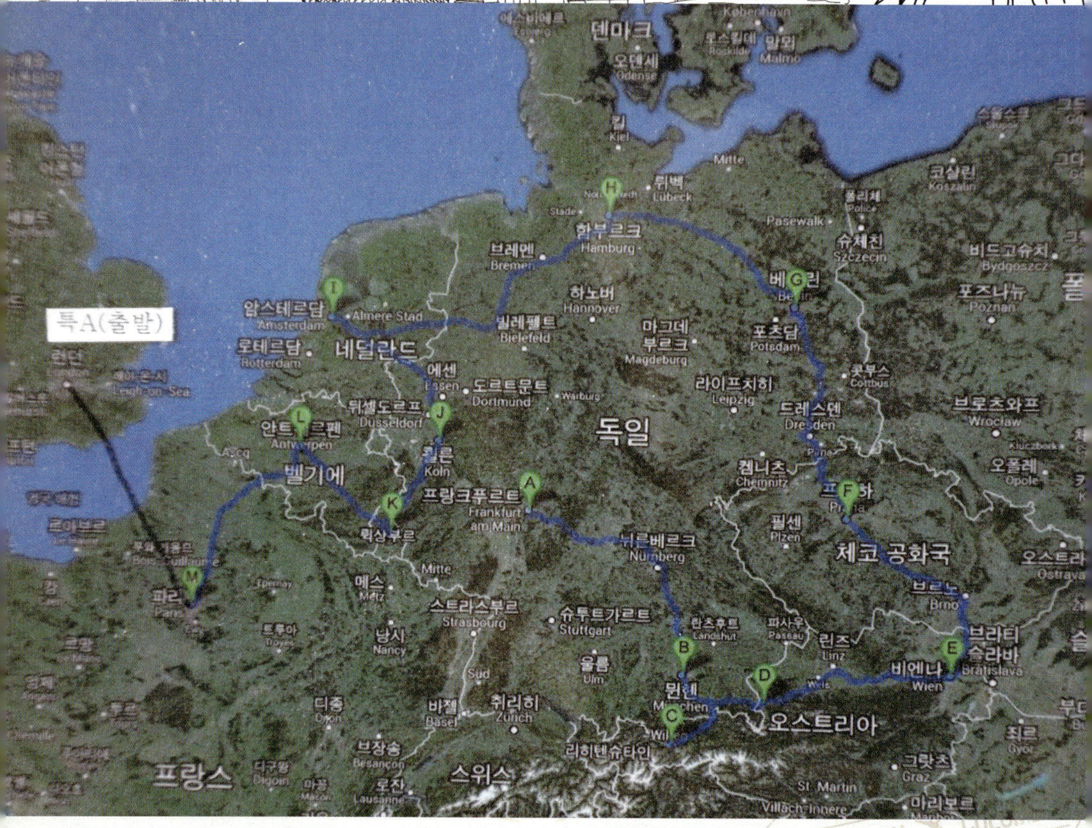

특A(출발)
덴마크
오덴세 Odense
킬 Kiel
뤼벡 Lübeck
함부르크 Hamburg
브레멘 Bremen
하노버 Hannover
빌레펠트 Bielefeld
암스테르담 Amsterdam
로테르담 Rotterdam
네덜란드
에센 Essen
도르트문트 Dortmund
뒤셀도르프 Dusseldorf
쾰른 Köln
안트베르펜 Antwerpen
벨기에
프랑크푸르트 Frankfurt am Main
독일
마그데부르크 Magdeburg
베를린 Berlin
포츠담 Potsdam
라이프치히 Leipzig
드레스덴 Dresden
켐니츠 Chemnitz
프라하 Praha
필센 Plzen
체코 공화국
브르노 Brno
브라티슬라바 Bratislava
비에나 Wien
린즈 Linz
파사우 Passau
뉘른베르크 Nürnberg
란츠후트 Landshut
뮌헨 München
오스트리아
슈투트가르트 Stuttgart
울름 Ulm
스트라스부르 Strasbourg
메스 Metz
낭시 Nancy
파리 Paris
프랑스
디종 Dijon
브장송 Besançon
바젤 Basel
취리히 Zürich
스위스
리히텐슈타인
그랏츠 Graz
코샬린 Koszalin
슈체친 Szczecin
비드고슈치 Bydgoszcz
포즈나뉴 Poznan
브로츠와프 Wroclaw
오폴레 Opole

파리	파리	스페인	이태리	스위스
영국	프랑스 북부	프랑스 남부	다시 프랑스	

파리	다시 독일	다시 독일	오스트리아	
벨기에	네덜란드	체코	독일 남부	

북·중·남미 여행일기에 이은

82일간
유럽여행 일기

배인환 지음

도서출판 애드 파워

서 문

　유럽은 세계 최고의 문화 국가들이 여럿 있다. 세상에 태어나서 유럽은 꼭 가봐야 할 것 같았다. 그래서 4년간을 준비해서 떠났다. 물론 소라와 같이 하는 여행이다.

　2010년 북·중·남미여행을 마치고 4년을 계획한 여행을 떠나기에 초등학생처럼 들떴다. 82일의 장기 여행이다. 시간뿐만 아니라 비용도 많이 든다. 여행계획은 전부 아들이 짜주었다. 비행기 예약과 스케줄, 유로스타 기차표와 여행 중 각 지역 머물 호텔 예약, 승용차의 리스까지. 컴퓨터에 능하니까 하지 나는 못 한다.

　타블렛을 사서 방문할 도시의 지하철과 명승지 복사까지 다 해주었다. 사실 이 점에 대해서 마음이 뿌듯하다. 이런 아들이 있다는 것은 얼마나 믿음직스러우냐.

　소라는 연구와 연구서 출간으로 바빴고 나는 북·중·남미 여행일기 4권과 수필집 발간으로 눈코 뜰 새 없었다.

　누군가는 인생은 여행과 같다고 말했다. 회상해 보면 나의 여행도 쉬운 것은 아니었다. 누구의 일생도 정도의 차이는 있지만 희로애락의 반복이다.

　예감이 좋지 않았다. 이번으로 여행은 끝내리라. 내 나이가 여행을 즐길 나이는 아니다.

　이렇게 생각하니 이번 여행이 더 귀하게 생각되었다. 늙고 쇠약한 몸이지만 최선을 다하기로 하였다.

　여행기간 동안 저녁을 먹고 매일 일기를 쓰는데 2시간은 소요되었다. 고백하지만 잠은 모자라고 먹는 것은 션찮고 구경할 곳은 많고 시간은 부족한 강

행군의 여행이었다.

　7월 14일 경에 독일의 뮌헨에서 병이 났다. 치통에다 몸살기가 있다. 걸을 힘조차 없다. 여행일자가 1/3이나 남았는데, 그렇다고 돌아올 수는 없다. 정신력으로 이겨야했다.

　밤에 잘 때, 팔다리에서 쥐가 나고 힘들었지만 무사히 82일간 여행을 마치고 8월 6일 서울에 도착했다. 남는 것은 사진이라는 말이 있다. 여행은 더욱 그러하다. 따라서 많은 사진을 이 책에 실었다.

　여행 일기를 쓴다는 것도 쉬운 일이 아니다. 사실 매일 같이 일기를 썼기 때문에 다 쓴 걸로 알았다. 그러나 확인할 사항이 너무 많았다.

　이렇게나마 책을 내개된 것을 다행으로 생각한다.

　이 책을 쓰면서 특히 힘들었던 점은 다음과 같다.

* 사실을 기록한다.

* 정확성을 기한다.

* 인터넷이나 다른 서책에서 인용한 사진과 현대미술관에서 찍은 사진은 모두 흑백처리 하였다.

* 쉬운 문장으로 쓴다

* 영어 설명문을 실은 곳이 있다. 원문만 실으려다 독자에 대한 예의가 아닐 것 같아 부득이 번역을 했다. 번역가가 아니고 미천한 영어 실력으로 오역이 많이 있을 것이다. 이해있길 바란다.

2017년 가을
진악거에서 글쓴이

Contents

한국, 파리 2014. 5. 19. 14

영국
파리 _ 2014. 5. 20. 16
런던 _ 2014. 5. 21. 19
영국 _ 2014. 5. 22. 24
런던 _ 2014. 5. 23. 32
영국 _ 2014. 5. 24 33
런던 _ 2014. 5. 25. 38
런던, 파리 _ 2014. 5. 26. 45

프랑스 북부
파리 _ 2014. 5. 27. 48
몽생미셸 _ 2014. 6. 1. 81
낭트 _ 2014. 6. 2. 87
보르도 _ 2014. 6. 3. 89

스페인
빌바오 _ 2014. 6. 5. 98
마드리드 _ 2014. 6. 7. 106
코르도바 _ 2014. 6. 9. 115
세비야 _ 2014. 6. 11. 123

그라나다 _ 2014. 6. 12.	129
발렌시아 _ 2014. 6. 13.	133
바르셀로나 _ 2014. 6. 15.	141

프랑스 남부

마르세유 _ 2014. 6. 17.	148
깐느 _ 2014. 6. 19.	155
니스 _ 2014. 6. 19.	155
모나코 _ 2014. 6. 19.	155

이태리

산레모 _ 2014. 6. 20.	162
피렌체 _ 2014. 6. 21.	166
바티칸 _ 2014. 6. 23.	176
로마 _ 2014. 6. 24.	181
나폴리 _ 2014. 6. 26.	192
산 마리노 _ 2014. 6. 28.	200
베네치아 _ 2014. 6. 30.	207
베로나, 밀라노 _ 2014. 7. 1.	218
밀라노 _ 2014. 7. 2.	223

Contents

다시 프랑스
리옹 _ 2014. 7. 4. 234
샤모니 _ 2014. 7. 7. 245

스위스
체르마트 _ 2014. 7. 8. 250
인터라켄 _ 2014. 7. 9. 255
융프라우요흐 _ 2014. 7. 10. 260

독일 남부
바덴 바덴 _ 2014. 7. 11. 264
하이델베르크 _ 2014. 7. 12. 266
프랑크푸르트 _ 2014. 7. 13. 269
뮌헨 _ 2014. 7. 14. 272

오스트리아
인스부르크 _ 2014. 7. 18. 304
잘츠부르크 _ 2014. 7. 19. 307
빈 _ 2014. 7. 21. 314

체코
프라하 _ 2014. 7. 24. 328

다시 독일
베를린 _ 2014. 7. 26. 336
함부르크 _ 2014. 7. 29. 361

네덜란드
암스테르담 _ 2014. 7. 30. 366
로테르담 _ 2014. 8. 1. 384

룩셈부르크
룩셈부르크 _ 2014. 8. 2. 388

벨기에
브뤼셀 _ 2014. 8. 3. 394

다시 파리
파리 _ 2014. 8. 6. 405
인천 _ 2014. 8. 7. 406

영국

United Kingdom

2014. 5. 19. |월| 한국 맑음, 파리 구름

유럽여행을 떠나는 날이다.

대전정부청사에서 인천공항에 가는 10시 2분 버스를 탔다. 짐을 줄였는데도 트렁크가 큰 것 하나 중간 것 하나, 작은 것 2개, 배낭 각각 하나 전부 6개이다. 중남미를 여행할 때는 대형 가방 2개를 포함 8개이었다.

12시 반 무렵 인천 공항에 도착했다. 두 딸과 처제와 동서가 배웅을 나왔다. 같이 점심만 먹고 시간이 없어 헤어졌다. 공항까지 나와 준 딸과 처제 내외가 고마웠다.

비행기는 대형 비행기였다. 바로 이륙했다. 이 번 항공 노선은 터키의 이스탐불에 갈 때와는 영 달랐다. 그 때는 타림분지 위로 비단길을 따라 흑해 영공을 지나가는 것 같았다. 이번에는 텐진으로, 울란바토르 오른쪽으로 해서 바이칼 호와 에니세이 강을 따라 북쪽으로 가다가 오브 강 OB River 을 보았다. 이 강의 하구가 무척 넓었다.

이제 비행기는 서남쪽을 향했다.

천진에서 울란바토르까지는 불모의 사막지대 같았다. 바이칼 까지는 초원과 한대 산림지대. 시베리아는 영토가 광활했으나 삭막한 분위기이었다.

상공에서 본 독일과 프랑스는 농토가 잘 정비되어 있었다. 산림, 강과 도로가 바둑판같았다. 자연 에너지를 쓰는 풍력발전 시설이 많았다. 작은 촌락들이 사이좋게 모여 있었다. 사람들의 삶의 질을 엿볼 수 있었다.

10시간 20분 간 비행 후, 프랑크푸르트 Frankfurt-am-Main 에 도착했고 다시 파리에 가는 비행기로 바꾸어 타고 약 1시간을 나른 후, 예술과 낭만의 도시 파리에 도착했다.

　셔틀버스를 타고 비행장 근처에 있는 베스트 웨스튼 호텔Best Western Hotel에 도착했다. 비행시간은 약 13시간이 소요된 것 같았다. 시차는 7시간, 정신없이 잤다.

　저녁식사를 하고 가족들에게 전화를 했다. 사랑스러운 준이와 린이의 얼굴이 화면에 나타났다. 화상 전화이다. 기적 같은 일이다.

∴ 탑승한 비행기
프랑크푸르트 공항 착륙 직전

2014. 5. 20. |화| 파리 흐림 런던 구름

　식당에 가서 아침식사를 했다. 석 달 가까이 빵과 고기를 먹어야한다. 음식은 깨끗했다. 커피도 마셨다. 우유는 별 맛이 없었다.

　여행의 출발지는 영국 런던이다. 영국은 대부분 나라와 달리 오른쪽 운전석이라 차를 랜트하지 않고 여행하기로 해서 몇 곳만 보기로 했다. 우리는 런던에 가야한다. 런던에 가려면 유로스타EUROSTAR를 타야하는데 표는 있으나 타는 곳을 몰라 호텔에 알아본 결과 파리 북부역Paris Norte에서 탄다는 것이었다.

　어제 밤에 파리 북부역에 가는 방법을 호텔 종업원으로부터 설명을 들었는데 오늘 아침에 다른 종업원에게 물어보니 다른 소리를 했다. 셔틀버스가 그곳까지 가는 것이 아니고 T2에만 간다는 것이었다. 그곳에서 지하철을 타고 파리 북부역에 가서 유로스타를 타야한단다. 공항에서 그 역까지는 약 30분 걸렸다. 2시간이나 여유 있게 나갔는데도 빠듯했다. 서둘기를 잘 했다.

　도버해협을 건너 영국에 간다. 유로스타를 타는 승객에 대한 사전 검열이 철저했다. 비행기를 타는 것 유가 아니었다.

　안전사고에 대한 대비일 것이다. 비행기보다 훨씬 많은 인원을 싣고 긴 바다 밑 터널을 건너야하니 그럴 수밖에 없을 것 같았다. 9. 11을 저지른 테러분자들이 무슨 짓을 할지 모르는 세상이다. 만약 바다 밑 터널에서 사고가 난다면 엄청난 인명피해가 발생할 것이다.

　유로스타는 출발했다. 기차는 KTX와 비슷한데 스마트하지 않았다. 다만 튼튼했다.

　기차는 파리교외를 빠져나가 프랑스의 농촌지대를 달렸다. 커다란 밭과 산림지역이 풍요로웠다. 아담한 마을들이 나타났다가 사라졌다. 프랑스가 진짜

농업국임을 알 수 있었다.

∴ 프랑스의 농토

　1시간 반 정도 달린 후에 유로터널EUROTUNNEL이 나타났다. 터널 주위로는 철조망이 튼튼하게 쳐졌다. 아마 사람이 못 들어가게 하기위한 전기가 흐르는 철망 같았다. 터널은 한 시간이나 걸린 것으로 보아 상당히 긴 것 같았다.
　이 터널은 영국의 포크스턴Folkestone과 프랑스의 칼레Calais를 연결하며 해저구간만 37.9km이다.
　이제 영국이다. 영국 쪽도 완벽한 보호 장치를 해놓았다.
　영국의 농촌과 농지도 프랑스와 비슷했다. 가끔 밭에 유채꽃이 피었고 풍력 발전 시설을 해놓았다.
　런던 팬크래스역London ST-PANCRAS에 무사히 도착 후 전철을 탔다. 메트로폴리탄 라인을 타고 가서 내려, 여관을 잘 못 물었는지, 혹은 들은 사람이 잘 못 듣고 가르쳐주어서 그랬는지 다른 곳으로 가다 아무래도 이상해서 한 여학생에게 다시 물으니, 지상선Overground를 타라고 해서 그것을 타고 웸블리 센트럴

Wembley Central 역에서 내려 근 1시간은 걸었다. 가방을 끌며 가는 길은 사람을 지치게 만들었다.

10여명에게 더 물어물어 여관을 찾았다.

여관에 도착 너무 피곤해서 쓰러져 잤다. 한 밤에 일어나 밥을 해 먹었다 반찬은 한국에서 가져간 깻잎과 비행기에서 받은 김치와 간장이 전부이었다. 반찬도 없는 밥이지만 그래도 식사 하는 것 같았다. 밥이 눌어서 물을 부어 놓았다가 누른 밥을 먹고 설거지를 하기로 하였다.

잠을 청했으나 오지 않아 뜬 눈으로 밤을 지새웠다.

2014. 5. 21. |수| 런던 구름

　아침 식사를 하러 식당에 갔다. 식당은 깨끗했고 좋았다. 건강을 생각해서 많이 먹으려했으나 배가 작아 조금 먹었다.
　아침 식사 후 직원에게 지하철 타는 것을 물었다. 웨스트민스터 사원^{Westminster Abbey}의 포에트 코너^{Poets' Corner}로 가서 많은 문인들의 비석을 볼 것이다. 금세기 최고의 시인 엘리엇의 비석을 보고 싶다.
　여관을 나와 지하철 역을 찾는데 세상에, 웸블리 공원은 3분 거리이었다. 어제 고생한 생각을 하며 소라와 허탈하게 웃었다. 그래이 라인을 타고 11개 정거장을 지나 웨스트민스터 역에 내려 출입구로 나가니 웨스트민스트 대성당이 눈에 들어왔다. 헨리 3세가 지은 대성당이라는데 어마어마했다.
　목적지는 웨스트민스터 사원이므로 그곳에 가서 9시 반까지 기다린 후 시니어라 15파운드씩 둘이 30파운드를 지불하고 안으로 들어갔다. 한글로 녹음된 녹음기를 받아들고 구경을 했다. 우리나라가 이렇게 됐는가! 국력을 느끼는 순간이었다.
　묘지는 우리나라처럼 땅에 묻은 공동묘지인줄 알았는데 그게 아니고 성당 안에 있었다. 건물 안에 묘지가 있는 셈이다. 왕들의 묘와 인류역사상 커다란 족적을 남긴 위인들의 무덤이나 비석이 그 안에 있었다.
　과학의 발달에 커다란 족적을 남긴, 뉴턴과 다윈의 무덤이 있다고 해서 확인했다. 황금으로 도금을 해서 화려하게 장식해 놓았다. 왼편이 뉴턴 오른쪽이 다윈의 묘이었다.
　현장에 있는 사제들에게 포에트 코너를 물었더니 저쪽이라고 해서 먼저 가서 보았다.

∴ 웨스트민스터 사원 　　　　　　∴ 웨스트민스터 사원정면

* 엘리엇의 무덤은 그의 조상들이 묻힌 이스트 콕^{East Coker}의 작은 교회에 있는데 갈 수 없어서 포에트 코너를 찾기로 하였다.

사진을 찍는 사람이 없어 의아했는데 탈모에다 촬영 금지 이었다. 무식한 놈이 용감하다고 포에트 코너에 가서 사진 몇 컷을 찍었다.

∴ 왼편이 뉴턴 오른쪽이 다윈의 묘 　　∴ 포에트 코너 표시판

∴ 셰익스피어 비석

∴ 엘리엇의 묘비문

∴ 초서의 무덤

∴ 시인들의 묘 또는 비석

그곳에서 그 유명한 엘리엇의 묘 비문을 발견했다.

"The communication of the dead is tongued with fire beyond the language of the living"- Epitaph on the memorial to T.S. Eliot.

죽은 자의 발언은 산 자의 언어 너머 불의 혀로 나타나나니

초서Geoffrey Chaucer와 스펜서Spenser의 묘가 있었다. 셰익스피어의 비석도 그곳에 있었다. 이 귀중한 사진을 찍은 후에 제지를 당한 것은 행운이었다. 초서가 맨 처음 여기에 묻힌 시인인데, 그는 시인의 자격으로 묻힌 것이 아니고 이곳 무덤을 지키는 책임자이었기 때문이란다.

우리나라에서 별로 알아주지도 않는 시인을 사후에 이렇게 우대해주는 영국은 위대한 나라이다.

다음 행선지는 런던탑TOWER of LODON이다. 웨스트민스터 역에서 그린라인을 타고 런던 힐HILL에 가서 목적지인 고성을 바라보았다. 커다란 고성이 위용을 자랑하고 있었다. 입장료는 시니어라 35파운드이었다.

런던탑은 에펠탑 같은 줄 알았는데 성이었다. 에드워드 왕이 세운 요새란다. 테임스 강안에 있었고 성 둘레에 깊고 넓은 해자가 있었다. 성의 형태는 동서東西가 같았다. 성은 감옥으로 혹은 사형집행 장소로 사용되었다고 한다.

런던탑TOWER of LODON

성루를 돌아보면서 런던 다리도 보고 테임스 강의 유람선도 구경했다. 런던 중심지의 고층 건물은 뉴욕이나 시카고와는 달랐다.

세계에서 가장 크다는 런던 아이London Eye도 보았으나 타지는 않았다.

이제 지하철 타는 요령을 알아서 쉽게 이동할 수 있었다.

호텔에 와서 어제처럼 쓰러져 자고나서 저녁을 해 먹었다. 간장으로만 먹는 밥인데 맛이 좋았다.

일기를 쓰려고 노트북을 열었더니 써놓은 일기가 온데간데없어서 다시 쓰느라고 혼이 났다.

사진기도 서툴고 노트북도, 타블렛도, 스마트 폰도 다 서툰 솜씨라 큰일이다. 모든 것이 잘 됐으면 좋겠다.

∴ London Bridge

∴ 테임즈 강 유람선

2014. 5. 22. |목| 영국 흐림 가끔 비

Warwick Castle, Stratford-Upon-Avon, Oxford day trip from London

여행을 준비할 때 아들이 영국에 가서는 어디에서 무엇을 보고 싶은지 물어서 셰익스피어 탄생지인 스트랫퍼드-어폰-에이번에 가고 싶다니까, 워릭 성과 옥스퍼드 대학, 셰익스피어 생가에 다녀 오는 일일관광 투어를 신청해 주었다.

빅토리아 코치 스테이션, 게이트 1에 가는 것이 쉽지 않았다. 빅토리아 지하철 역은 쉽게 찾았다. 여러 사람에게 물어 그곳에 간신히 찾아갔다. 그곳에는 Gate 1에서 Gate 7까지 있어서 기다렸으나 투어를 같이 가는 사람이 보이지 않아 애를 태웠다. 8시 40분이 되어서 한 팀이 왔고 9시가 다 되어서야 안내인이 나타났다. 머리를 삭발한 레슬링 선수 같은 사람이었다. 에반 어뱐스 EVAN EVAN 회사의 버스가 여럿이었다. 모두들 버스에 올랐다. 버스에 타고 있던 사람들도 다 내리고 다시 타서 왼쪽 앞에서 두 번째 좌석에 앉을 수 있었다.

안내인은 장황하게 설명을 했고 런던 시내를 빠져나가 시골길을 달렸다. 농촌은 밭과 목장과 언덕이 전부이었다. 11시경에 워릭 성에 도착했다. 어마어마 하게 큰 고풍스런 중세의 성이었다. 어제 본 런던탑 못지않았다. 성채는 야트막한 언덕에 있었다.

∴ 워릭 성

지난 4월부터 1100주년 이벤트를 하고

∴ 워릭 성 내부

∴ 워릭 성의 감옥

∴ 성 옆의 에이번 강

있다고 하니 오래된 성이 틀림없다. 안내서에는 다음과 같은 글귀가 있었다.

　　Warwick Castle was founded in 1068 by William the Conqueror, and later became the ancestral home of the Earls of Warwick. It's 10 miles northeast of STRATFORD-UPON-AVON.

　　워릭 성은 정복왕 윌리엄이 세웠으며 후에 워릭 백작들의 고택이었다. 워릭 성은 스트랫퍼드-어폰-에이번 북동쪽 10마일 지점에 있다.

　성 주위로는 강이 흐르고 있어 비상시에는 해자에 물을 채웠을 것 같았다. 수목이 우거져 있었는데 주목의 거목과 산 영산홍이 붉게 피어 있었다. 지하

감옥도 가보았는데 그런 곳에 일 주 만 있어도 죽을 것 같았다. 오래된 물레방아도 보았다.

성 안으로 들어갔다. 넓은 홀에 철갑의 병사들, 철갑 말을 탄 철갑 장수, 전쟁 무기인 창칼과 화살이 어지러웠다. 살림 도구들과 고급 가구, 촛대. 이 고택에 거주했던 주인들의 초상화들이 벽에 걸려있었다. 고대에는 전쟁이 동서고금을 막론하고 전염병처럼 번졌다. 남자의 능력은 전쟁을 수행하고 승리로 이끄는 것으로 평가되던 시기이었다.

다음은 셰익스피어의 탄생지인 스트랫퍼드-어폰-에이번으로 향했다. 셰익스피어 한 사람으로 인하여 관광도시가 된 그곳은 관광객으로 붐비었다.

기념관 앞에는 광대 동상이 있는데 다음과 같은 글귀가 시선을 끌었다. 기념관을 보고 나오자 조그마한 할머니가 세발자전거를 타며 광대 연기를 하고

∴ **스트랫퍼드 어폰-에이번의 시가**

있었다.

O Noble Fool! A Worthy Fool!
(As you like it*)

∴ 셰익스피어 생가 앞에
있는 광대 동상

∴ 광대 연기

The Jester(광대)

By James Butler R.A.

Unveiled by the Lord Lieutenant of Warwickshire

The RT. Hon. The viscount Daventry on 22nd July 1994

A gift from Anthony P. Bird C.B.C

to Stratford upon avon as a token of his esteem for the town in which he was born. Lives and works and which has given him so much friendship, good fortune and Pleasure

고귀한 광대! 훌륭한 광대!
(네 좋을 대로*)
광대
제임스 버틀러 R.A. 작

워릭셔 주지사 Daventry 백작과 그의 아들 Daventry자작에 의해서 1994년 7월 22일에 제막됨.

앤서니 Anthony P. Bird C.B.C 로부터 그가 태어난 마을을 위한 존중의 증표로 스트랫퍼드-어폰-에이번에 기증 됨. 삶과 일 그리고 그들이 그에게 준 우정과 행운, 기쁨.

* 셰익스피어 희극 작품

셰익스피어 탄생지를 잠시 구경하고 선전 책자를 3유로에 사고 점심 식사 겸 자유 시간을 가졌다. 점심은 중국음식점에 가서 먹었는데 너무 짜서 반 밖에 먹지 못했다. 소라는 누들을 시켰는데 덜 짜고 맛이 있었다. 식사 후 비가 내려서 사진기를 옷 안에 넣었다. 비가 내리는 데도 거리를 거닐며 구경을 했다. 영국은 비가 많은 곳이라더니 실감이 났다. 우리 팀들도 끼리끼리 구경을 했다. 거리를 거닐며 셰익스피어가 다닌 교회도 보고 그래머스쿨(문법학교)도 구경했다.

셰익스피어의 가장 유명한 말인 To be or not to be, this is a question. 이 말이 기억났다.

기념관 안에 들어가자 맨 먼저 눈에 띈 것은 셰익스피어의 8개의 흉상과 옥스퍼드 판 두꺼운 전집이었다. 년대별로 43편의 작품목록. 80개 이상의 언어로 번역된 작품들 소개, 필체, 셰익스피어 시대의 스트랫퍼드-어폰-에이번의 지도가 전시되었다. 바로 옆에는 유물들이 있었다. 증서뭉치, 셰익스피어가 글자를 배울 때 사용한 듯 한 초급학생용 글씨 판, 기도서, 1600년경 'WS' 이니시얼을 새긴 막도장, 금반지 등이 눈길을 끌었다. 이어서 찻잔, 여러 가지 메달, 탄생 300주년 기념식 책을 진열해 놓았다. 셰익스피어의 가계도도 있었다.

∴ 셰익스피어 생가

∴ 셰익스피어 생가의 셰익스피어 캐릭터

∴ 셰익스피어가 세례 받은 교회와 문법학교
교회 뒤 오른쪽 긴 건물

거리에는 기념품 상이 많았다. 몇 백 년 된 집들도 보였다. 스트랫퍼드-어폰-에이번에 에이번 강$^{River Avon}$이 흐른다는데 보지 못하고 돌아오는 버스에서 조그마한 강을 보았다. 아마 그 강이 에이번 강 같았다. 별 특별한 경치도 없는 그곳에서 세계 문학상 최고의 천재가 태어난 것이다.

∴ 옥스포드대학 크라이스트 처치
(Christ Church)

∴ 옥스퍼드 대학으로 들어가는 입구

∴ 옥스퍼드 대학

    다음은 옥스퍼드로 향했다. 너무 피곤해 잠시 자고 깨어보니 옥스퍼드에 도착했다.

    옥스퍼드대학은 건물부터가 대단했다. 내용은 모르겠는데 건물로는 하버드나 스탠퍼드는 게임이 되지 않았다. 도시 하나가 대학이었다. 고색창연한 건물 등이 수없이 넓게 퍼져있고 관광자원화 되어있었다. 도시가 대학이었다. 3시간은 구경한 것 같았다. 어마어마했다. 실내는 한 군데도 들어가 보지 못하고 겉만 보았다.

    안내인은 연달아 설명을 했으나 알아들을 수가 없었다. 이미 시간은 6시가 가까워 오늘의 관광은 이것으로 마감을 하고 런던으로 돌아 왔다. 차에서 자고 일어나니 런던이었다.

2014. 5. 23. |금| 런던 구름

오늘 오전은 쉬기로 했다. 12시에 첵크 아웃을 하고 서남쪽에 있는 웨스트브리지 호텔 The Westbridge Hotel 로 옮기는 것이다.

소라는 왼쪽 무릎이 아프다고 얼음찜질을 했다. 정말로 그렇다면 걱정이다. 내 타불렛은 서버에 연결이 안 된다. 걱정이다. 좀 자세히 알아올 걸.

12시 경에 프런트에 가서 체크아웃 cheak out 를 했다. 며칠이라도 친절했던 종업원들과 이별이다. 정산할 것이 있는가, 봤더니 없단다. 웸슬리 공원 Wemsly Park 에 가서 메트로폴리탄 전철을 타고 리버풀 스트리트에서 그린선을 타면 된다. 스트레드 포드에서 내려서 웨스트브리지 호텔을 물었더니 17번 출구에 가서 한 정거장 다시 가서 찾으란다. 쉽게 찾을 수 있었다. 노보텔 호텔만 못한 것 같았다. 우선 건물이 작았다. 일본 여관처럼 협소했다.

서울 아들집과 화상전화를 시도해보았더니 되었다. 참 신기했다. 아들, 준이, 린이, 희정이와 차례로 통화했다. 아! 과학의 힘이 대단하다.

점심과 저녁은 호텔에서 지어먹었다. 점심을 먹고 자다가 위액이 역류했다. 몇 년간 이런 현상이 없었는데 참 이상한 일이었다. 얼마나 지독했던지 정신을 놓을 번했다. 그 후에 몇 시간을 잤는지 모른다. 소라가 저녁을 짓고 국도 끓이고 다 했다.

서로 교대해서 아픈 것이 불행 중 다행이었다. 여행 중 가장 중요한 것이 건강이다. 주의해야겠다.

아일랜드의 더블린에 가보고 싶다는 생각이 들었다. 더블린에 가면 제임스 조이스와 W.B.예이쓰의 기념관을 볼 수 있을 것이다. 그러나 계획에 없으니 불가능하다. 변경할 수도 없다. 다음을 기약할 수밖에.

2014. 5. 24 |토요일| 영국 아침에 비 바로 갬

오늘 투어는 스톤헨지, 원저 성과 바스 Stonehenge, Windsor Castle and Bath 투어에 참가한다. 런던에서 두 번째 투어이다.

아침부터 비가 내렸다.

∴ 원저 성 앞의 위병 교대

∴ 원저 성

* 원저 성은 여왕의 자택이고 버킹엄 궁전은 여왕의 집무실이다.

에반 어밴스 회사에서 실시하기 때문에 집합장소도 알고 또 토요일이라 아침식사를 7시에 준다고 해서 늦장을 부렸더니 8시 40분에 빅토리아 코치 역 Victory Corch Station 에 도착해서 뒤에 섰더니 둘 다 자리를 안쪽으로 떨어져 앉았다.

오늘 안내인은 조그마한 여자이었다. 비가 내려 차 유리창에 물방울이 매달려있고 자리가 안쪽이라 사진을 찍을 수가 없었다.

원저 성 Windsor Castle 은 1200년 전 노르망디 공격에 정복자인 윌리엄 왕이 쌓은 성인데 1110년에는 헨리 1세의 거주지로 사용했고 헨리 8세가 이 성을 좋아해서 많이 치장을 했다 고 한다. 반대로 에드워드 6세는 이 성을 싫어했다.

1992년에 대화재로 성의 일부가 소실되었단다.

원저 성은 어마어마했다. 그런데 소지품 검사를 철저히 해서 소라의 배낭에서 주머니칼이 걸렸다. 옥신각신하다가 빼앗겼다. 우리 팀도 잊어먹고 기분이 잡쳐서 사진 한 장도 찍지 못했다. 엎친데 겹쳐서 시간을 잘 못 봐서 버스 있는 곳까지 와보니 기사도 팀원들도 보이지 않아 다시 성으로 갔으나 안으로 드려주지 않았다. 이런 인심이 있나. 밖 의자에 앉았는데 춥기는 춥고 분이 부글부글 끓어올랐다. 사람들이 많이 기다리고 있어서 이상하다고 생각했는데 바로 위병교대식이 있어 구경할 수 있었다. 규모는 크지 않았으나 정장의 위병들 교대식은 영화에서 보던 것과 같이 근엄했다. 이곳이 여왕의 집이고 집무실은 버킹엄 궁전이란다.

비는 멈추었다.

∴ 바스 스파Bath Spar

∴ 온천물이 나오는 곳

다시 길을 떠나 바스 스파Bath Spar에 갔다. 고색창연한 도시를 차로 한 바퀴 돌고 '로마 바스Roman Baths'라는 건물 앞에서 쉬었다. 일행은 안으로 들어갔다. 평균 46도의 온천수가 나오는 곳으로 영국에서 로마인들의 흔적이 남아있는 유일한 곳이란다. 기원후 1세기부터 3세기에 걸쳐 건설되었다는 안내인의 설명이다.

로마의 정복이 바다 건너 영국까지 왔다니 대단하다.

　　* 바스 건축물Bath's Architecture은 권위 있는 여행책 론리 플래닛lonely planet의 25개
　의 유럽 탑 하이라이트Europe's Top Highlights 중 11번째로 소개되고 있다. 바스, 박물
　관, 바스 사원 등이 있었는데 이곳은 목욕과 병 치료를 겸한 신성한 곳이라 한다.

　유럽 건물이 다 그렇지만 안과 밖이 전부 석조로 되어 있었다. 출입문을 통과해서 들어가니 아래층에 직사각형의 목욕탕이 보였다. 작은 수영장 정도의 크기이었다. 물의 빛깔은 혼탁한 녹색이었다. 깊이가 1.6m 이란다. 지하 2,700~4,300m 깊이의 대수층大水層에서 69℃ ~96℃의 뜨거운 물이 압력에 의해서 올라온 것이란다. 이 목욕탕이 제일 크고, 크고 작은 일곱 개의 목욕탕이 있었다. 년 간 백만 명 이상의 관광객이 오는 곳이란다.
　Bath는 조지안 건축양식을 보여주는 대표적인 건축물이다.
　점심시간은 따로 없고 알아서 먹으면 되는 것 같아 빵과 토마토 주스를 사서 먹었다.

　다음 행선지는 스톤헨지Stonehenge이다. henge는 '환상열석環狀列石 유적'으로 사전에 나와 있다. 바스 시부터 산이 좀 나타나더니 버스는 고개를 올랐다. 솔즈베리 평원을 차는 달렸다. 구릉과 농토와 목장을 지나 드디어 스톤헨지에 도착했다. 버스에서 내려 그곳 전용 버스를 타고 얼마를 간 후 유적지에 도착했다. 사진으로 너무 자주보아서 낯설지는 안했다. 주위에는 돌을 가져올 산도 없는데 도대체 어디서 어떻게 이 거석들을 가져왔단 말인가. 거석문화를 접할 때마다 느끼는 감정이다. 아무래도 옛날 사람들은 힘이 세었던 것 같다. 영국은 지형적으로 볼 때 돌과는 인연이 없을 것 같은데 도시의 건물과 고성들이 전부가 돌이다. 이점이 풀리지 않는 수수께끼이다. 들판에는 갈가마귀가 많았

다. 목장은 주로 소와 양인데 오늘은 돼지 목장도 보았다.

스톤헨지는 BC 3100년에 건축을 시작하여 약 1세기 동안 3차에 걸쳐 건설되었으며, 석재는 스톤헨지에서 385km 떨어진 남 웨일스의 프레셀리^{Presele} 산 [Carn Menyn is a grouping of craggy rock outcrops or tors in the Preseli Hills in the Welsh county of Pembrokeshire]에서 가져온 것으로 추정한다. 4t 짜리 화강암 기둥을 2중 동심원 형태로 세웠다. 가운데 5개의 삼석탑은 길이가 8m 무게 50t의 엄청난 크기라 한다. 석상이 80여개이다.

무엇 때문에 이러한 건축물을 새웠는가는 아직도 수수께끼로 남아 있지만 종교, 무덤, 천문 등으로 사용된 거석문화로 추정하며 1986년 유네스코세계문화유산^{UNESCO world heritage}으로 등재되었다.

∴ 스톤헨지 | Stonehenge

∴ **가까이서 본 스톤헨지**　　　　　∴ **돌의 운반**

　소라는 5파운드를 주고 스톤헨지에 관한 책을 샀다.

　웨일스의 대부분을 차지하고 있는 지형은 컴브리아 산맥으로, 목축을 하기에 적합하다 고 한다.

　웨일스의 최고봉은 높이 1,085m의 스노든 산이다. 프레셀리 산도 컴브리아 산맥에 있을 것 같다.

2014. 5. 25. |일| 런던 하루 종일 흐림

보고 싶은 곳은 많은데 시간이 없다. 버킹감 궁전^{Buckingham Palace}, 대영제국 박물관^{British Museum}, 세인트폴 대성당^{St Paul's Cathedral}, 하이드 파크^{Hyde Park}, 국회의사당^{Houses of Parliament}은 꼭 보고 싶다. 런던은 1주 가지고는 모자란다.

아침 식사를 하고 전철역에 가서 1일 표를 샀다.

세인트폴 대성당

처음에 간 곳은 세인트폴 대성당이었다. 8시 반부터 문을 열어놓는다고 해서 일찍 갔다. 센트럴을 타고 세인트폴 역에 가서 바로였다. 세계에서 3번째 큰 성당이란다. 규모가 어마어마했다. 내부는 남미에서 본 여러 성당에 비해 사치스럽지 않았다. 성당 내부에 안내하는 사람이 있어서 영국은 산이 없고 돌이 없는데 건물은 전부가 돌로 지었는가 물었더니 남부 영국에 돌이 많다고 대답해서 싱거웠다.

다음은 버킹엄 궁전에 가기위해서 그린 파크^{green park}역에 갔다. 버킹엄 궁전의 위병교대는 11시 반에 있다고 해서 시간이 남아 하이드 파크에 갔다. 뉴욕의 센트럴 공원과 비교가 되었다. 나무는 더 큰데 오밀조밀한 맛은 없었다. 한국에서 천대받는 플라타너스 거목이 많은 것을 보고 의아했다. 거짓 지식이 얼마나 피해를 주는가 하고 생각하게 됐다.

∴ 버킹엄 궁전 앞 광장　　　　　∴ 버킹엄 궁전

 우리나라에서는 한 때 플라타너스가 유해한 나무로 되어 전부 베어버리지 않았는가? 자작나무를 지붕처럼 키워놓은 것도 특이했다. 장미원도 있었다. 우리는 호수 있는 곳을 물어서 갔다. 점심시간이라 사람들이 많아 혼잡했다. 그곳 음식점에서 간단하게 점심을 먹고 맥주도 한잔 마신 후 버킹엄 궁전으로 갔다. 바로 길 건너편에 있었다. 궁전은 다른 곳과 달리 황금으로 장식한 조각들과 장식품이 많았다. 황금은 역시 왕을 상징하는 것인가! 드넓은 광장에 관광객들이 운집했다. 기다리면서 이태리 청년 부부를 만났다.

 소라는 밀라노의 라이스필드에 대해서 질문을 했고 나는 로마와 런던 둘 중 어느 쪽이 더 좋으냐고 질문을 했다. 그는 신중한 표정을 짓더니, 차이가 있다고 말했다. 그러나 대답은 엉뚱하게 런던이 더 좋단다.

∴ 하이드 파크의 호수

　많은 관광객들이 오늘은 위병교대식이 없는 No changing guard today 날인데 안내문을 못 봐서, 잘 모르고 기다렸다.

 걸어서 국회의사당에 갔다. 국회의사당 건물은 고색창연했다. 영국 정치 중심지의 위용을 말해주었다. 영국국회의사당에 들어가서는, 싸움이나 하는 우리나라 국회의원들은 견딜 수 없을 것 같았다.

영국의 관청가를 걸어 국립박물관을 찾았다. 천천히 걷기로 하였다. 걸어서 20분 거리이었다. 박물관 앞에 있는 청색 수탉의 조각이 색달랐다. 시카고 미술관 앞에는 커다란 사자상이 있었다. 백제대향로의 상단에도 천계天鷄의 조각이 있다.

건물부터가 대단했다. 미술작품을 주로 보는데 한국어로 된 작품 설명 오디오가 있어 편리했다. 삼성에서 이 한글 오디오를 해주었다고 한다. 대영제국 박물관 커피숍에 앉아 오디오의 설명을 되풀이 해 듣고 작품을 감상했다. 이곳에서 본 가장 귀중한 자료는 로제타석이다. 그림은 성화가 대부분이었고 인상파 화가들의 작품이 있었다.

∴ **영국 국회의사당**

세계의 곳곳에서 약탈해온 유물들이 너무 많아 대영박물관에 대한 인상이 좋지 않았다. 하긴 로제타석이 나일 강 하구나 이집트 박물관에 있다면 많은 사람들이 보지 못할 것이다.

∴ 대영박물관 앞 큰 길

∴ 대영박물관 건물

∴ 대영박물관 앞의 청닭

∴ 대영박물관에서 전철역으로 가는 지하 통로
양쪽 벽에 그림이 있다

사진촬영이 허용되지 않았다. 1,300만 개의 수집품이라니 너무 많아 대충 보고 피곤해서 지하철을 타고 돌아왔다.

지금 생각해보면 참 잘못했다. 여행의 초기라 미처 챙기지 못했다. 사진 촬영 금지가 결정적인 원인이었을 것이다. 대영박물관은 고고학이나 인류학적 자료가 많은 것으로 생각된다. 자료를 찾아 몇 가지만이라도 보충해놓아야겠다.

다음은 〈론니플래닛 트래블 가이드 유럽〉에서 소개 한 대영박물관에서 꼭

눈여겨 봐야할 전시품이다.

* British Museum

Among the must-sees are the Rosetta stone, the key to deciphering Egyptian hieroglyphics, discovered in 1799; the controversial Parthenon Sculptures, stripped from the walls of the Parthenon in Athens by Lord Elgin (the British ambassador to the Ottoman Empire), and which Greece wants returned; the stunning Oxus Treasure of 7th-to 4th-century BC Persian gold; and the Anglo-Saxon Sutton Hoo burial relics.

〈lonely planet Discover Europe p78에서 인용〉

* 대영박물관

꼭 봐야할 것 중에 1799년에 발견된 이집트 상형문자를 판독하는 열쇠인 로제타석;. 논쟁의 여지가 있는 아테네의 파르테논 벽으로부터 엘긴(오스만제국의 영국대사)이 떼어와서 그리스가 반환을 요구한 파르테논 대리석 조각군; 기원전 7세기에서 4세기 페르시아의 놀랄 만큼 아름다운 옥스퍼스 보물들; 그리고 앵글로 색슨 시대의 서튼 후 묘지 매장품들이다.

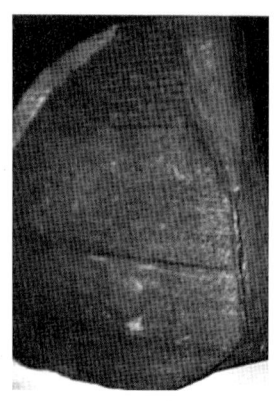

∴ 로제타석

로제타석 해설

로제타석^{Rosetta Stone} —1799년 나폴레옹의 이집트원정 때 나일 강 하구 로제타 부근에서 발견된 비석. 비문 속의 2개의 이집트 어문은 프랑스의 언어학자 상폴리옹이 해독, 이집트학의 기초를 쌓았다. 1802년 이후 대영 박물관에 소장되어있다. 높이 114.3cm, 너비 72.4cm 가량의 현무암으로 되어 있는데 상단에 상형문자, 중단에 민용문자(이집트상형문자 필기체), 하단에 그리스문자로 프톨레마이오스 5세의 덕을 기술하였다. 이 돌이 이집트 문자 해독의 열쇠가 되었다. (위키백과에서)

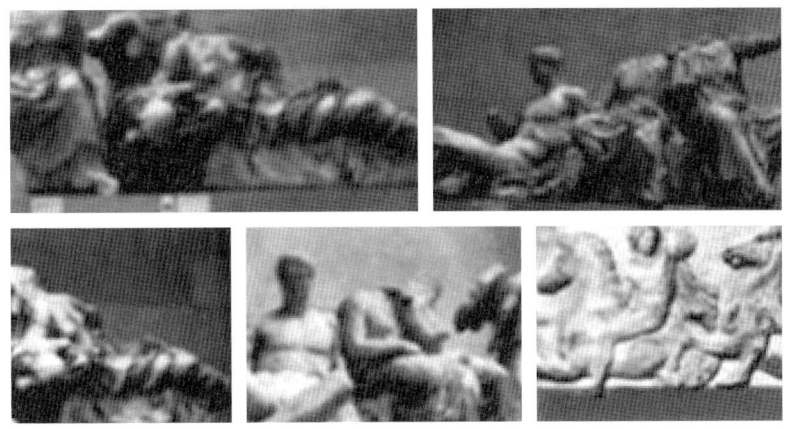

∴ 파르테논 대리석 조각군 – 위 5 사진

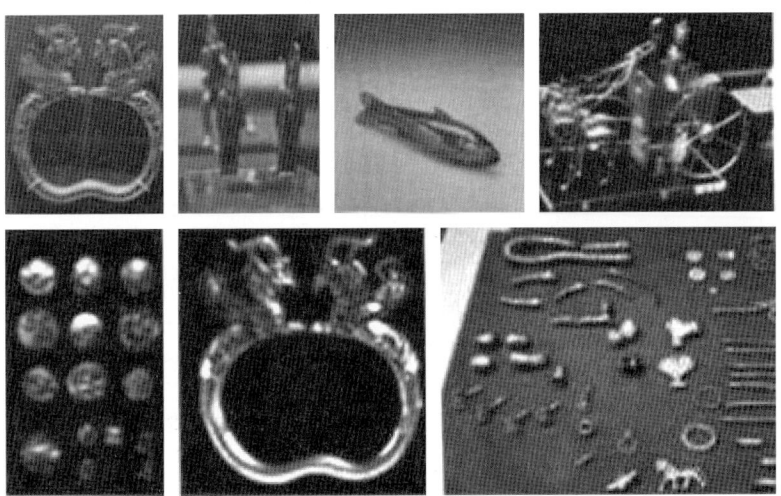

∴ 옥스퍼스 보물들 – 위 7 사진

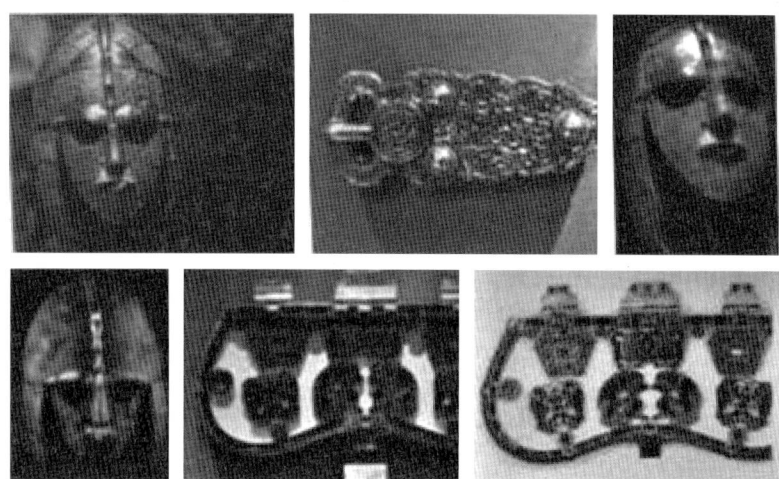

∴ 앵글로 색슨 시대의 서튼 후 묘지 매장품들 - 위 6 사진

　돌아오면서 구멍가계에 들려 물과 과자, 호두, 땅콩, 오이 등을 사가지고 돌아왔다. 한 숨 자고 일어나 밥을 지어 먹었다. 고추장을 사왔는데 뚜껑을 열지 못해 먹을 수 없었다. 저녁을 먹고 사진을 정리했다. 어제 투어 사진과 오늘 사진이다.

2014. 5. 26. |월| 런던, 파리 맑음

영국을 떠나는 날이다. 오전은 호텔에서 조용히 쉬기로 했다. 아쉬움이 많다. 영국에 와서 열다섯 곳을 가 보았다. 본 것 말고 느낀 것도 많다. 여행이 바로 그런 것이 아닐까. 뉴욕보다 도시 구조가 튼튼한 것 같다. 생각보다 흑인들이 많은 것도 특징이었다.

소라의 오른쪽 관절이 좀 부었다. 병이 더 하면 큰일이다. 어제 들린 구멍가게에 가서 쌀을 사가지고 왔다. 라면을 찾았으나 없어서 그냥 왔다.
12시까지 여관에서 쉬었다. 12시에 첵크아웃을 하고 3일 밤을 잔 호텔과 작별을 했다. 스트레드포드 정거장에서 유로스타를 타는 역 London ST-Pancras까지 가는 직통 기차가 있다고 해서 티켓을 끊어가지고 쇼핑센터를 통과했다. 통과하면서 실내화를 19파운드에 샀다. 20,000원이 넘는 셈이다. 집에서 가져올까 망설였는데 잘 못했다.
쇼핑센터는 어마어마하게 컸다. 쌀을 사 넣어서 그런지 가방무게가 장난이 아니다. 남미에 갔을 때는 짐을 8개를 가지고 다녔는데 여기는 6개인데 힘이 든다. 하긴 5년 전의 일이다. 5년 전은 지금에 비하면 젊은 시절이 아닌가.
15분이 걸린다던 기차는 5분만에 도착했다. 4시 22분에 유로스타가 출발하니 너무 오래 기다릴 것 같아 3시 차표로 바꿔 달랬더니 어림도 없었다. 빡빡한 사회. 이런 데에서 평생을 살면 숨이 막힐 것 같다.
길거리에서 가져간 빵을 먹자고 소라가 말해서, 나는 파운드화도 남았으니 음식점에 가서 점심을 사먹고 기다리자고 말했다. 돈을 쓸데는 쓰는 것이 여행이라 소라도 동의했다. 2층 조용한 음식점에 가서 식사를 하며 시간을 보낸 후 개찰구로 갔다. 검열과 수속은 쉽게 끝났다. 런던에 올 때보다 수월한 것 같았다.

소라가 프랑스 말 회화 책을 보는 것을 보고 한 한국 대학생이 다가왔다. 그는 혼자 유럽여행을 왔단다. 조금 있으니 여대생 둘이 나타났다. 한국대학생들이 이렇게 여행을 하는 것을 보니 반가웠다.

시간이 되어 유로스타를 탔는데 자리가 좋지 않았다. 앞 사람 의자에 가려 창밖을 볼 수 없었다. 차창밖에는 또 비가 내리고 있었다. 소라는 잠만 잤다. 나도 잠을 잤다.

가만히 생각하니까 파리의 베스트 웨스트 호텔에 맡겨놓은 가방은 차를 리스 했을 때 찾는 것이 좋을 것 같아 소라와 상의한 결과 그렇게 하기로 했다. 노보텔 호텔에 가서 전화를 부탁하기로 했다.

파리에 도착해서 여관을 찾는 것이 쉽지 않았다. 몇 사람에게 물어 무거운 가방을 끌고 1시간이나 족히 헤맨 후에 호텔을 찾았다.

파리 중심가에 있는 노보텔은 괜찮은 여관이었다. 일기를 쓰고 피곤해서 정신없이 잤다.

오늘은 별로 사진을 찍은 것이 없다.

프랑스 중 북부

France

2014. 5. 27. |화| 파리 흐림

　어제 유로스타를 타고 오면서 느낀 점은 영국이나 프랑스의 농촌이 살아있다는 것이다. 무슨 소리냐 하면 농촌에 비닐하우스가 한 동도 없었다. 그러니까 우리나라에 지천으로 많은 비닐공해를 걱정할 필요가 없을 것이다. 우리나라가 비닐공해의 첫 번째 희생 국이고 두 번째가 중국이 아닐까 하는 생각이 들었다.

　파리에 와서 처음 우리는 시내투어를 하고 더 자세히 또 빠진 곳을 여유롭게 보려고 했었다. 그런데 짐을 챙기고 카운터에 나갔더니 9시 이전에는 예약이 안 된다는 것이었다. 하는 수 없이 오늘 할 예정이었던 투어는 내일로 미루고 오늘은 에펠탑과 오르세 미술관을 구경하기로 했다. 에펠탑 관광의 첫 관문은 지하철역을 찾는 것이다.

파리 에펠탑

∴ 에펠탑의 안쪽 철근

물어 물어서 에펠탑에 갔다. 시간이 늦어 두세 시간은 줄을 서야 될 걸로 알았는데 거의 바로 엘리베이터를 탈 수 있었다. 티켓을 끊고 소지품 검사를 하고 바로 올라갔다. 전망대에 오르니 파리 시내가 한 눈에 들어왔다. 세느 강이 바로 발 밑에 있었다. 템즈 강과 달리 물이 맑았다. 두강은 강폭이 좁았다. 이들 소문난 강에 비해서 한강은 얼마나 훌륭한가! 다만 개발을 못했을 뿐이다. 우리는 강 건너까지 갔다가 오르세 미술관에 가기위해서 다시 에펠탑쪽으로 왔다. 모두가 관광객이라 물어볼 사람이 없었다. 파리 시민인 듯 한 몇 사람에게 물었더니 강변을 따라가면 오르세 미술관이 있다는 것이었다. 강변로에는 마로니에가 우거졌고 풍광은 아름다웠다. 근 한 시간은 걸어서 로이얄 브리지에 도착했다. 그 다음 다리 옆에 오르세 미술관은 있었다. 이 미술관은 철도역을 미술관으로 개조해서 사용하는 곳이다. 그런데 줄이 끝이 없었다. 우리도 줄 끝에 섰다. 반 고흐 Van Gogh / 사진작가 아르토 Artaud 특별전이라 그런지 굉장했다. 뉴욕의 구겐하임 미술관과 대비되는 유명한 미술관이라 파리에서 관광객이 최고로 많이 찾는 미술관다웠다.

∴ 에펠탑에서 본 세느 강

∴ 에펠탑에서 본 파리 시가
강 건너 트로카데로 광장이 보인다

∴ 오르세 미술관 외부

소지품 검사와 소지품을 맞기고 안으로 들어갔다. 입장료가 15유로씩 30유로인데 2~3유로 할인해주고는 오디오 값으로 10유로를 받았다. 얄팍한 상술에 혀가 내둘렸다.

고흐특별전시실에 사람들이 많이 모였다. 또 줄이다. 안으로 들어갔더니 고흐의 작품이 꽉 찼다. 이렇게 많은 고흐의 작품을 본 일이 없다. 고흐의 특별함은 어느 그림이라도 턱 보면 고흐 작품이구나 하는 독특한 점이다. 프랑스의 극작가, 시인, 수필가, 배우 및 연극 연출가인 앙토냉 아르토(Antoine Artaud)가 사진도 찍었단 말인가? 그의 사진 작품도 기대에 어긋나지 않았다. 다른 화가의 작품도 보자고 해서 밀레의 씨 뿌리는 사람 귀스타브 쿠르베, 마네, 폴 세잔, 앙리 마티스 등을 보았다. 사진촬영이 금지되어 아쉬움이 남았다.

파리 인들이 미국미술을 어떻게 대하는가 알아보기 위해서 잭슨 폴록의 그림이 어디 있느냐니까. 없단다. 나는 놀라서, 잭슨 폴록 이라고 다시 말했는데 미국화가 말이냐고 다시 물으면서 없단다. 이 소리를 듣자 오르세 미술관이 싫어졌다. 문화는 편파적이어서는 안 되기 때문이다.

돌아오다가 어제 그 여학생들을 만났다. '구경 잘하라', 고 말하고는 길을 걷다가 일본 식당의 김밥을 보자 빨려 들어가서 밥을 사먹었다. 일본 사람인 줄 안, 주인은 중국 사람이었다. 숙소에 와서 정신없이 잤다.

2014 5. 28. |수| 비 조금 흐림

시내투어를 하기로 했다. 어제 에펠탑에 가서 느낀 감흥을 시로 읊어보았다.

에펠탑에서

가장 비 시적인 강철로 시를 쓴 사람
에펠탑 근처에만 가 봐도
그것을 안다
사르트르도 반대했다는 그 고철덩이
에펠은 막무가내이었다.
돌과 흙이 아닌 철로 탑을 쌓아야한다는 것을
케이블카를 타고 꼭대기에 올라서면
헐거운 도시 파리가 거기에 있다.
푸른 세느 강은 은하처럼 신비롭고
피카소와 달리, 고흐가 산 몽파르나르 언덕도 아스라이 보인다.
아폴리레르의 미라보 다리 말고도 수십 개의 다리!
유람선은 사람을 싣고
세월이 가도
먹고 마시고 노래에 취한다
유람객은 마력에 휩싸여
사진을 찍는다.
바로 저승에 갈 늙은이들도 사진을 찍는다.
에펠은 술 같이, 시같이 사람을 취하게 만든다.

∴ 노틀담 교회   ∴ 교회 내부

　투어 차는 8시 45분에 회사에서 오기로 되어있다. 8시 30분에 로비에 내려가 기다리기로 했다.
　투숙하는 손님들이 참 많은가보다.
　시간이 되어 한 남자가 나타났다. 중년의 사내이었다. 영어를 잘 구사하는 사람이었다. 봉고에는 4쌍의 부부가 탔다. 기사는 차를 몰면서 설명을 하기 시작했다. 아! 이래서 투어비가 쌌구나 하는 생각이 들었다.
　우리 말고는 투어 객들은 호주에서 온 친구사이인지 영어를 잘 해서 웃고 떠들었다.

　맨 먼저 간 곳은 노트르담 대성당이었다. 빅토르 위고로 인하여 더욱 유명해진 성당! 노트르담은 우리에게는 『노트르담의 곱추』로 알려졌는데 십자가가 없이 꼭 개선문 같은 구조를 하고 있었다. 우리는 하차해서 15분간 촬영을 하고 관광을 즐겼다. 안으로 들어가자 그 규모가 어마어마함을 알 수 있었다. 촬영이 금지되었다. 영국의 세인트 파울 성당만큼 엄하지는 않았다. 문에 들어갔을 때 한국말로, "이곳은 예배를 드리는 곳입니다. 정숙해주십시오."라는 문구를 보고 얼굴이 확 붉어졌다. 그러나 그 문구는 중국말과 일본어, 아랍어, 영어로도 쓰여 있음을 알고는 마음이 가라앉았다.

개선문도 보고 빅토르 위고의 박물관도 있는 곳을 스치고 지나가고 그 유명한 샹제리제 거리를 통과했다. 루브르 박물관도 지나쳤다. 내일 루브르 박물관과 빅토르 위고의 기념관에 꼭 가기로 마음먹었다.

세느 강 만큼이나 유명한 몽마르뜨 언덕에 갔다. 사크레꾀르 대성당^{Sacre Coeur Basilica(free time to stroll around)}이 그곳에 있었다. 그곳은 주차가 용이한 곳이라 20분간 자유 시간을 주었다.

교회 안으로 들어갔는데 정상적인 카톨릭 성당이 아닌 것 같아서 안내인에게 질문을 했더니 전통적인 카톨릭 성당이라고 말했다. 여관에 와서 자료를 찾았으나 나타나지 않았다.

그곳에는 복사화를 파는 곳이 많아 그림을 갖고 싶어 물어 보고 싶었지만 소라의 반대로 묻지도 못하고 언덕을 내려왔다. 지금 생각하면 잘 못한 것 같다. 한 장 구입해 오는 길.

∴ 사크레꾀르 대성당

∴ 사크레쾨르 대성당 안에 켜놓은 촛불   ∴ 사크레쾨르 대성당의 천사

* 사크레쾨르 대성당(프랑스어: Basilique du Sacré-Cœur)은 프랑스 파리의 몽마르트르 언덕 위에 있는 대성당이다. 프랑스가 프로이센과의 전쟁에서 패한 뒤 침체된 국민의 사기를 고양시킬 목적으로 모금한 돈으로 만들어졌다. 1876년에 기공되어 1910년에 완성되었으나 제1차 세계 대전에서 독일의 항복 후에 헌당식을 했다. 성당 앞에 잔 다르크의 동상이 있고 비잔틴 양식으로 하얀 돔이 우아한 자태로 솟아있는 모습이 무척 아름답다.

∴ 콩코드 광장의 오벨리스크

콩코드 광장에서 워싱턴의 오벨리스크와 같은 탑을 발견 했다. 원래 이곳은 루이 15세 광장이었는데 프랑스 혁명 때 단두대가 설치되어 많은 사람이 희생되었다. 그 후 단합이란 뜻의 콩코드 광장 으로 개명하였고 람세스 2세 때 만들어진 이집트의 룩소르 신전에 있던 오벨리스크를 이곳으로 옮겼다고 한다.

∴ 세느 강의 유람선

　세느 강변으로 내려와서 안내인은 우리를 쿠루즈 배에 승선 시키고 사라졌다. 점심은 고급이었다. 빵이 맛이 있었다. 포도주도 백포도주와 적포도주를 주었다. 모처럼 좋은 술을 만나 두어 잔 들이켰더니 빈혈 현상이 나타나 어지러웠다. 한국의 음식점 같이 소고기가 나와 맛있게 먹었다. 소라는 달팽이 요리를 시켰다. 달팽이 요리는 소라나 골뱅이와 비슷했다. 에펠탑 입장권은 한국 배낭학생에게 주고 미라보 다리를 찾아가기로 했다. 미라보 다리는 에펠 탑이 있는 다리에서 상류로 4번째 다리라고 해서 걷기로 했다. 나보다도 소라가 기분이 업 되어서 더 서둘렀다. 가다가 인적이 드문 곳으로 가서 위험을 느껴 카메라는 배낭에 넣고 그곳을 급히 빠져나왔다.

　파리의 자유의 여신상은 세느 강의 백조의 섬에도 있는데 뉴욕의 여신상보다 3년 뒤인 1889년 프랑스대혁명 100주년을 기념하기 위해서 세워졌다. 자유의 여신상은 도쿄에도 있다.

∴ 백조의 섬에 있는 자유의 여신상

미라보 다리는 정말로 4번째에 있었다. 자유의 여신상이 있는 다리 다음 다리이었다. 다른 다리에 비하여 오래되었으나 자랑할 것이 없는 평범한 다리로 전락했다. 관광객은 눈을 씻고 봐도 없었다. 다리에는 미라보 다리의 시도, 기욤 아뽈리에르의 흉상도 없었다. 무색해지는 순간이었다. 나는 고등학교 교과서에 있던 그의 시를 읊조려보았다.

미라보 다리

기욤 아뽈리네르

미라보 다리 아래 세느 강은 흐르고
우리들의 사랑도 흐르네
내 마음 속에 아로새기는 것
기쁨은 짐짓 고생 끝에 오네

밤도 오고 종도 울려라
세월은 흘러가는데
나는 여기 머무네

우리들의 팔 밑, 이 다리 아래로
싫증이 난 듯 지친
무궁한 세월의 흐름이 흘러가는데
손과 손을 마주잡고
얼굴과 얼굴을 마주대고 여기에 머물리.

흐르는 강물처럼 사랑은 흘러가네
사랑은 흘러가네

삶이 느리듯이
희망이 강렬하듯이

밤도 오고 종도 울려라
세월은 흘러가는데
나는 여기 머무네

날이 가고 세월이 지나면
가버린 시간도
사랑도 돌아오지 않고
미라보 다리 아래 세느 강만 흐르네

밤도 오고 종도 울려라
세월은 흘러가는데
나는 여기 머무네

∴ **미라보 다리 표시**
다리 이름 글씨가 희미하다

∴ **미라보 다리**

그래도 기욤 아뽈르레느를 아는 파리시민이 있었다. 중년의 가정주부 같은 여자가 시와 시인을 알고 있었다. 돌아오는 전철을 기다리며 입구를 묻는데 한 노신사가 자청해 나서서 그에게도 시인을 물었다. 그도 알고 있었다. 전철 입구를 물었더니 바로 옆 출입구를 가르쳐주었다. 어디서 왔느냐고 해서 사우스 코리아 라고 했더니 그 노신사는 의외로 한국전에 참전한 용사이었다. 우리는 그에게 감사의 표시를 여러 번 했다. 나보다 거의 10여세 연상인데 아주 건강했다. 호텔 근처 역에서 내려 밖으로 나오니 비가 내렸다. 서두러 호텔에 도착. 휴식을 취했다. 소라는 왼쪽 무릎이 부어 뜨거운 물에 샤워를 하고 얼음찜질을 해주었다. 한숨 자고 일어나 밥을 지어 간장에 비벼먹었다. 밥이 잘 되었다.

2014. 5. 29. |목| 구름

오전에 로비에 내려가 가방을 맡기고 루브르 박물관과 빅토르 위고의 집 Maison de Victor Hugo을 구경하고 오후에 파리에서 두 번째 호텔로 이동하기로 했다. 쇼팽의 동상은 다음 호텔에 가서 보기로 했다. 그곳에서 가까운 거리에 있었다. 아들이 남는 것은 사진이라면서 사진을 많이 찍으라는 문자를 보냈다. 그렇지 않아도 사진을 많이 찍고 있다. 이제 파리에서도 삼일 밤을 자면 다음 행선지로 떠나야한다. 체력만 받쳐준다면 여행은 참 즐거운 일이다. 만 4년 전만해도 이렇지 않았는데 체력의 소진을 뼈아프게 느꼈다. 그러나 힘을 내자. 져서는 안 된다.

∴ **루브르 박물관 전경**

호텔에서 가르쳐 준대로 가서 루브르 박물관에 갔다. 아침에 자료를 찾아보았더니 일 년에 900만의 관광객이 방문한단다. 워싱턴의 항공우주 박물관과 같은 수준이다. 메트로폴리탄 박물관은 년간 700만 명으로 통계가 잡혀있다.

독특한 유리 피라미드 건축물은 한때 어울리지 않다는 평이 많았으나 현재는 루브르를 대표하는 조형물이다. 그곳이 출입문이다. 입장료를 받는 것이 브리티시 박물관이나 뉴욕의 메트로폴리탄 박물관과 달랐다. 브리티시 박물관은 입장료가 없었다. 사진 촬영이 금지되었다. 메트로폴리탄 박물관은 입장료는 자기가 내고 싶은 만큼 낸다. 사진촬영이 허용되었다. 루브르 박물관은 입장료를 받고 예상대로 한국어 오디오도 있었고 사진촬영이 허용되어서 좋았다.

　루브르박물관은 건물이 원래 궁전이었다고 한다. 그래서 그런지 규모가 제일 웅장한 것 같았다.

　전시실에 들어가자 조각 작품이 주로였다. 관광객들이 사진을 많이 찍었다. 함무라비 법전이 어디 있는가 물었더니 가르쳐 주어서 그곳에 갔다.

∴ 루브르 박물관 내부

∴ 루브르 박물관 복도
양 옆에 미술품이 즐비하다

∴ 함무라비 법전

내 키보다 더 큰 흑오석의 돌이 나타났다. 영어해설도 있어서 담아왔다. 그리고는 모나리자 그림을 보러 물어 물어서 갔다. 화살표 있는 곳에 갔더니 화살표는 끝이 없었다. 결국 드롱관 6실에 모나리자의 그림은 있었다. 관광객이 너무 많아 사진을 찍을 수조차 없었다. 간신히 한 장 담았다.

∴ 파올로 칼리아나 베로네세 paolo caliari dit veronese 의 〈가나에서의 결혼식 les noces de cana〉

∴ 프란세스코 구아디 Francesco Guardi 의 〈le doge de venise sur le Buoentaure〉

∴ 살바도르 로사 Salvator ROSA Naples, 1615 – Rome, 1673. 〈영웅 전투 Bataille héroïque1652〉

∴ 앙투안 장 그로 Baron Antoine Jean Gros 의 〈보나파르트는 자파의 전염병 피해자 방문 Bonaparte Visitant les Pesthouse Jaffa〉

∴ 다빈치의 〈모라리자〉

다음 그림은 사진을 촬영했으나 그림의 명찰을 찍어오지 못해 그림만 신기로 했다.

61

∴ **루브르의 가계**
꽃이 아름답다

∴ **복도 옆에 있는 조각들**

82일간 유럽여행 일기

다음은 〈론니플래닛 트래블 가이드 유럽〉이라는 책에서 루브르 박물관에서 꼭 봐야할 9 가지를 서술해 놓아 소개한다.

1 IM 페이의 〈유리 피라미드 안에 있는 안내 데스크 information desk beneath IM Pei's glass Pyramid〉
2 〈두르샤루킨 Cour Khorsabad〉, 3 〈에스팔리 에스컬리에 L'Esprit d'Escallier〉
4 사이 트웜블리의 〈천장 CyTwombly's The Ceiling〉
5 〈사모트라케의 니케 Winged Victory of Samothrace sculpture〉
6 메드사 호의 〈뗏목 The raft of Medusa〉
7 〈미로의 비너스 Venus de Milo〉, 8 다빈치의 〈모나리자 Mona Lisa〉
9 라파엘의 〈성모와 아기예수 Virgin &Child〉

∴ IM 페이의 유리 피라미드 안에 있는 안내 데스크
information desk beneath IM Pei's glass Pyramid〉

∴ **두르샤루킨** Cour Khorsabad

* Time travel with a pair of winged human-headed bulls to view some of the world's oldest Mesopotamian art.

세계에서 가장 오래된 메소포타미아 예술의 몇 개를 보여주는 인간의 머리를 한 날개달린 황소 한 상과 함께하는 시간 여행.

∴ **에스팔리 에스컬리에** L'Esprit d'Escallier

* Discover the 'Spirit of the Staircase' though Francois Morellet's contemporary stained glass, which casts new light on old stone.

프랑수아 모렐렛의 당대의 스테인드 유리를 통한 계단의 기풍을 찾아보자. 그리고 그것은 옛 석조위에 새로운 빛을 던지도록 설계되어 있음.

∴ 사이 트웜블리의 천장
CyTwombly's The Ceiling _ Room32, 1st Floor, Sully

* Admire the blue shock of Cy Twombly's 400-sq-metre contemporary ceiling fresco -the Louvre's latest, daring commission.

암울한 쇼킹을 주는 사이 트웜블리의 400 평방미터에 달하는 동시대 프레스코 그림에 탄복.

∴ 사모트라케의 니케 Winged Victory of Samothrace sculpture

* Draw breath at the aggressive dynamism of this headless, handless Hellenistic goddess.

머리도 손도 없는 헬레니즘의 여신의 의욕적인 다이너미즘에 숨이 막힘!

∴ **메드사호의 뗏목** The raft of Medusa

* Decipher the politics behind French romanticism in Theodore Gericault's The raft of Medusa

데오도르 제리코의 메드사 호의 뗏목으로 프랑스 낭만주의 뒤에 숨겨진 정략을 판독할 것.

∴ **미로의 비너스**
Venus de Milo

* No one knows who sculpted this seductively realistic goddess from Greek antiquity. Naked to the hips, she is a Hellenistic masterpiece.

이 매혹적이고 사실적인 고대 그리스의 여신을 누가 조각했는지 아무도 모른다. 엉덩이가 벗겨진 여신은 헬레니즘의 걸작.

∴ **다빈치의 모나리자**
Mona Lisa

* No smile is as enigmatic or bewitching as hers. Da Vinci's diminutive La Joconde hangs opposite the largest painting in the Louvre's-sumptuous, fellow Italian Renaissance artwork The wedding at Cana.

모나리자 말고 여자의 수수께끼 같고 넋을 빼앗는 어떤 미소도 없다. 다빈치의 소형의 라 조콘다는 루브르의 가장 커다란 고가인 이태리의 르네상스 작품인 가나의 혼인잔치, 그림 반대편에 걸려있음.

∴ **라파엘의 성모와 아기예수**
Virgin &Child

* In the spirit of artistic devotion save the Louvre's most famous gallery for last: a feast of Virgin- and- child paintings by Raphael, Domenico Ghirlandaio, Giovanni Bellini and Francesco Botticini

예술적이고 경건한 정신에 입각하여 라파엘, 도메니코 기를란다요, 조반니 벨리니, 프란체스코 보티치니의 작품: 성모와 아기예수의 성찬 그림은 최근에 루브르의 가장 유명한 진열실에 보관되어 있음.

1시가 다 되어 빅토르 위고의 집에 가기위해서 루브르박물관을 나왔다. 지하철 타는 곳이 지하통로로 있어 쉽게 나올 수 있었다. 박물관 지하에는 수많은 상점들이 있었다. 루브르는 도대체 일 년에 얼마의 돈을 버는가? 이것이 문화의 힘이다.

∴ 라 트라비아타 (이탈리아어: La traviata)는 주세페 베르디가 작곡한 3막의 오페라이다. 뒤마의 소설인 "동백꽃 여인"(La Dame aux Camélias)을 기초로 프란체스코마리아 피아베가 이탈리아어 대본을 완성하였다. 1853년 3월 6일, 베네치아의 라페니체 극장에서 초연되었다)

지하철역에서 내려 한 청년에게 빅토르 위고의 집이 어느 출구로 나가야 하는가 물었더니 빅토르 위고 역으로 잘못 알아듣고 반대방향을 가르쳐 주었다.

어느 극장에서 라 트아비아타 오페라를 하는지 관객이 많았다. 소라는 오페라 하우스 건물을 보고 싶어 했다. 잠시 서서 구경을 했다. 그곳에 한 때의 군중들이 시위를 하는지 중무장을 한 경찰들이 쫙 깔렸다.

루이 8세 광장에서 빵을 먹고 위고 박물관을 찾았다. 오늘은 크로스 되었다는 글귀가 보였다.

허탈하게 여관으로 오는데 소라가 피카소 박물관이 근처에 있다고 말했다. 꿩 대신 닭이라고 피카소 박물관을 가기로 했다. 그곳으로 방향을 돌렸다. 지친 몸을 끌고 그곳에 갔으나 그곳도 문을 닫았다. 알아보니 피카소 미술관은 2009년부터 대대적인 보수공사에 들어가 금년 10월에나 문을 연단다. 허탕을 두 번이나 치고 노보텔 호텔에 가서 맡겨둔 짐을 찾아 풀만 호텔로 갔다. 한 번만 갈아 탔지만 상당히 먼 길이다. 풀만 호텔은 쉽게 찾았다. 다만 에스컬레이터가 고장이 나서 가방을 들고 내려가기가 힘들었다. 지금까지 투숙한 여관 중에서 가장 좋아 보이는 호텔이었다. 수속을 마치고 19층 2호실에서 여장을 풀었다. 제일 꼭대기 층이었다.

변두리인줄 알았는데 호텔 주변은 고층건물이 즐비했다. 라데팡스 지역이란다. 커다란 쇼핑쎈터도 있단다. 내일 가봐야겠다.

> 라데팡스(프랑스어: La Défense)는 프랑스의 수도인 파리의 중심가의 루브르 박물관과 개선문을 중심축으로 도심에서 8㎞ 떨어진 지점에 위치한 센 강변에 조성된 파리의 부도심이다. 단 행정 구역 상으로는 파리가 아닌 쿠르브부^{Courbevoie}와, 퓌토^{Puteaux}, 뇌이쉬르센^{Neuilly-Sur-Seine}에 속한다.
>
> 프랑스의 대통령인 미테랑과 파리 당국 등 자치단체로 구성된 라데팡스 개발 위원회가 1958년부터 30여년에 걸친 장기 개발구상을 마련한 것을 시작으로, 1990년대에는 대부분의 공사를 마무리했다. 라데팡스는 46만평 땅 위에 첨단업무, 상업, 판매, 주거시설이 고층·고밀도로 들어섰고 고속도로, 지하철, 일반도로 등은 지하로 배치해 도심의 혼잡이 거의 없다.

∴ **아비뇽의 아가씨들**
아프리카 탈의 영향을 받은 그림

∴ **한국에서의 학살**

∴ **게르니카**
(776.6cm X 349cm) 전쟁고발 그림.

솔직히 나는 피카소를 그렇게 좋아하지 않는다. 그의 그림은 너무 난해하다. 그런데도 파리까지 와서 그의 미술관에 가보지 못한 것이 못내 아쉬웠다. 그래서 그의 3대 걸작 그림들을 찾아 마음을 달랬다.

모나리자 감상

구름처럼 모여드는 관광객 사이로
동양인 코레아
별 수 없이 그들과 휩싸인다

파리에 온 관광객은 루브르만 찾는다.
루브르에 간 관광객은 모나리자만 찾는다

모나리자 찾아가는 길은 멀고 멀었다
화살표는 꼭대기 층까지 연속해서 나타났다.
수많은 성화를 제치고 모두들 그곳으로만 간다

신비의 미소
너무나 자주 본 그림
오디오에서 장황한 설명을 한다.

모나리자 앞에서 기념사진을 찍는다.
혼자이기도 하고
애인과 둘이기도 하다

모두들
이렇게 모나리자를 감상한다

2014. 5. 30 |토| 맑음

몸의 컨디션이 회복된듯하다. 천만다행이다.

어제 구경하지 못한 빅토르 위고의 집^{Maison de Victor Hugo}을 찾아 가고, 몽소 공원^{Pare de Monceau}에 있는 쇼팽과 상드의 기념상, 상드리제 거리와 독립문을 관광하기로 했다.

풀만 호텔^{Pullman Hotel}은 아침식사에 내려가 보니 관광객으로 붐볐다. 사람들이 많다는 것은 평이 좋다는 이야기다. 우리가 좋아하는 버섯요리와 잣, 호도도 있었다. 바나나도 있었다. 빵 종류도 여럿이었다. 커피는 룸에서 마시던 것과는 달리 맛이 없었다. 아마 우유를 안타서 그런가보다. 다음에는 우유를 타서 마셔야겠다.

나는 고기를 많이 먹었다. 고기로 체력을 유지해야한다.

아침 식사를 하고 로비에 가서 우리가 갈 곳을 부탁했다. 전철역을 표시 해주어서 그대로 가면된다. 이제 어느 정도 전철도 눈에 익었다. 호텔 주위에 엄청난 건물이 들어서 있었다. 서울로 이야기하면 강남 같은 곳이 아닐까 하는 생각이다. 아직 초기단계이지만.

쇼팽의 동상을 먼저 찾기로 했다. 음악을 좋아하는 소라가 그곳에 가고 싶어 했다. 호텔에서 가까운 거리에 있기도 했다. 드골 역에서 불루 라인으로 갈아타고 몽소역에서 내렸다. 몽소 공원에 가서 성급하게 보이는 동상마다 뛰어가서 쇼팽의 기념상을 찾았으나 허탕을 쳤다. 그러나 반가운 동상이었다. 하나는 빅토르 위고의 동상이고 다른 하나는 알프레드 드 뮈세^{Alfred de Musset}의 기념상이었다. 위고의 동상은 발밑에 평생의 연인 줄리에트 두루에가 있고 뮈세의 조각에는 조루즈 상드가 매혹적인 자세로 그를 내려다보고 있었다. 다른 사람의 기념상도 혹시 긴가 하고 찾았으나 아니어서, 결국 청소부와 친절한 할머니의 도움으로 어린이 공원 가까이 있는 쇼팽의 기념상을 찾았다. 누가 봐도 쇼팽의 상임을 알 수 있었다. 쇼팽은 피아노를 치고 있었고 그의 발치에는 조르드 상드가 황홀한 듯 쇼팽을 바라보고 있었다. 그들의 행복했던 시기를 재현한 듯 매혹적인 광경이었다. 유럽은 우리와 달리 곳곳에 위인이나 예술가의 동상이 많다. 사실 부러웠다.

∴ **빅토르 위고의 동상**
발밑에 쥴리에드 드루에가 있다

∴ **알프레드 드 뮈세**Alfred de Musset**와 조르즈 상드**

∴ **쇼팽의 기념 상**

쇼팽 기념상 옆에서 사진을 찍고 다음 행선지로 향했다. 드골 역에서 내려 개선문과 샹드리제 거리를 볼 것이다. 개찰구를 들어가는데 문이 열리지 않아 물어보았더니 완데이 표가 아니고 1회용 표란다. 표를 다시 사서 드골 역에 갔다.

∴ 개선문

∴ 개선문의 불꽃

차에서 내려서 본 개선문은 어제 봉고차에서 본 것과는 완전히 달랐다. 참 사람들이 많다. 지하 통로로 들어가 표를 사서 개선문 꼭대기에 올라가 보았다. 샹드리제 거리를 비롯한 방사선 도로를 볼 수 있었다. 풀만 호텔이 있는 라데팡스 La Defense 지역이 돋보였다. 우리는 생각지도 않은 횡재를 한 것 같았다. 오길 잘 했다. 에펠 탑은 그곳에서 지척에 있었다.

시간은 1시다. 오늘의 마지막 행선지인 빅토르 위고의 집을 찾기로 했다. 우선 새인트 폴 역에서 내려 보주 광장을 찾는 것이 급선무이다. 이곳에서는 내가 성질이 급해져서 어제 간 피카소 박물관 쪽으로 갔다. 소라가 그곳이 아니라고 해서 다시 물어서 보주 광장에 갔다. 위고의 집이 오늘 열리는지 확인하고 점심을 먹은 후에 구경하기로 했다. 문은 6시에 닫는단다.

바로 근처에서 점심을 사먹었다. 소라는 달팽이 요리를 시키고 나는 소고기를 시켰는데 둘 다 음식을 잘 못 주문해서 맛이 별루이었다. 다행히도 감자튀김과 빵을 주어 허기진 배를 채우고 맥주도 한 컵 사서 마셨는데 서비스인줄 안 맥주 값이 5유로이었다.

∴ 빅토르 위고의 사진과 동상

∴ 그의 평생의 연인 줄리에트 드루에

∴ 위고가 좋아한 중국풍의 장식

∴ 그의 판독이 어려운 필체

6, place des Vosges. 75004 Paris에 있는 위고의 집은 그가 30세부터 16년간 산 집이었다고 한다.

빅토르 위고의 집은 무료이었다. 다만 오디오는 5유로씩 받았다. 영어 오디오를 주문해서 들으면서 3층에 있는 7개의 방을 차례로 보았다. 사진 촬영이 허용되어 그의 친필, 그가 50년을 사랑했던 줄리에트 드루에의 젊은 사진, 위고의 청동 흉상과 중국풍의 방과 도자기들, 그의 딸과 아이들 사진, 그가 죽은 침대 등을 사진에 담아왔다. 프랑스가 자랑할 수 있는 문인의 기념관으로는 손색이 없는 것 같았다.

우리는 너무 피곤해서 의자에 앉아있다가 바닥에 주저 앉아있다가, 더는 못

버티고 호텔로 돌아왔다.

　돌아오면서 커다란 상점에 들려 간장과 컵라면 오이, 땅콩 등을 사가지고 와서 저녁을 해결했다.

2014. 5. 31. |토|

오늘 베르사유 궁전 Chateau de Versailles만 가면 파리관광은 그만인 줄 알았더니 아무래도 소르본느대학 Universite de la Sorbonne 은 가봐야겠다. 하루에 두 곳을 갈 수 있을까? 소라와 상의해 봐야겠다.

베르사유 궁전 가는 일은 쉽지 않았다. 지하철을 두 번 바꾸어 타야했다. 두 번째 갈아 탔을 때는 이층 기차가 나타났다. 이층 버스는 많이 봤지만 이층 기차는 처음이다.

기차는 시골로만 갔다. 이런 시골에 권력의 핵인 궁전을 왜 지었을까 이해가 되지 않았다.

베르사유까지만 가는 기차이었다. 사람들은 전부 내렸다. 관람요가 25유로이고 한국어 오디오가 10유로씩 둘이 전부 70유로이니 10만원이 넘었다. 경복궁과 비원은 경노는 공짜이고 입장료도 만 원 정도가 아닌가? 억울하지만 어쩔 수 없다.

셔틀버스 요금도 4유로씩 8유로를 지불한 것 같았다.

베르사유 궁전은 루이 14세가 만든 궁전인데 크기가 800 에이커 이란다. 궁은 세 부분으로 나누는데 궁전의 철문을 들어서면 황금으로 도색한 전면과 웅장한 궁전, 출입문을 볼 수 있다. 버킹검 궁전도 황금의 도금이었다. 황금은 왕의 상징이다. 줄을 서 있는 인파가 이곳보다 더 많은 곳을 보지 못했다. 안으로 들어가면 넓디넓은 궁전 뜰과 정원 조각들이 수없이 많다. 거대한 분수도 있었는데 오늘은 쉬고 있었다.

수목이 울창하고 싱싱했다. 미루나무가 많은 것도 이해할 수 없었다. 가로수로는 프랑스에서 처음 본 나무가 주로이었다. 후에 안 일이지만 그 나무는 서양 피나무란다.

그리고는 왕비의 궁전으로 이어졌다. 우리는 가장 먼 왕비의 궁전과 정원을 맨 먼저보고 그 다음 중심 궁, 다음엔 궁전의 정면을 보았다. 거꾸로 본 셈이었다. 그것은 다 이유가 있었다. 걷는 것의 중복을 피하기 위해서 이었다.

가장 시간을 많이 보낸 곳은 왕비인 앙리앙트와르의 궁과 정원이었다. 왕비의 궁전답게 아담하고 화려했다. 정원은 연못도 있고 농장과 목장, 화원이 골고루 갖추어져 있고 촌락도 조성되었다. 물레 방아도 보았다.

∴ 베르사유 궁전의 가로수

∴ 베르사유 궁전의 정자

다음에 간 곳은 루이 14세의 왕궁인데 내부를 자세히 보지 못했다. 역시 아담한 궁이었다. 주위의 화원이 아름다웠다.

소형 보트가 많은 수로 옆에서 점심을 먹으며 쉬고 메인 궁으로 갔다. 숲속에 여러 궁이 있는데 이제는 볼 기력이 없어 그냥 지나쳤다. 궁의 후면 쪽인 셈이다. 잉어가 노니는 연못과 주변의 화려하고 아름다운 조각들과 분수, 연못 가운데에는 여러 마리의 말들과 장군, 부장들의 거대한 조각이 조성되어 있었다.

사람들로 인산인해를 이루었다.

베르사유 궁전을 보고나니 동양 삼국의 궁전은 그 규모가 비교가 되지 않았다. 중국의 자금성조차도 너무 작아보였다. 심신이 피곤하고 지쳐서 소르몬느 대학에 가는 것은 포기하고 집으로 돌아왔다. 소르몬느 대학은 명성이 옛날만 못하다.

∴ 베르사유 궁전의 호수

∴ 베르사유 궁전 앞의 분수

∴ 베르사유 궁전 정문의 관광객

∴ 베르사유 궁전 입장객

 오늘은 토요일이다. 약국이 열리지 않을 것 같았다. 그러나 일말의 기대를 갖고 약국을 찾아 갔다. 소라의 양쪽 다리의 피부가 피부병인지 붉은 반점이 확대되기 때문이다. 혹시나 해서 약방을 찾았다. 문을 연 약방이 있어, 약을 사가지고 호텔로 돌아 왔다. 소라의 다리에 연고를 발라주었다.

∴ 라데팡스의 신 시가

∴ 라데팡스의 건물

∴ 라데팡스의 건물군

∴ 라데팡스의 조각

2014. 6. 1. |일| 구름. 몽셀미셀 맑음

파리를 떠나는 날이다. 파리의 야경을 구경하지 못했다. 그리고 소르몬느 대학을 못 보았다. 런던과 같이 파리관광도 1주로는 어림도 없다. 여행을 떠나기 전에 아들은 파리는 한 달은 구경해야한다고 말했었다. 이제 몽셀미셀 Mont St. Michel로 가야한다.

우리 차-앞면

우리 차-뒷면

로비에 내려가니까 일본 단체 관광객이 많았다. 거의가 여자들이었다. 물어본 결과 주로 파리만 관광하고 본국으로 돌아가는 사람들이란다. 일본인들에게 여유를 느꼈다.

풀만 호텔에서 공항 가는 셔틀이 있다고 해서 기대를 했었는데 직원이 택시를 불러주었다. 검은 정장을 한 신사가 우리를 찾았다. 이름을 대니까 공항까지 모신다면서 택시에 타라고 말했다. 파리의 외각 지대로만 운전을 하는데 상당히 멀었다. 상당히 멀다니까 32km 이란다. 택시비로 65유로를 지불했다. 우리 돈으로 10만원 정도 되는 셈이다.

차를 리스 하는 일이 큰일이다. 그에게 도움을 요청했더니 공항 제 3 터미널에 안내가 있단다. 그곳에 가서 문의하란다.

안으로 들어가니 안내가 있었다. 그녀에게 전화를 요청했더니 전화를 해주어 회사에서 바로 왔다. 노란색 조끼를 입은 청년이었다.

베스트 웨스트 호텔에 가서 짐을 좀 가져가자니까 정중히 거절했다. 파리 사람들은 계약된 일만 충실히 하는 것을 알았다.

중년의 흑인이 서류를 대충 보더니 운전수인 소라의 비자를 보고 간단하게 서류를 정리하고 차를 내주었다. 뒷문이 없는 조그마한 차이었다. 차번호가 873이고 한국의 우리차와 비슷한 색이었다. 그런데 이게 구조가 영 다른 모양이다. 우선 내비가 아주 달랐다. 입력하는 방법이 달라 큰일이다 싶었다. 되풀이해서 그 청년이 알려주었는데 소라는 쩔쩔맸다. 우리는 베스트웨스트 호텔과 주유소와 까르프와 몽셸미셸을 입력해 달라고 말해서 그렇게 해주어, 용기를 내서 차를 몰고 나갔다. 가방을 먼저 찾으러 가라는 것을 주유소부터 간다고 말하고 그곳으로 차를 몰았다. 그런데 오른쪽에 있는 주유소를 왼쪽으로 잘 못 알아 그만 주유소로 들어가는 기회를 놓치고 말았다. 일방통행로라 유턴하지도 못하고 다시 회사 쪽으로 갔다. 뒤에 차는 자꾸만 오지, 어디로 갈지 모르지 해서 아무데나 정차하고 모르는 내비를 조작했다. 공교롭게도 회사의 출입구를 막고 있든데 밖으로 나가는 차가 나타나 차를 빗겨야하나 빗길 수가 없었다. 운전수인 흑인 청년은 영어가 통해 도와 달라고 말했더니, 따라오라고 해서 따라가다가 베스트웨스트 호텔을 소라가 그 바쁜 중에도 보았다. 그러나 그곳을 지나쳤고 그 청년은 횡 하니 가버렸다. 소라는 차를 간신히 돌려 베스트웨스트를 찾아갔다. 바로 낯익은 동양인 여자가 나타났다. 그에게 표를 보여주고 가방을 찾고 주유소를 부탁했다. 남자 점원이 종이에 약도를 그려주었다. 그곳을 찾아 디젤을 가득 넣고 몽셸미셸로 가기로 하였다. 이미 12시가 넘어 빵을 하나 사고 내비를 입력하는데 주위에 많은 사람이 있어서 내비를 입력하는 방법을 물었으나, 신형이라 그런지 아무도 모르는 것이었다.

참 난감했다. 어찌어찌하여 목적지를 입력하고 몽셸미셸을 어디로 가야 하는지 방향을 물었더니 다시 돌아가야 한단다.

그래서 그렇게 했는데 어찌된 영문인지 공항으로 다시 들어가는 것이었다. 유료 주차장으로 갔다. 우리는 되돌아 나왔다. 길 찾는 데는 도사인 내 실력이 발휘되기 시작했다. 맨 오른쪽으로 차단되지 않은 길이 보여 그리 가자고 소라에게 말했다. 공항을 빠져나와 큰 길로 나오자 내비가 작동하기 시작했다. 파리를 한바퀴 돌다 시피 하고 드디어 고속도로로 진입했다.

고속도로 통행료가 장난이 아니었다. 요금소가 대여섯 곳은 되는 것 같았다. 요금소 두 곳에서 돈 지불방법을 몰라 난감했다. 소라가 위급 호출 버튼을 눌렀다. 뒤에 차가 늘어섰으나 경적을 울리지는 안했다. 다른 곳에서는 출입구를 이곳저곳 기웃거렸다. 그래도 욕을 하지 않고 경적을 울리지도 않았다. 소라는 지폐를 꺼내 창밖으로 흔들며 도움을 요청했다. 바로 뒤의 백인 부부가 출입구를 가르쳐주면서 웃었다. 이렇게 해서 무사히 통과했다.

사오년 전에 아들이 어린 준이와 린이를 데리고 와서 고생을 얼마나 했을까 생각이 되었다. 그래서 이렇게 준비를 철저하게 해준 것이었다.

파리를 벗어나자 진짜 여행 맛이 났다. 평야와 구릉과 촌락들이 있는 도로를 130km로 약 400km를 달려 아직 6시도 안된 시간에 몽셸미셸에 도착했다. 여관을 찾는데 시간이 걸렸다. 목적지에 데려다주었으나 여관 같은 여관이 없는 것이었다. 두어 사람에게 물어서 호텔을 확인하고 문을 열고 들어가니 여주인이 나왔다. 이름을 대고 서류를 보여주었더니 맞단다. 아직 청소가 안 되었으니 5분만 기다리란다. 우리는 밖으로 나와 몽셸미셸을 구경하러 갔다. 아스라한 수평선에 몽셸미셸의 웅자가 보였다. 너무 멀고 시간이 없어 내일 구경하기로 하고 호텔로 돌아왔다.

파리와 런던의 차이

파리 인구 215만 · 런던 740만.
런던과 파리의 차이는 영국과 프랑스의 차이가 아닐까 한다. 우선 언어가 영 달랐다. 아마 한국어와 일본어의 차이만큼이나 다르지 않을까 하는 생각이다. 일본어에는 그래도 한문이 있어서 일본어를 모르는 사람도 어느 정도 이해되는 부분도 있었다.

프랑스어는 영어를 조금 알아도 전혀 도움이 되지 않았다.

테임스 강의 물은 흙탕물이고 세느 강은 푸른빛이 도는 맑은 물빛이었다. 두 도시 다 관광객으로 넘쳐났다. 런던은 곳곳에 경찰이 있어 질서가 정연해보였고 파리는 길을 물어볼 경찰이 보이지 않아 좀 더 자유스럽고 개방된 도시 같았다. 두 도시 다 역사적인 유물이 많았다. 런던이 역사적인 유적이 그렇게 많은 도시인 줄은 정말 몰랐다.

두 도시 다 도시의 건물들이 석조건물이었다. 런던은 중심부에 고층건물이 들어서고 있었으나 파리는 La Defence 구역에 주로 고층 건물이 들어섰다.

파리는 에펠탑이 중심이라면 런던은 국회의사당이 중심이 아닐까. 런던에는 하이드파크가 있다면 파리는 몽마르트 언덕이 있다.

여왕이 거처하는 버킹검 궁전과 루이 14세가 살았던 베르사유 궁전의 차이는 개방과 삼엄한 경계로 구분된다고 할까. 엄청난 크기와 건물의 웅장함은 둘 다 대단한 것이었다.

사실은 런던의 체류는 6일 밤을 잤지만 이틀을 본 셈이다. 섹스피어의 생가 투어와 스톤헨지를 다녀 오느라고 이틀을 소비했고 하루는 여관을 옮기는데 허비했다. 그래서 자세히 보지 못했다.

런던은 건물의 벽에 그림이 그렇게 많지는 않았다. 파리는 많은 편이었다.

두 도시 다 흑인이 많은 것이 특징이었다. 유럽은 이민이 상당이 어려운 걸로 알고 있는데 이렇게 흑인이 많은 것은 의외이었다. 흑인이 하는 일은 주로 4D 업종 같았다.

두 도시 다 지하철이 발달되어 있었다. 두 도시 다 로마처럼 소매치기가 심하지 않은 것은 다행이었다.

∴ **몽셀미셀**
　수많은 관광객이 가고 있다

2014. 6. 2 |월| 몽셀미셀 맑음

　새벽에 아름다운 새소리가 유난히 많이 들렸다. 우리는 밤에는 잠자는 일과 일기를 쓰는 일을 주로 한다. 소라도 마찬가지이다. 어제 차를 리스해서 이제 여행은 안정적이다.

　짐을 분산해서 배낭에도 넣고 되도록 간단하고 가볍게 여행을 즐길 생각이다. 노르망디 상륙 작전으로 유명한 해안에 가고 싶었지만 오늘도 200km는 이동을 해야 하기 때문에 소라의 의견을 따라 생략하기로 했다. 8시에 아침 식사가 된단다.

　아침 식사를 하러 내려갔다. 중국청년이 애인인지 부인인지 여자와 식사를 하고 있었다. 저 나이에 유럽여행을 온건 권력층의 자제이거나 부유층의 자제 같았다. 대학생이냐니까 아니란다.

∴ 몽셀미셸의 계단

∴ 몽셀미셸의 옥상 화단

　가방의 내용물이 무거운 것을 작은 가방에 주로 넣었더니 들고 내려가기가 쉬웠다. 여관비로 50유로를 지불했다. 몽셀미셸은 노르망디 반도와 브레타뉴 반도 사이, 만의 가장 깊은 곳에 있었다. 이브랑세 지역이다. 1979년에 유네스코세계문화유산이 된 곳이다.

　몽셀미셸로 차를 몰았다. 입구의 차단막이 열리지 않아 난감했는데 뒤에 오던 차가 자기가 갈 테니까 따라오라는 것이었다. 그렇게 통과해서 무조건 성으로 갔다. 성 가까이 갔더니 차를 제지하면서 여기는 규정된 셔틀버스만 다닌다며 마을 쪽에 가서 셔틀버스를 타고 오란다.

　긴 소매 샤스를 벗었더니 추웠다. 옷은 차안에 있으니 포기하고 견디는 수밖에 없다.

　성은 생각보다 높고 정교했다. 엘리베이터 시설이 되어있지 않아서 걸어 올라가야 했다. 처음 들어간 곳은 재래시장 같은 곳이었다. 좁은 골목에 양쪽으로 기념품 상점들이 꽉 차 있었다. 소라는 왼쪽 무릎관절이 아파 고생을 했다. 여행을 무사히 마치도록 탈이 나지 말아야할 터인데 걱정이다.

　1/3지점에 올라갔을 때 티켓을 팔았다. 둘이 20유로를 지급했다. 성 아래로 보이는 갯벌과 미로 같은 건물들은 상상을 초월했다. 방마다 특유한 건축양식이 나타났다. 오름은 성당이 있는 곳까지이었다. 넥스트next가 표시되어

있는 곳으로 가니까 아래로 인도했다. 성의 꼭대기에 있는 미가엘 천사와 약수를 하려던 내 염원은 묵살되고 말았다. 사진을 많이 찍었다. 소라는 나보다 더 많이 찍은 것 같았다.

몽셀미셀의 관광을 마치고 이제 낭트로 차머리를 돌렸다. 파리에서 서쪽으로 왔다가 남쪽으로 가는 것이다. 내비가 시골길로만 인도를 했다. 그리고 이 지방도로의 특징은 라운드 어바우트^{round about}(회전교차로)가 많다는 것이었다. 그리고 갈림길을 exit로 표시한다는 것이었다. Right turn first exit, second exit, third exit…… 등. 이런 식이었다. 한국의 도로만을 본 사람에겐 헷갈리는 구조이었다. 가다가 휴게소에서 쓰레기분리수거통을 보았다. 관심이 있어 사진을 찍어 놓았다.

∴ 쓰레기 분리수거

고속도로는 비교적 편리했다. 라운드 어바우트가 없기 때문이다. 3시 경에 낭트의 노보텔에 도착했다.

낭트: 프랑스 서부, 루아르아틀랑티크 주 주도, 상공업도시. 루아르 강을 끼고 있으며 생나제르와 운하로 연결됨. [옛 이름]콘디빙쿰 ^{Condivincum}. 인구 24만 5000명. 석탄 · 석유 · 철광석을 수입하고 기계류를 수출. 금속 · 기계 · 섬유공업이 발달. 중세의 성 · 사원 · 시청사 등 사적이 많음.
[네이버 지식백과] 낭트 ^[Nantes] (세계인문지리사전)

∴ 자뎅 데 플란트 Jardin des Plantes의 옆으로 누운 나무　　∴ 사자가 아닌 미녀가 들고 있는 조각

　낭트는 프랑스에서 6번째로 큰 도시로 자뎅 데 플란트 Jardin des Plantes가 프랑스에서 가장 아름다운 식물원이라고 해서 구경을 갔다.
　호텔에서 주소를 물었으나 번지 없는 주소를 알려주어서 헤매다가 경찰이 있어 물었는데 영어를 전혀 못하는 경찰이라 도움이 되지 않았다. 그래서 포기하고 호텔로 돌아오려다가 다시 한 번 내비에 입력했더니 내비가 작동이 되어 지시하는 쪽으로 갔더니 목적지에 도착했다.
　아름다운 식물원이었다. 아름드리 나무들과 한국에 있는 동백나무, 뽕나무, 벚나무 등도 있었고 태산목이 많았다. 메타세콰이어도 다른 형태로 키워 놓아 보기 좋았고 자작나무는 영국의 하이드파크에서 본 것처럼 지붕형태를 하고 있는 것도 있었다. 우리가 본 식물원은 식물원이라기보다는 공원 같았다. 사진을 열심히 찍고 돌아왔다. 주차해놓은 곳이 무료인줄 알았는데 유로주차장이라 1유로를 물고 호텔로 향했다.
　호텔에 와서 슈퍼마켓을 물었으나 의사소통이 안 되어 찾지 못하고 내일 까르프에 가기로 했다.

2014. 6. 3. |화| 보르도 구름

　낭트에서 보르도^{Bordeaus}로 347km를 달려야한다. 우선 까르프에 가서 식료품을 좀 사기로 했다. 까르프 주소를 내비에 입력하고 찾아가는데 왜 그렇게 먼지 계속해서 라운드 어바우트가 나타났다. second exit는 짜증이날만큼 나오고 이쪽 끝에서 저쪽 끝으로 가는 기분이었다. 그래도 까르프가 나타나서 다행이었다. 먼저 물을 6병을 샀다. 쌀 두 봉지 한국 라면이 없어서 일본 라면 5개, 오이 4개, 호박, 가지 한 개씩, 당근 한 봉지, 간장 작은 것으로 1병, 포도주 작은 병으로 1병 등이었다. 작은 상자에 담았다. 며칠은 살 것 같았다.
　이제 미련 없이 낭트를 뒤로하고 출발했다. 고속도로를 달렸다. 고속도로가 편했다. 내비가 아무 소리도 안하기 때문이다. 그런데 어찌된 영문인지 내비에 거리표시가 나타나지 않는 것이었다. 그래서 차를 갓길에 세우고 확인해보자고 했다. 그래도 나타나지 않아 그냥 달리기로 했다. 그런데 차가 시동이 걸리지 않는 것이었다. 참 난감했다. 언어는 통하지 않지, 전화 거는 방법도 잘 모르지. 랜트 회사에서 준 주차 표시판을 세우고 비상봉과 옷을 입고 도움을 요청했는데 아무도 세워주지 않았다. 가만히 보니까 차를 세 우기에 어려운 곳이다. 근 반 시간이나 비상봉을 흔들었다. 소라도 나와서 거들었다. 소라의 옷은 다행히도 노란 옷이다.
　드디어 오토바이를 타고 가던 사람이 갓길로 오토바이를 세우고 봐주었다. 운전 경력 30년의 소라가 쩔쩔맨 상태를 1분도 안 걸려 시동을 걸어주었다. 참 고마운 일이었다. 그에게 고맙다는 인사를 하고 우리는 다시 달리기 시작했다. 낭트에서 멀어지자 고속도로는 한가했다. 파킹장소에 주차하고 늦은 점심을 먹었다. 빵과 사과 한 알, 땅콩과 사탕 등이었다. 소라는 졸린다며 30분

쯤 자고 일어났다.

다시 출발했다. 나는 차에서 잠깐 졸았다. 중간에 통행료를 받는 곳은 없었다. 보르도에 거의 도착해서 통행료를 지불해야하는데 사람이 없고 기계로 지불하는 것인데 방법을 몰라 쩔쩔매는데 뒤에 따라오던 차 주인이 내려서 대신 내주었다. 프랑스 사람들은 참 친절하다.

톨게이트를 통과하고 기름을 넣으러 갔는데 디젤 글자가 안보여서 넣지 못하고 다음 주유소에 가서 넣는데 이번에도 차시동이 걸리지 않는 것이었다. 키 큰 백인 청년에게 부탁해서 시동을 걸었다.

보로도 시내에 진입하는 큰 다리를 건넜는데 여관은 나타나지 않았다. 회전교차로는 계속 나타나고 내비는 짜증나게 계속 '라운드 어바우트 세컨드 엑시트' 주문을 했다.

한적한 교외에 여관은 있었다. 소라는 이곳에서 이틀 밤을 자니 빨래를 해야 한단다. 샤워를 하고 옷을 가라 입고 소라는 빨래를 하고 나는 콩나물국을 끓여 밥을 지었다.

그렇게 싼 여관도 아닌데 실내에 아무 것도 없었다. 냉장고도 전기보트도 없는 여관이었다. 55유로짜리 몽셀미셸의 여관만도 못했다.

그래도 침구는 깨끗했다.

오늘은 두 가지 중요한 경험을 했다. 차의 시동 거는 방법과 톨게이트에 요금 지불하는 방법이다.

보르도, 달의 항구 Bordeaux, Port of the Moon

보르도는 프랑스 남서부에 있는 항구도시로 지형이 초승달 모양이라 '달의 항구 Port of the Moon'라고 불린다. 보르도 주민들이 살고 있는 역사 도시로, 도시와 건축물이 특별한 유적으로 잘 보존되어 있다. 보르도는 2000년 넘게 유럽의 문화적 가치가 교류하는 장소로서 역사적 중심지 역할을 해왔다. 특히 12세기 이후에는 영국과 저지대 국가들(네덜란드 등)의 무역 중심지로 번성하였고 계몽주의 시대에는 국제도시로 발전하였다. 18세기 초 이후부터 20세기 초까지 보르도는 프랑스 내에서는 파리를 제외하고 다른 어떤 도시보다 많은 건축물이 건설되었다. 보르도는 18세기의 고전주의와 신고전주의 건축물과 도시계획이 통일성·일관성 있게 보존되어 있다.

보르도는 도시를 인본주의, 보편주의, 문화의 용광로로 만들고 싶었던 '철학자들의 성공 success of philosophers'을 상징하는 곳이다.

[네이버 지식백과] 보르도, 달의 항구 [Bordeaux, Port of the Moon] (유네스코세계유산, 유네스코한국위원회(번역 감수))

2014. 6. 4. |수| 보르도 흐림

오늘은 와인 투어와 시내투어를 하기로 했다. 여관에서는 투어가 없고 시내에 가면 투어회사가 많다는 것이었다. 9시에 여관을 나와 3번 시내버스를 탔다. 수없이 많은 정류소를 지난 후 강베타 광장place Gambetta에서 내렸다.

투어회사에 가서 투어를 신청했다. 와인투어인데 성 앙드레 성당도 끼어 넣은 투어이었다. 다른 것은 이미 등록이 끝났고 그것밖에 없다고 해서 신청을 했다. 투어출발 시간이 1시 45분이라 2시간 반 이상을 기다려야 했다.

시간을 보내기 위해서 광장을 거닐었다. 우리는 높은 탑과 베르사유 궁전에서 본 것 같은 물속에 사람들과 말이 섞여 있는 거대한 조각으로 치장된 조형물을 보았다. 그것은 지롱드 기념비이었다. 프랑스 대혁명 뒤 공포정치 시대에 300명이 넘는 정치적인 희생자들을 기리는 기념비이다. 골목 저쪽에 광장이 보이기에 찾아갔다. 거기에도 조각이 있었다. 여성 4명이 항아리에서 물을 쏟아내는 조각이었다. 그 곳이 아마 투르니 광장place de Tourny 같았다.

이런 상징물들은 보르도가 예사 도시가 아니라는 점을 말해주었다.

차는 시내를 빠져나가 고속도로를 달렸으나 기대한 포도원은 나타나지 않았다. 6월의 일기는 매섭게 추운데 어떻게 해서 이런 곳이 프랑스 제일의 포도주생산지가 됐는지 이해가 되지 않았다.

근 1시간은 달린 후에 와인 공장에 도착했다. 시설이 잘되어 있는 와인 공장이었다. 사오년 전에 미국의 나파벨리Napa Valley, 아르헨티나의 멘도사에 간 기억이 새로웠다. 나파벨리는 전형적인 지중해성 기후이고 멘도사는 참 더운 사막기후이었다. 두곳다 햇빛이 풍부했다. 보르도는 지중해가 아닌 비스켓만에 위치해 있고 위도가 북위 44가 넘어서 과연 이곳이 포도재배에 최적인가 하는 의문이 생겼다. 설명이 끝난 후 시음장에 들어갔다. 포도주 2종류를 시음하는 데, 그게 그거였다.

∴ 지롱드 기념비
꼭대기에는 쇠사슬을 끊고 푸른 하늘로
날아가는 자유의 여신상

∴ 투르니 광장의 탑

∴ 포도주 생산공장 기계

포도주를 사는 사람은 별로 없었다. 가격이 싼 것이 아니었다. 우리도 한 병 살까 했으나 포기했다.

어제 잠바를 빨아서 사스바람으로 나갔더니 바람이 심한 바닷가라 그런지 체감 온도가 낮았다. 한국은 더위가 30년만의 더위라는데 이곳 사람들의 복장은 아직도 겨울복장 같았다. 너무 추워서 중국집에 가서 영양보충을 해야겠다고 생각하고 중국음식점을 찾았다. 다시 투어회사에 가서 중국음식점이 어디 있는가 물어 보았더니 5분 거리에 있단다. 우리는 따뜻한 실내에 가려고 중국음식점에 갔으나 12시에 오픈한단다. 아직 20분은 더 기다려야한다. 12시가 되어 중국음식점에 다시 갔다. 문을 열어놓았고 우리보다 빨리 그곳에 온 손님도 4사람이나 있었다.

∴ 포도주를 담아놓는 참나무통

∴ 포도주 공장의 낙서판
한글도 보인다

    화장실에 다녀오고 음식을 시켰는데 나는 미국에서처럼 중국음식점은 양을 많이 주니까 1인 분만 시키자고 했더니 소라가 2인분을 시키자고 해서 시켰다. 음식 값이 싼 편이었다. 나는 소고기가 들어간 음식을 시키고 소라는 주로 식물성 자료인 음식을 시켰다. 잠시 후 음식이 나왔는데 혼자 먹기에도 작은 분량의 음식이었다. 좀 짜서 그렇지 먹을 만 했다. 뷔페도 있다기에 가서 보았더니 우리가 가려먹기에 알맞은 음식도 있었다. 그래서 가격을 물었더니 혼자 19유로가 넘었다. 우리가 먹은 음식 값은 둘이 13.5유로인데. 우리는 서로 안 먹길 잘했다고 눈으로 말하고 조금 졸다가 손님들이 자꾸 들어와서 그 음식점을 나왔다. 투어회사에 가서 시간을 보내다 안내인이 젊은 남자인 차에 탔다. 인원은 8명이었다. 미국인 2쌍 독일인 1쌍 그리고 우리부부 이었다. 미국인은 캘리포니아 쪽에서 온 모양인데 백인 남자와 흑인 여자, 흑인 남자와 거의 백인이 다된 흑인 여자의 커플이었고 독일인은 백인들이었다.

    안내인은 영어를 잘 했다. 미국인 4명이 탔으니 영어의 유창함은 말할 수 없고 우리가 제일 떨어지는 편이었다. 그래도 우리 둘은 운전석 옆에 앉았다.

∴ 생앙드레 성당

다음 간 곳은 생앙드레 성당Cathedrale St-Andre이었다. 그런데 투어소개에는 생떼 밀리옹 마을 투어Visit of St Emilion village로 되어 있는데 이 마을에 있는 성당도 유네스코세계문화 유산 이라고 안내인이 설명했다. 서양문명에서 성당은 동양의 절과 맞먹는다.

꼭 흙벽돌 같은데 안내인의 설명은 림스톤limestone이란다. 몽셸미셸에 갔을 때도 밭에 석회가 많이 혼합되어 있는 것 같았는데 보르도에도 석회가 많은가보다. 그 마을에서 가장 오래된 목조 건물도 보았다. 13세기라고 말한 것 같다. 우리나라는 안동 봉정사 극락전이 이와 비슷한 시대이다.

다시 와인투어에 갔다. 이번 와인 공장은 16세기에 지은 공장이란다. 그곳에서도 2종류의 포도주 맛을 보았다. 포도주에 익숙하지 않아 차이를 잘 모르겠다. 서양인들은 어느 쪽이 좋다고 말하는데 나는 처음 맛본 포도주가 더 좋은 것 같았다. 이곳에서도 와인을 사는 사람은 별로 없었다. 어느 틈에 중국인 커플 한 쌍이 끼었다. 남자는 이 추위에 남방을 입고 있었다.

이제 호텔로 돌아오는 길이다. 안내인에게 유명한 Prehistory Painting이 어디 있는가 물었는데 시내에서 2시간의 거리이란다. 갈 때와 마찬가지로 수량이 풍부한 강을 만났는데 가론Garonne 강이었다.

투어회사에 가서 헤어졌다. 우리는 3번 버스를 타고 호텔에 돌아왔다.

∴ 생앙드레 성당 내부

∴ 생떼 밀리옹 마을

스페인

Spain

2014. 6. 5. |목| 프랑스, 보르도, 스페인, 빌바오 맑음

프랑스를 일단 떠나는 날이다. 오늘 달려야 하는 거리가 350km 쯤 되고 스페인의 빌바오에 가서 구겐하엠 미술관을 봐야하기에 8시에 출발하기로 했다. 아침 식사를 하고 우리 차에 갔는데 빌바오의 여관이 바뀐 사실을 적어두었는데 어디에 두었는지 생각이 나지 않았다. 다시 호텔에 가서 인터넷을 찾아 바뀐 여관 이름과 주소를 적어왔다. 내비에 입력하고 떠난 것이 9시경이었다. 보르도 시내를 좀 달리자 약국을 발견했다. 소라의 알레기성 피부약을 사가지고 다시 출발했다. 회전교차로가 계속 나타나더니 시내를 빠져나가 고속도로에 진입했다.

오늘은 동전 넣는 톨게이트가 계속 나타났다. 첫 번째 쇼는 처음 동전을 넣는 곳에서 이었다. 동전을 입구에 던졌는데 너무 약하게 던져 그만 땅에 떨어지고 안 들어갔다. 내가 내려 주어 넣었는데 동전이 모자랐던 모양이다. 바가 열리지 않는다. 급하니까 나에게 동전주머니를 어떻게 했느냐고 야단인데 나는 머리가 하얘져서 기억이 통 나지 않았다. 소라는 하나도 도움이 안 된다는 둥 막말을 하고 나도 지지 않고, 쟤는 항상 자기가 저지르고 나에게 야단이라고 막말을 하고 서로가 험해졌다. 정말로 기분이 나빠지자. 동전주머니가 뭐 그리 대단하다고 차에 둘 일이지 방으로 가져오는지 모르겠다고 또 한마디 하자 소라는 계산하려고 그런다고 말 대꾸 하고 나도 그거 하나 기억 못하느냐고 지지 않고 핀잔을 주고 더욱 험해졌다.

그러나 우리는 금방 서로 화를 풀고 평정을 찾았다. 동전을 그렇게 준비하라고 일렀건만 서너 번 3유로 7~80 센트씩 넣자 동전이 떨어졌다. 또 요금소가 나타났는데 동전이 없는 것이었다. 어쨌든 통과해야하기에 파란 표시등이 있는 곳으로 진입했다. 전화기가 그려져 있는 곳이 있어 급해져서 전화를 걸라고 내가 옆에서 소리를 질렀다. 전화를 하자 종이돈을 넣으라는 메시지가 계속 나왔다. 소라도 프랑스어는 거의 까막눈이라 못 알아듣다가 눈치를 채고 종이돈을 넣고 위기를 모면했다. 이제 주유소에 가서 디젤을 넣고 잔돈을 바꾸기로 했는데 또 톨게이트가 나오는 것이었다. 잔돈은 겨우 80센트다. 마침 경찰들이 있어 '헬프 미'를 외쳐도 못 알아듣는다. 무식하게 영어도 모른다고 투덜대며 몸부림을 치는데 마침 근무자가 나타나서 위기를 모면했다. 드디어 주유소가 나타나서 기름을 넣고 잔돈을 좀 확보했다. 더 바꾸어 달랬더니 없다고 안 바꾸어준다.

 이제 프랑스의 보르도에서 스페인의 빌바오까지의 지형과 기후의 변화에 대해서 적어야겠다. 보르도를 벗어나자 큰 나무가 드물었다. 작은 키의 관목에 밭에는 스프링클러가 나타나기 시작했다. 건조지대임이 틀림없다. 미국의 서남부 사막지대에서 이런 스프링클러는 참 많이도 보았다. 그리고 목장도 농장도 없는 지역을 얼마쯤 통과하자 이번에는 작은 산이 보였다. 영국에서부터 프랑스 북부를 보름 이상 여행했지만 이런 산은 처음이다. 참 반가웠다. 그런데 산이 그저 그렇고 그런 야산 정도 이었다. 산악지대라 길은 사행 길이었다. 프랑스와 스페인 국경은 피레네 산맥Pyrenees Mts이 있는데 이정도인가 하는 생각이 들었다. 국경지대를 통과했는데도 형식적인 건문소 하나 없다. 돈을 사람이 받는 곳을 통과하면서 스페인이냐고 물었더니 그렇단다. 그리고 보니 집들이 달리 보였다.

 드디어 빌바오가 나타났다. 그런데 이 도시에 진입하는 것이 쉽지가 않았다. 아들 이야기로는 무료주차라 이 호텔을 정했다는데 부산처럼 산에 기대여 형성된 도시라 산허리를 돌고 돌아 여관에 도착할 수 있었다.

 이 날의 두 번째 쇼는 이 여관에서 있었다. 호텔은 쉽게 찾았다. 이 호텔은 주차가 처음은 무료이었는데 이름을 바꾸면서 유료가 됐단다. 그래서 무료일 때 예약을 했으니 무료로 해주어야한다고 때를 썼는데도 안 되는 것이었다. 다만 여행가방이 무거우니 엘리베이터 있는 곳까지 가져다 놓았다가 다시 밖으로 내놓으란다. 그렇게 하기로 하고 차를 주차장으로 진입시켰다. 출입구에는 커다란 철문이 있어서 프런트에서 전화로 통재하기로 되어 있었다. 차를 주차장으로 진입시켰는데 소라가 룸 키를 못 찾는 것이었다. 방 키를 2개 받아서 나에게 하나 줄까? 물었을 때 필요 없다고 말했는데 그 후에 분실한 것이다. 온갖 곳을 다 뒤져도 키가 나오지 않았다. 일단 방문 앞까지 가기로 했는데 여관 구조가 복잡해서 3층까지만 올라가고 6층에 올라가는 엘리베이터를 찾을 수가 없었다. 결국 주차장까지 다시 내려가서 지배인 인 듯한 사람을 만나 그의 도움으로 604호 방까지 갔고 청소부에게 만능키를 얻어 방에 들어갈 수 있었다.

방의 전망은 지금까지 잔 여관 중에서 가장 좋았다. 강과 항구의 바다가 보였다. 발코니에 나가니 축구장과 등대가 보였고 등대로 가는 산책객들이 많았다. 항구에는 배들도 많았다. 칠레의 발파라이소가 생각났다. 그러나 발파라이소보다 훨씬 깨끗한 도시이었다.

가방만 방에 가져다 놓고 전철을 타고 구겐하임 미술관을 찾았다. 호텔에서 알려준 대로 메트로를 타고 갔다. 미술관은 여행 안내서에 있는 것처럼 건물부터가 특이했다. 입장료도 쌌다. 영어 오디오도 그냥 주었다. 그런데 기대를 갖고 간 피카소, 몬드리안, 칸딘스키 등의 작품은 볼 수 없었다. 6월 14일부터인가 이층 전시장 문을 연단다. 아마 그곳에 이들 화가들의 작품이 있는 듯 했다. 사진 작품과 설치미술 등 알아보기 힘든 작품들을 좀 구경하고 밖으로 나왔다. 예술품은 밖에 있었다. 프랑크 게리가 설계한 이 건축물은 알아주는 건축물이란다. 뉴욕에 있는 구겐하임 박물관이 그렇듯이 이 건축물 역시 건물자체가 예술품이었다. 밖에 나오니 그 유명한 루이스 부르주아 Louise Bourgeois의 거미 조각이 있었고 또 다른 조각들이 돋보였다. 생화로 만든 고양이 상도 멋있었다. 우리는 7시쯤 관광을 마치고 돌아왔다. 소라에게 맥주를 사 달래서 한잔 마셨다.

이 근처에 피카소와 달리의 미술관이 있는 걸로 아는데 내일 우리는 400km를 달려 마드리드에 가야한다.

∴ 미술관 내부

저녁은 낭트에서 사온 쌀로 밥을 짓고 미소와 라면스프와 호박과 고추를 썰어 넣고 된장국을 끓여 먹었다. 소라는 다리가 아파 침대에서 쉬고 요리는 내가 했다. 저녁을 먹고 소라의 다리를 주물러 주었다. 보르도에서의 콩나물국과 빌바오의 미소국은 잊을 수 없을 것 같다.

빌바오는 인구가 약 40만 정도의 항구도시이다. 그런데 도시가 참 멋이 있다.

∴ 루이스 부르주아Louise Bourgeois의 〈거미Spider〉　　∴ 빌바오의 야경

2014. 6. 6. |금| 빌바오 맑은 후 흐림

오늘이 현충일이다. 한국에 있으면 국기를 계양해야하는데 국기를 계양할 곳이 없다. 빌바오를 떠나야한다. 늦잠을 잤다. 급히 아침식사를 하러 밖에 나갔더니 식당은 사람들로 혼잡했다. 겨우 자리가 하나 나서 소라와 마주 앉았다. 오트밀과 빵을 좀 먹었다. 서양 빵은 달지 않은 빵이 있는 것이 다행이다. 바게트를 좋아하는 편인데 칼로 빵을 쓸어갈 때 프랑스에서는 깨끗한 종이로 싸고 왼손으로 잡고 써는데 이곳 스페인에서는 맨손으로 잡고 썰어서 포기하고 딱딱해 보이는 빵을 가져다 먹었다.

서둘러 첵크아웃을 하고 짐을 가지고 지하에 내려가서 가방을 싣고, 마드리드 여관을 입력하려니 어두워서 할 수가 없었다. 철문을 열어 달래서 밖에 나와 비탈에 차를 세우고 입력을 한 후 시동을 거는데, 차가 자꾸 뒤로 가는 것이었다. 뒤에는 장애물이 여럿 있다. 기아 변속이 잘 못된 것 같은데 30년 베테랑이 기울기가 달라 혼돈을 했나보다. 아마도 백 기아인 것 같은데……

기아를 바꾸니 차는 정상적으로 앞으로 나갔다. 라운드어바우트 엑시트 몇 번째를 수도 없이 반복해서 시내를 벗어나 고속도로에 진입했다. 고속도로에 진입하면 마음이 놓인다. 차는 제 속력을 내고 소라는 운전을 평화롭게 한다.

어제부터 소나무 산림지대가 이어졌다. 근 100km를 달렸는데도 아직 산악 지대를 벗어나지 못하는 것 같았다. 산지라 농지는 별로 보이지 않았다. 가끔 목장이 나타났고 등성이에는 풍력발전 장치인 큰 팔랑개비가 나타났다. 프랑스 지역처럼 코인을 요구하지도 않았다. 우리나라처럼 톨게이트에는 사람이 있었다. 빌바오에서 150km를 달린 지점에서 우리는 화장실에 가기위해서 쉬었다. 차에서 내리니까 바람이 몹시 불었다. 풍력발전 시설을 하기에 좋은 조건을 갖추고 있음을 알았다. 그곳에서 기름을 넣고 소라는 점심을 먹고 싶지 않다면서 잠을 자고 나는 마른 빵을 씹었다. 8월 7일까지 견디려면 무어든 먹어야한다.

이곳에서 또 해프닝이 일어났다. 화장실에 갔다 와서 소라에게 왜 차를 기름 탱크 옆에서 다른 곳으로 옮기지 않았느냐니까 차키를 주지 않아서 못 옮겼단다. 차키는 운전대 앞 유리 앞에다 놓고서 하는 소라의 말에 어처구니가 없었다. 거기 있지 않느냐니까 그때야 소라가 착각한 것을 알아채고 웃었다. 둘 다 건망증이 심해졌다.

소라가 너무 피곤한가보다. 이거 큰일이다.

다시 우리는 출발했다. 이제는 구릉지이다. 호밀밭과 보리밭이 거의 전부이었다. 터키에 갔을 때 보리밭이 많아 무엇에 쓰려고 보리농사를 이렇게 많이 하느냐고 안내인에게 물은 일이 있다. 빵을 만든다는 대답이었다. 이곳도 마찬가지일 것이다. 호밀과 보리는 빵의 자료가 될 것이다. 우리나라에서는 보리재배는 거의 사라진 것 같은데……

산등성이를 넘어가는 고압선 철탑이 보였다. 미국 서남부의 철탑과 많이 닮았다. 바람이 심한 곳의 철탑이라 앉은뱅이 철탑이였다. 나도 졸려서 잠시 눈을 붙였다. 낮잠을 자고나면 머리가 깨끗해진다.

여관에 들려 지도를 찾아보니까 오늘 지나온 산악지대는 피레네 산맥이 아니고 칸타브리아 산맥Cantabrica Mts이었다. 스페인에서 두 번째 큰 산맥이다.

마드리드는 스페인의 수도이다. 시내에는 유명한 박물관이 많다. 그 중

스페인의 고압선 철탑
미국의 고압선 철탑과 비슷하다

가장 유명한 곳이 프라도 국립박물관(Museo Nacional del Prado), 왕궁과 마요르 광장(Plaza Mayor), 부엔 레티로 공원(Parque del Buen Retiro)이다. 적어도 그곳은 가보고 싶다.

마드리드 근교 지방에서는 세고비야(Segovia)와 카스티아-라 만차(Castilla-La Mancha)의 톨레도(Toledo)에 가야하는데 지도를 보니까 세고비아는 마드리드 가는 도중에 있는 것 같았다. 그래서 그곳에 들리는 것이 어떤가? 소라와 상의해서 가기로 했는데 문제는 주소를 모른다는 것이었다. 이정표에 세고비아가 나타나 시도해보다가 포기하고 마드리드로 향했다. 이제 마드리드도 180km 정도 남았다. 210km 정도 달린 셈이다.

도로 옆에는 프랑스부터 보아온 노란 꽃이 많이 피었다. 스페인 쪽에 그 노란 꽃이 더 많은 것 같았다. 마드리드에 가까이 가자 산맥이 나타났다. 지도를 보니 시에라데과다라마 산맥(Sierra de Guadarrama Mts)이었다. 가장 높은 봉우리가 페날라라(Peñalara) 산(2430m)이 있다. 그리고 그 산은 보이지 않고 묘한 산이 있었다. 이쪽 지방에서는 명산일 만한 산이었다.

이곳까지도 메마른 지역 같았다. 근 400km를 달렸는데도 큰 강을 하나도 만나지 못했다.

마드리드에 도착해서 여관은 쉽게 찾았다. 고속도로를 400km 달렸는데 통행료로 한 곳에서만 23유로 몇 센트를 받았다. 스페인은 고속도로 통행료가 프랑스에 비해서 싼 편이었다.

저녁을 먹고 메일을 보았더니 김금용 시인에게 〈부처님 마음〉 잘 읽었다면서 원고 청탁이 있었는데 여행 중이라 다음 기회에 작품을 보내주겠다고 말했다. 김 시인은 외교관 부인이라 유럽을 이미 여행했단다.

그리고 세르반테스(Miguel de Cervantes Saavedra) 기념관이 마드리드에 있을 것 같아 인터넷을 뒤졌으나 찾아내지 못했다. 영국은 '셰익스피어를 인도하고 바꾸지 않는다.'고 말했고 스페인은 한 술 더 떠서 "세르반테스를 '인도하고 바꾸지 않겠다는 셰익스피어와'도 바꾸지 않겠다."는 세르반테스의 기념관이 그가 태어난 마드리드에 없다는 것이 말이나 되는지 모르겠다. 돈키호테와 관계가 있는 카스티아-라 만차의 톨레도를 뒤져도 없었다. 박물관에 가서 물어봐야겠다. 멕시코의 구아나후아또에는 세르반테스 기념관이 있었다.

근 2시간을 찾다가 포기하고 잠을 잤다.

∴ **빌바오 구겐하임 미술관 전경**

2014. 6. 7. |토| 마드리드 맑음

어제 세고비아 1일 투어를 신청했다. 점심 없이 73유로인가 이다. 둘이 146유로, 카드로 신청했다.

시내까지는 한 시간 이상 걸릴 테니까 7시에 아침 식사를 하고 서둘러 집합 장소에 가야한다.

모든 준비를 하고 7시 10분 전에 박스를 차에 싣고 와서 식사를 하러 내려가면서 배낭까지 가지고 갔다. 1일 투어에 참가하는 서류는 작은 가방에 있다.

호텔을 나가 왼쪽으로 걸어가 철로가 된 육교를 건너 버스를 탔다. 버스는 메트로 지하철역에 내려주었다. 7번 전철을 타고 한 정거장 가서 10번으로 갈아타고 가 에스파냐 광장 Plaza del Espana 옆에 있는 줄리아 트래블 Julia Travel에 가서 점원에게 확인을 했다. 잘 찾아갔다.

어제만 해도 너무 더웠는데 오늘은 추웠다. 소라는 얇은 옷을 입어 덜덜 떨었다. 나도 춥기는 마찬가지이었다. 일행은 대형 버스에 탔다. 한 삼사십 명은 되는 것 같았다. 가이드는 중년의 여자이었다. 차를 맨 먼저 타서 운전석 오른쪽 앞자리를 맡았다. 관광객이 차에 거의 올라왔을 때 기사와 안내인이 타면서 우리가 앉은 자리는 가이드의 자리라고 말했다. 우리는 뒷좌석으로 쫓겨갔다. 다행히도 중간 지점에 자리가 비어 앉을 수 있었.

버스는 마드리드 시내를 빠져나가고 있었다. 근교의 산과 구릉과 넓은 지역의 관목들이 자꾸 어디서 본 것 같았다. 이건 건조지대의 전형적인 모습이다. 아! 뉴멕시코 주의 샌타페이의 자연과 비슷하다. 가는 도중에 왼쪽 산등성을 보니까, 긴 능선에 풍력발전 시설이 있고 더러 태양열 발전 시설도 눈에 띄었다. 큰 강이 없고 바람이 센 곳이라 자연조건을 많이 이용해서 전기를 얻는 것 같았다. 산에 나무들은 몸통은 굵은데 키가 아주 작았다. 바람의 영향 같았다.

처음 우리가 방문한 곳은 성채의 도시 아빌라^{Avila}이었다. 인구는 59,272명이며 면적은 231.9㎢, 높이는 해발 1,131m이다. 아빌라는 아빌라 성이 유명하며 아빌라 구 시가지와 대성당은 1985년에 유네스코가 지정한 세계문화유산에 선정되었다고 한다.

도시를 둘러싸고 있는 성곽과 중세에 지은 성당이 특이했다. 교회가 참 많았다. 서양의 집들은 거의 다가 돌집들이다. 여러 교회를 보고 오늘의 목적지인 세고비아^{Segovia}로 향했다. 지도상에는 가까운 거리인데 1시간 이상을 달려 세고비아에 도착했다. 세고비아는 로마의 수도교^{水道橋}가 있는 곳이다.

세고비아에 도착했을 때 한 눈에 저게 로마의 수도교구나 하고 생각할 수 있었다. 거대한 건축물은 높이가 28m, 길이가 894m이란다. 17km 떨어진 푸엔푸리아 산맥에서 발원한 물을 시내까지 끌어온 수도교란다. 터키의 이스탄불 동쪽 외곽에 있는 발렌스 수도교와 많이 닮았다. 발렌스 수도교도 로마의 대표적인 유적이다.

∴ **세고비아의 수도교**
가장 안쪽의 창문 같은 건축물

∴ 세고비아 대성당 ∴ 아빌라 성

점심시간을 주었으나 우리는 점심을 주지 않는 투어를 신청해서 여행안내소에 가서 이것저것 묻고 중국 음식점도 물어 그곳으로 갔다. 그곳에서 스페인에서 가이드를 하고 있는 한국인을 만났다. 그가 음식주문을 도와주었다. 그는 스페인 말을 아주 잘 했다. 나는 버섯, 소고기와 맥주, 튀김과 아이스크림이 나오는 음식을 시키고 소라는 생선 튀김을 달랑 주문했다. 콜레스테롤 수치가 높아 육류섭취를 하지 말라는 의사의 처방이 있어, 그렇지 않아도 까다로운 소라의 음식 선택이 어려워졌다.

그리고 그 가이드에게 세르반테스 기념관이 있는 곳을 알아냈다. 세르반테스 기념관은 마드리드에는 없고 그가 탄생한 알카라 데 헤나레스[Alcala de Henares] 시에 있단다.

3시 45분에 대성당에서 일행과 만나기로 했는데 그쪽으로 가도 일행이 보이지 않았다. 그래서 더 큰 성당으로 갔으나 알라스카에서 왔다는 백인 여성과 동양계 남자가 있어 시간이 지날 때까지 기다렸으나 아무도 오지 않아 동양계 남자가 일행을 찾아 나섰다. 여차여차해서 일행이 이미 대성당 안에 있음을 알고 안으로 들어갔다. 성당은 참 컸다. 세계에서 가장 큰 성당 중 하나이며 라 히랄다[La Giraldo]가 있는데 이슬람교 사원의 첨탑이란다. 이 성당은 이슬람 사원이 있던 자리에 지어졌다.

∴ 세비야 대성당

∴ 세비야 알카사르Alcazar 궁전

성당을 구경하고 요새 알카사르Alcazar를 구경 갔다. 알카사르는 절벽위에 있었다. 수로는 이 요새에 물을 공급하기 위해서 지어진 거란다. 요새 근처에서는 물이 지하로 들어간단다. 시발점은 강이란다.

요새는 내가 지금까지 본 요새 가운데서 가장 견고하고 험준한 절벽위에 있음을 알았다. 요새 안에는 이 성을 통치한 오십이삼 명의 성주들의 사진이 걸려 있었다. 갑옷을 입은 장졸의 조각들과 여러 사진들은 다른 요새지와 마찬가지 이었다. 그런데 이 난공불락의 성도 약점은 있기 마련이다. 성이 너무 작다. 수로의 물을 차단하거나 장기간 포위를 하면 식량이 바닥이 나면 그만일 것이다.

∴ **세르반테스 기념비**

그곳에서 스페인 관광을 온 한국 관광객들을 만났다. 한국 안내인도 만났다. 참 반가웠다. 그에게 다시 세르반테스 기념관을 물어 확인했다. 서로 좋은 여행을 하라는 인사와 더불어 헤어졌다.

구경을 마치고 에스파냐 광장에서 세르반테스 동상을 보았다.

1916년, 스페인의 대표적인 작가 미겔 데 세르반테스의 사후 300주년을 기념하여 만들어졌다 고 한다. 광장 중앙에는 세르반테스의 기념비가 있고 그 앞에는 애마 로시난테를 올라 탄 돈키호테, 노새를 탄 산초 판사의 동상이 있다.

커다란 탑에 새겨진 동상을 보면서 스페인 사람들이 세르반테스를 정말로 존경하는구나 하는 생각을 갖게 됐다. 이 광장이 어떤지 몰라도 우리나라로 치면 광화문에 세종대왕 동상을 세운 것과 같은 것이 아닐까 하고 혼자 생각했다.

우리는 주리아 여행사에 가서 모래 갈 세르반테스 뮤지움 주소를 받아 가지고 집으로 돌아왔다.

2014. 6. 8. |일| 마드리드 맑음

오늘 마드리드 시내를 구경하기로 했다. 시내 투어는 가급적 우리가 선택해서 한다. 호텔에 부탁하면 커미션을 먹기 때문에 비싸다. 처음 간 곳은 왕궁 Palacio Real이었다. 어제처럼 버스를 타고 메트로에 내려 지하철을 타고 다시 갈아 타고 오페라 하우스에 가서 왕궁을 찾아갔다. 찾기가 쉬웠다.

대통령제를 실시하는 스페인은 사실 왕궁은 별 의미가 없다. 오늘은 개방되지 않아 겉만 보았다. 베르사유 궁이나 버킹엄 궁보다 규모가 더 커 보였다. 소라는 피곤하다면서 분수대 있는 그늘에 앉아있고 나만 둘러보았다. 왼편으로 가니까 궁전의 내부를 볼 수 있었다. 왕궁 건너편에 큰 교회가 있었다. 1992년에 완공되었다는 알무데나는 대성당 같았다. 사진을 찍고 돌아왔다. 사실 별 볼 것이 없었다.

∴ **마드리드에 있는 스페인 왕궁**
세계에서 가장 큰 왕궁

∴ Tio Pepe 상품 광고

하늘은 유럽에 온 후 가장 맑았다. 구름 한 점 없었다. 어제는 그렇게 추웠는데 오늘은 더웠다. 이제 왕궁 근처에 있는 마요르 광장 Plaza Mayor에 가야한다. 오페라 하우스에서 걸어서 갈 수 있단다. 물어물어 걸어서 갔다. 프라자 하나가 나타났다. 나무 한 그루 없는 광장이었다. 광장 가운데에 카루로스 3세 라고 써진 기마 동상이 있었다. 그런데 아무래도 마드리드 시내에서 가장 유명하다는 광장이 아닌 것 같아 한 노인에게 마요르 광장이 맞는가 물어보았다. 그는 아니라면서 마요르 광장의 위치를 가르쳐주었다. 조금 가니까 마요르 광장이 나타났다. 마요르 광장도 나무 한그루 없는 광장인데 방금 본 광장에 비하여 더 크고 4각이 뚜렷하며 수많은 카페와 식당으로 둘러싸여있으며 사람들이 참 많았다. 광장 가운데에 펠리페 3세의 기마석상이 있었다. 그러나 어제 본 에스파냐 광장에 비교할 봐가 못되는 것 같았다.

먼저 소피아 왕비 미술관Museo Nacional Centro de Arte Reina Sofia을 보기로 했다. 소피아 미술관은 일요일은 무료이다. 메트로를 타고 일러준 대로 갔다. 쉽게 찾을 수 있었다.

그런데 소피아 미술관 앞에서 100여명이 데모를 하고 있었다. 그리고 경찰들이 보호하고 있었다. 소리를 지르는 것은 같았지만 평화적인 시위 이었다.

여행 안내서에는 일요일은 무료로 되어 있었는데 시니어만 무료이다. 4층부터 보는데 4층은 주로 사진전 이었다.

스페인에서는 미술관에서 사진을 찍을 수가 없다. 사진 촬영금지가 유감이었다.

다른 전시관에는 피카소의 많은 작품들도 전시되고 있었다. 살바도로 달리의 작품도 볼 수 있었다. 그림의 전시 내용은 다음과 같았다.

1층은 From Revolt to Postmodernity (1962-1982)

2층은 The Irruption of the 20th Century: Utopias and Conflicts (1900-1945)

4층은 Is the War Over? Art in a Divided World (1945-1968)

3층에 가보려고 여러 번 시도했으나 실패하고 몹씨 피곤해서 소피아 미술관을 나왔다.

부엔 레티로 공원의 호수

다음은 부엔 레티로 공원 Parque del Buen Retire을 찾아가는 것이다. 걸어서 갈 수 있다고 해서 걸어갔다. 그런데 이상하게 입장료를 받는 것이었다. 시니어라고 크게 소리 쳤더니 공짜로 들여보내주었다. 들어가 보니까 이곳은 공원이 아니고 식물원이었다. 여러 가지 종류의 꽃과 나무가 잘 가꾸어져있었다. 우리는 피곤해서 의자에 앉아 쉬었다. 소라는 아주 누워서 한숨 잤다. 나무들이 울창하고 사람들이 드물어서 그런지 많은 새들이 계속 지저귀었다.

그곳에서 좀 쉬다가 우리가 찾는 부엔 레티로 공원이 아닌 것 같아 물어보았더니 아니란다. 그래서 다시 부엔레티로 공원을 찾아 갔다. 과연 숲이 울창한 공원이 나타났다. 마로니에 나무가 대부분이었다. 그 중에 몇 백 년이나 될법한 적송이 있어서 감명을 받았다. 우리는 호숫가에 가서 맥주를 사서 마셨다. 한잔에 3.50유로이니 5000원이 넘는 셈이다. 그러나 그것은 바로 기분이었다.

    이제 오늘의 마지막 코스인 프라도 국립박물관$^{Museo\ Nacional\ del\ Prado}$을 찾기로 했다. 15분 거리라는데 출구를 잘 못 찾아 시간이 많이 걸렸다. 그리고 8시에 문을 닫는 걸로 여행 안내서에 나와 있는데 7시에 문을 닫는단다. 공짜라 그런지 사람들이 참 많았다. 한국어 오디오도 있는데 시간이 없으니 그냥 보라고 해서 그냥 보았다. 수많은 종교화와 고야의 작품을 보았다. 젝슨 폴록의 작품이 있는가 물었는데 19세기 작품까지라는 말이었다. 사실 이 질문은 소피아 미술관에서 했어야 했다. 그래도 고야의 작품을 본 것은 다행이었다. 그의 대표작 1808년 5월 3일을 본 것 하나만으로 프라도 미술관에 간 보람이 있었다.

    힘든 여정을 마치고 호텔에 돌아왔다. 오후9시이었다.

2014. 6. 9. |월| 알카라 데 헤나레스 맑음

　코르도바로 떠나는 날이다. 7시에 식당에 내려가서 아침식사를 하고 서둘렀다. 코르도바로 가기 전에 알카라 데 헤나레스Alcala de Henares의 세르반테스 뮤지움Museo del Cervantes에 가기로 해서 그제 여행 안내소에서 얻은 주소Calle Mayor NR 48 28801 Alcala de Henares를 내비에 입력하고 차를 몰았다. 한 시간쯤 달려 목적지에 도착했다. 좁은 도로의 모서리 허술한 이층집 앞에 세르반테스와 산초의 동상이 있고 세르반테스 박물관 표시가 되어 있었다. 그런데 하필 오늘이 월요일이다. 월요일은 우리나라와 마찬가지로 휴관이다. 스페인 최고의 관광 명소 톨레도Toledo를 포기하고 찾아 간 곳인데 코르도바로 떠나려니 발길이 떨어지지 않았다.

∴ 세르반테스와 산초의 동상이 있는 세르반테스 박물관

　회전교차로가 나타났다. 이번에는 여섯 번째 엑시트6th exit이었다. 소라가 잘 못 돌아 경찰에게 걸렸다. 남녀 한 조인 두 명의 경찰이었다. 면허증과 여권을 검사했다. 이제 영락없이 걸렸구나, 했는데. 우리가 외국인이고 세르반테스 박물관을 갔다 온다고 이야기 했더니 여행안내소로 인도해 주었다. 여행 안내소 옆에는 광장이 있었다. 그곳에 세르반테스의 작은 동상이 있었다. 10시에 문을 연다고 해서 주위를 구경하는데 종탑위에 학이 집을 짓고 새끼를 키우는 희귀한 광경을 포착했다. 우리는 열심히 사진을 찍었다.

∴ 알카라 데 헤나레스Alcala de Henares 대학　　　　∴ 세르반테스 동상

시간이 되어 여행안내소에 들어갔더니 세르반테스 하우스와 대학을 일러주었다.

　다시 물어 물어서 찾아간 하우스는 조금 전에 우리가 가서 허탕을 친, 문이 잠긴 바로 그 박물관이었다. 소라와 나는 허탈하게 웃었다. 그리고 스페인에서 두 번째로, 1499년에 세워진 대학에 가서 세르반테스에 대한 자료를 요구했으나 없다고 말했다.
　시간은 11시가 지났다. 스페인의 옛 수도 톨레도에 가고 싶었지만 주소도 없고 코르도바까지는 너무 멀다.

　우리는 코르도바로 가기로 결정했다. 12시가 되어 알카라 데 헤나레스를 벗어나 주유소에서 차에 디젤을 잔뜩 넣고 점심을 간단히 먹고 커피도 한잔 마시고 소라가 졸린다고 해서 한 숨 자고 길을 떠났다.
　솔직히 인도하고도 안 바꾼다는 셰익스피어, 그 셰익스피어하고도 안 바꾼다는 세르반테스의 알카라데 헤래나스와 스트랫퍼드 –어폰–에이번은 너무 차이가 났다.

시내를 벗어나자 땅은 더 메마르고 척박했다. 소라는 애리조나 보다 조금 나은 정도가 아니냐고 말했다. 저지대에 조금 농토가 있고 그 외에는 황무지 비슷했다. 조금 더 달리니까 작은 올리브 과원이 나타났다. 그리고는 온 들이 키 작은 올리브 과수원이었다. 프랑스의 보르도를 지나 국경지방에서 본 스프링클러를 다시 보았다. 그리고 스프링클러도 없어지고 메마른 농토가 나타났.

코르도바를 가면서 생각하니까. 아르헨티나의 코르도바 생각이 났다. 아르헨티나의 코르도바도 메마른 지역이었다.

거리표시판에 산띠아고 라는 지명이 나타났다. 산띠아고 순례 출발 지점을 이야기 하는지 인터넷에 들어가 봐야겠다. 산띠아고는 대서양 쪽의 항구도시로 아는데.

* 산띠아고 데 꼼뽀스뗄라로 향하는 까미노 순례 길은 매우 많다. 지금도 간혹 그런 순례자들을 만날 수는 있지만 중세의 순례자들은 갈리시아의 산띠아고 데 꼼뽀스 뗄라로 가기 위해, 자신의 집에서부터 걷거나 말을 타고 출발했다. 이러면서 자연스럽게 전 유럽에는 핏줄처럼 얽혀있는 수많은 까미노가 생기게 된 것이다. 현재까지도 약 100여 개의 까미노 루트들이 남아있으며 새로운 루트도 계속해서 만들어지고 있다.

끝없이 펼쳐진 해바라기 밭

코르도바를 150km 남긴 지점에서는 온 산과 들이 올리브 과원이었다. 이렇게 많은 올리브를 생산해서 어디다 다 팔지? 걱정이 되었다.

이런 반 사막지대의 국토에 어째서 유정이 한군데도 보이지 않는 것도 이상했다.

　스페인이 이렇게 땅이 척박하니까 눈을 외국으로 돌린 것 같았다. 위키 백과에도 스페인은 땅이 척박하다고 쓰여 있더라고 소라가 말했다. 유럽에서 식민지를 경영한 나라는 영국 스페인 프랑스이다. 독일과 이태리는 식민지가 없다. 이 점은 연구해볼 가치가 있다. 이 두 나라와 일본은 제 2차 세계대전을 일으킨 나라이다.

　드디어 아름다운 과달키비르 강 Gudalquivir R(Wad al-kabir)이 흐르는 코르도바에 도착했다.

　호텔에 도착한 것은 5시 조금 전이었다.

　방 배정을 받았다. 전망이 좋은 방을 원했더니 10유로 더 내란다. 주차료도 호텔의 주차장은 40유로를 내란다. 우리는 밖에 주차하기로 했다. 주차를 하고 슈퍼에 갔다 왔다. 호박 1개, 파 1대, 버섯 하나, 통마늘 1개, 맥주 한 캔의 값이 2유로가 못되었다. 마드리드의 부엔 레티로 공원에서 마신 생맥주 한 병이 3유로 50센트 인 점. 너무 비쌌다.

　저녁을 먹고 메일을 보내려는데 노트북의 강도가 약하다고 소라가 말했다. 인터넷을 할 수가 없단다.

2014. 6. 10. |화| 코르도바 맑음

　시시할 줄 알았던 아침 식사는 괜찮은 편이었다. 룸에 전기포트도 놓아두지 않은 호텔이어서 그렇게 생각했다.
　식사를 하고 시내 구경을 나갔다. 카운터에 문의한 결과 다리 건너 바로가 유적지란다. 지도에 보니까. 강의 이름이 "리오 그란데 또는 과달키비르 강"이라고 표기되어 있었다. 애리조나 주와 뉴멕시코 주를 흐르는 Rio Grand가 생각났다. 강은 수량이 풍부했고 수십 마리 잉어가 헤엄치는 것이 보였다. 물빛이 흐렸는데 장마 때문인지 원래가 그런 물빛인지는 모르겠다. 이 강의 로마교 Puente Romano를 건넜다. 호텔 쪽에서 다리를 건너기 전에 육중한 탑이 칼라오라 탑 Torre de la Calahorra 이다. 이슬람 시대에 코르도바의 학문 수준을 보여주는 박물관이란다. 클로즈 되어 있었다. 코로도바는 한 때 한 나라의 수도이었던 곳이란다.

∴ 칼라오라 탑

∴ 로마교 Puente Romano

　로마교는 육중한 석조 다리인데 참 튼튼하게 지었다. 강바닥에는 이 다리 말고 부서진 흔적만 남은 다리도 있고 물레방아도 있었다. 예사 유적이 아닌 것 같았다.

　　＊ 코르도바는 스페인의 시로서 코르도바 주의 주도이다. 과달키비르강을 끼고 있으며 고대 로마 시대 때부터 도시가 형성됐다. 2007년 기준 인구는 323,600명이다. 오늘날 코르도바는 대도시는 아니지만 오래된 유적이 산재하고 있는 문화의 산실이다. 오래된 구도심에는 전통적인 건축물들이 그대로 남아 있다. 위키백과

∴ 세계문화유산 마크

∴ 트리운포 드 산 라파엘 Triunfo de San Rafael

　다리를 건너 세계문화유산인 트리운포 드 산 라파엘Triunfo de San Rafael의 승리 기념비를 보고 코르도바의 최고의 문화유산인 이슬람 사원 Mezquita Catedral을 구경했다. AD 8세기경 아라비아 왕족 압달-라만 1세가 이슬람 사원을 짓도록 명령을 했고, 그 후 이삼백년 후에 이슬람 사원을 성당으로 개조했단다. 내부는 여행안내서의 표현처럼 수많은 기둥과 치장한 조각이 대단했다.

　한편 이것은 백성의 피와 땀으로 이룬 것이 분명하니 그 고초가 얼마나 컸는지 짐작 할 수 있었다.

　사원의 탑 꼭대기에 오르니 시내 전체의 조망이 참 아름다웠다.

　다음에 간 곳은 유대인 회당Sinagoga이었는데 오늘은 클로즈 되었다. 겉 건물은 보잘 것 없었는데 꼭 봐야할 곳이라 해서 서운했다. 메스키타 남서쪽에 있는 기독교 왕들의 성채Alcazar de los Reyes Cristianos에 갔다. 아름다운 정원과 멀리 강이 아스라했다.

∴ **이슬람 사원**
너무 커서 사진에 담기 어렵다

∴ **사원내부**

∴ **금으로 도금한 내부**

∴ **아마도 잔존한 이슬람 문양**

∴ **유대인 회당**

∴ **기독교 왕들의 성채**

∴ **다리**

코르도바의 가로수로 귤나무가 많았다. 이곳 기온이 아열대임을 입증하는 증거가 아닐까.

그늘에 앉아 보온병의 물로 커피를 타서 마시고 호텔로 돌아와 짐을 싣고 세비야Seville로 향했다.

바로 고속도로에 진입했다. 마드리드에서 코르도바까지는 올리브 과원이 많았는데 올리브과원은 자취를 감추고 밀 보리밭 사이로 드넓은 해바라기 밭이 나타났다. 주유소 근처에 근사한 해바라기 밭이 있어 경유를 가득 채우고 작품 사진을 한답시고 열심히 사진을 찍었다.

세비야까지는 전선이 가로막고 철조망이 쳐져서 촬영이 어려웠다. 그래도 소라는 작품 사진을 찍었다.

오늘 달릴 거리는 135km 정도라 일찍 세비야에 도착했으나 호텔 주소가 틀려서 애를 먹었다. 소라가 근처의 호텔에 가서 친절한 호텔 종업원의 도움으로 힐튼 호텔의 주소를 내비에 입력하여 찾을 수 있었다. 인터넷의 주소와 실제 주소가 다르기 때문에 일어난 사건이었다.

코르도바에서 물을 사느라고 애를 먹었는데 세비야의 호텔 근처에 까르프가 있어 다시 들어가서 일본 라면(한국 라면은 없음)과 채소를 좀 사왔다.

맥주 한 캔을 마셨더니 갈증이 가셨다.

아들이 메일을 보냈다. 바르셀로나시 주차의 요령에 대한 메일이었다.

2014. 6. 11. |수| 세비야 맑음 말라가 흐림

　세비야는 인구 70만이 넘는 도시이다. 이곳에도 리오 그란데 또는 과달키비르 강이 흐르고 있었다. 코르도바에서 흘러온 강물 같은데 물빛이 맑았다. 지도를 찾아보니 세비야는 코르도바보다 과달키비르 강 하류에 있다. 그런데 어떻게 물이 맑을까?
　세비야에는 세계에서 가장 큰 성당 중 하나인 대성당과 라 힐라다$^{Cathedral \& La\ Giralda}$가 있다.
　코르도바의 메스키타와 마찬가지로 이슬람 사원 위에 세워진 대성당이다.
　호텔에서 3번 버스를 타고 토레 델 오로$^{Torre\ del\ Oro}$에서 내려 걸어가면 되었다. 햇볕이 너무 따가웠다. 모자를 차에 놓고 와서 일사병이 걸리면 어떻게 하나? 걱정했는데 소라가 작은 가방을 차에 놓고 와서, 차에 가서 가방을 가져오면서 우산을 들고 와 퍽 고마웠다.

∴ **대성당과 라 힐라다** Cathedral & La Giralda **전경**

대성당은 어마어마하게 컸다. 11시에 문을 열어 표를 구하는 사람들이 줄을 섰다. 나는 우산을 쓰고 줄을 섰고 소라는 사진을 찍고 그늘에 앉아있게 했다. 시간이 되어 안으로 들어갔다. 내부는 어제 본 코르도바의 이슬람 사원 못지않게 화려했다. 금박된 여러 성물들이 눈이 부셨다. 이 금들은 남미에서 훔쳐 온 것이 아닐까. 그곳에서 크리스토프 콜럼버스의 무덤을 보았다.

∴ 대성당과 라 힐라다 정문

∴ 대성당과 라 힐라다 내부

∴ 화려한 내부

∴ 크리스토프 콜럼버스의 무덤

스페인의 회교문화유적지대인 안달루시아Andalucia 지역에서는 일본, 중국, 우리 한국 관광객들이 눈에 띄었다. 이곳에서도 우리를 보고 일본 관광객 이냐고 묻는 사람이 많았다.

라 히랄다는 이슬람교 사원의 첨탑이라는데 종 있는 곳까지 오르는 데 힘이 들었다. 다행히도 층계가 아니고 등산로처럼 비스듬하게 오름길을 만들어 놓아 힘이 덜 들었다. 꼭대기 부분까지 34개의 모서리 표시가 되어있고 35번에는 숫자 글씨가 없고 마지막 오름길은 계단으로 되어 있었다. 이 숫자도 무슨 의미가 있지 않을까? 싶었는데 물어보지 못했다.

세비야의 시내 전경

탑의 꼭대기에서 바라본 세비야 시내는 퍽 아름다웠다. 강이 시내의 중심부를 흐르고 있고 나무들이 많아 공원 속의 도시 같았다. 세비야의 알카사르는 포기하고 호텔로 돌아왔다.

파브로 피카소가 태어난 말라가에 가서 피카소 미술관과 그의 탄생지 Birthplace를 가보기 위해서이다. 숙소는 그라나다에 있다. 말라가는 원래는 여행지에 빠져있던 곳이다. 여기까지 와서 피카소의 고향과 그의 미술관을 외면할 수는 없었다.

세비야에 작별을 고하고 말라가로 향했다. 고속도로에 접어들자 들이 보였다. 200km를 달려야한다. 2시간은 걸린단다. 들은 해바라기 밭이 나타나더니 올리브 과원이 나타났고 추수한 밀 보리밭이 끝이 없었다. 이 많은 올리브 기름과 해바라기 기름은 어디에 쓸 것인가? 아마 대체 연료를 생각한 것 같다. 마드리드에서부터 따라오던 유두화는 말라가 가까운 산악지대에서 멈추었다. 제법 높은 바위 산맥이 나타났고 길은 사행 길이었다.

말라가의 피카소 미술관은 찾기가 어려웠다. 가장 번화한 거리 주차장에 차를 세워두고 걸어서, 물어물어 갔는데도 한 시간 이상 걸렸다. 인구 오육십 만의 도시인데 거리가 미로와 같았다. 갔던 곳을 또 가고 또 묻고 해서 간신히 찾았다. 기대했던 피카소 미술관은 겉에서 보기에는 형편없었다. 좁은 골목에 있어서 작은 이층 가옥인데도 건물 전체를 사진에 담을 수가 없었다. 어쨌든 찾아서 반가웠다. 요금을 지불하고 안으로 들어갔다. 그의 대표작이라고 하는

'아비뇽의 처녀'나 '게르니카'의 작품은 없었으나 우수한 미술평론가들의 글이 각 실마다 있었다. 그러나 사진 촬영이 금지 되었다.

* 이 미술관의 피카소 소장품의 수는 총 204점.

∴ 피카소미술관 간판

∴ 미술관 내부

1901년부터 말년인 1972년까지 피카소가 남긴 이 작품들은 피카소의 며느리 크리스티네 루이즈-피카소 Christine Ruiz-Picasso와 손자 베르나르드 루이즈-피카소 Bernard Ruiz-Picasso가 화가로부터 유산으로 받아 보관해 온 개인 소장품들이 차지하고 있다고 한다.

피카소의 그림을 이해하기 위해서 미술관에 있는 앙드레 말로의 "피카소의 가면"을 인용해보자. 다음 글이다.

"And to shift things about. Putting eyes in legs. And to be contradictory. Painting one eye in full view and the other in profile. People always make both eyes the same—have you noticed? Nature does many things the way I do: it hides them! But it has got to confess. When I paint I skip from one thing to another. All right. But they make a whole That,s why people have to reckon with me. Since I work with Kazbek, I make paintings that bite. Violence, clanging cymbals…explosions…At the same time, the painting has to hold up. That's very important. But painters want to please! A good painting-any painting!-ought to bristle with razor blades."

Andre Malraux, Picasso's mask, London; Macdonald and Jane's, 1976, p. 139

"위치를 바꾸는거요. 다리에다 눈을 붙이고요. 말도 안 되게 하기도 하고. 하나는 정면의, 하나는 프로필의 눈을 만드는 것. 사람들은 두 눈을 비슷하게 그리지, 당신도 알다시피. 그러나 자연은 나와 같은 일을 많이 합니다. 다만 자연은 그 일들을 감출 뿐이지! 자연이 그것을 고백하게 해야하오. 내가 종잡을 수 없게 그리나요? 좋아요. 그러나 그 다음에 오는 것은! 사람들이 나를 신뢰하지 않을 수 없는 것은 바로 그 이유 때문이오. 내가 카즈벡과 함께 작업할 때, 나는 개처럼 무는 그림을 그립니다. 폭력, 심벌즈의 울림…… 파열…… 동시에 그림도 저항해야 합니다. 그것이 매우 중요해요. 그러나 화가들은 사람들을 즐겁게 만드는 그림만 그리려 하죠! 좋은 그림, 그건 무엇일까! 그림은 면도날이 삐죽삐죽 서 있어야 해."

(박정자 번역-피카소를 말하다/앙드레 말로 저 박정자 옮김/기파랑 p197)

※ Kazbek 피카소가 키우던 개

∴ 공원에 있는 피카소 좌상 옆에 앉은 소라

∴ 피카소 생가와 박물관이 있는 광장 한 건물에 있는 피카소의 그림 – 알제리의 여인들

∴ 피카소의 생가 왼쪽 1, 2, 3, 4층

우리는 자세히 보고 그곳에서 5분 거리에 있다는 생가 터를 찾았다. 그곳도 찾기가 쉽지 않았다. 물어 물어서 갈 수밖에. 광장을 가로질러서 가는데 피카소의 동상이 있어 소라가 사진을 찍어 달라고 해서 한 장 찍었다. 한 건물 앞에서 경찰 비슷한 복장의 사나이가 있어 피카소 생가가 어디냐고 물었더니 바로 그곳이란다. 그곳에서도 입장료를 받았다. 우리는 시니어라 반값을 냈다.

생가 터는 신 건물이 들어섰고 가장 왼쪽 1, 2, 3, 4층이 기념관인데 2층까지만 허용되었다. 그곳은 양친의 사진과 옛날의 건물 사진 살림도구와 피카소의 친필 원고 등이 전시되었다.

피카소 기념관을 찾다가 중국음식점을 발견했는데 관광을 마치고 찾아가려 했는데 찾지 못했다. 생가에서 알려준 중국집은 뷔페를 파는 곳인데 저녁시간이 되지 않아 잠겨있었다. 생각해보니 오늘은 점심을 빵 한개만 먹은 것 같다. 이러다가 건강을 해치지 않을까 걱정이 되었고 배가 고팠다.

2014. 6. 12. |목| 그라나다 맑음

그라나다Granada는 20만 정도의 도시이다. 이슬람교의 성지이었던 곳이다. 그라나다에는 알람브라Alhamba가 있다. 알람브라는 꼭 가 봐야할 곳이란다. 티켓을 미리 구해야한다는데 어제 호텔에 도착해서 상의한 결과 다 팔렸다는 것이다.

우리는 먼 한국에서 왔다. 무슨 방법이 없겠느냐고 물었더니 아침 일찍 가면 볼 수 있단다. 몇 시 이냐니까. 7시나 7시 반이란다. 아침식사를 하고 가면 늦을 것이고 아침을 먹지 않고 가기도 그렇고 해서 특별 케이스로 6시 40분에 아침 식사를 하도록 도와 달랬더니 상의해보겠다며 주방으로 가더니 아침을 도시락으로 싸준다는 것이었다. 도시락을 7시에 받기로 하고 잠을 잤다. 스페인은 인정이 조금은 통하는 나라이다.

2시에 일어나 사진 정리와 일기를 쓰고, 메일을 보고 답장을 쓰고 정리했다. 소라도 그렇게 하고 잠시 눈을 붙이고 6시에 가방을 가지고 로비에 내려갔다. 차에 가방을 싣고 발렌시아에 갈 준비는 다 했다. 커다란 종이 봉지 2개를 주었다. 아침식사 도시락이었다. 도시락 1개로 둘이 먹어도 남을 분량을 싸주었다. 택시는 7시에 오기로 되어 있었다. 기다리는 시간이 아직 30분이나 남아서 그곳에서 아침식사를 했다. 시간이 되어 밖에 나가자 525 택시가 왔다. 알람브라에 내려주었다. 요금은 8. 27 유로이었다. 100여명이나 줄을 서있었다. 8시에 표를 판다는데 40분은 기다려야 한다. 우리 뒤로도 바로 사오백 명이 늘어섰다. 얼마나 볼거리가 많기에 이렇게 야단일가 싶었다. 날씨는 무척 추웠다. 아직 햇빛이 안나 그런 것 같았다. 아침식사를 서서 하는 사람들이 많았다. 시간이 되어 티켓을 샀다. 티켓을 팔고도 한 참 후에 입장을 시켰다. 출입구를 들어서자 정원수가 잘 가꾸어진 뜰이 나타났다.

∴ 알람브라 경내 지도

∴ 화려한 건축물

∴ 완벽에 가까운 건축물, 문양

∴ 나사리에스 궁전

∴ 나사리에스 궁전의 건물

∴ 출입구에 있는 잘 가꾸어진 수목-소라

알람브라는 요새, 왕궁, 정원이다. 정원은 하도 좋은 정원을 많이 봐서 그렇고 그랬다. 티켓을 파는 사람이 10시 반을 자꾸 이야기해서 안내인에게 물었더니 나사리에스 궁전 Palacio Nazaries를 보는 시간이란다. 알카사바 Alcazaba에 올라가 망루에서 정원과 궁전을 보았다. 시간이 되어 나사리에스 궁전에 갔더니 관광객들이 또 줄을 서있었다. 궁전 안으로 들어갔다.

알람브라의 진수는 바로 그곳에 있었다. 건물의 아름다움과 정교한 무늬는 숨이 막힐 지경이었다. 기둥의 아름다움은 어느 곳에서도 보지 못한 것이었다. 나사리에스 궁전을 보지 못했으면 스페인 관광을 헛 했다고 해도 과언이 아닐 정도이었다.

택시를 타고 호텔에 돌아왔다. 10유로를 지불하고 파킹 료를 내고 발렌시아로 떠났다. 발렌시아는 498km이다. 이번 여행 중 스페인에서 가장 먼 길이다. 시간은 이미 오후 1시가 되었다. 어제 밤에 잠을 설친 소라는 계속 졸린다고 한다. 쉴 주유소는 나타나지 않는다. 이럴 경우 가장 힘이 든다. 드디어 고대했던 주유소가 나타났다. 그늘을 찾아 주차하고 점심식사를 차에서 하고 잠을 잤다. 소라는 자고 나는 차와 소라를 지켰다. 30분 쯤 쉬고 길을 떠났다.

그라나다를 떠나면서보니까 눈 덮인 네바다 산맥 Sierra Nevada이 보였고 주위의 산은 메말랐다. 완전히 애리조나 주 이었다.

300km 쯤 달렸을 때 소라가 다시 졸린다고 했다. 다시 주유소에 들려 쉬고 과자를 사먹었다.

다시 길을 떠났다. 이제야 발렌시아가 도로표시에 나타났다. 아직도 208km를 달려야한다.

갑자기 도로가 좁아지더니 100km를 달리는 사이 발렌시아는 도로 표시에 나타나지 않고 마드리드와 다른 도시들만 나타났다. 꺼꾸러 가는 것이 아닌가 하는 불안이 앞섰다. 이렇게 메마른 곳인데도 도시와 촌락들은 이어졌다. 사람들이 무얼 먹고 산단 말인가 괜한 노파심이 일어났다.

산에 나무가 보이더니 귤 농원이 나타나기 시작했다. 도로 공사로 차가 우회하는 것 같았다. 큰 도로로 우회하자 다시 발렌시아가 나타나 안심이 되었다.

이제 90km만 달리면 된다. 시내에 와서 라운드어바우트 때문에 유턴을 몇 번 하고 호텔에 도착했다. 너무 피곤해서 쓰러져 잤다. 자고나서 일을 할 것이다.
  자고 일어나 알람브라 글을 썼다.

그라나다의 알람브라 Alhambra

요새, 왕궁, 정원의 알람브라를 구경하려면
표를 예매해야한단다.
표가 없어 새벽 7시에 가서 9시에야 관광을 했다.
마른 입에 빵을 씹으며
도대체 뭐 길래 이 야단이란 말인가?
권총과 탄환을 철렁이는 경비원이 질서를 잡고
관객은 양처럼 순했다.
정원은 여늬 정원이었다
10시 반에 입장이 허락된
나사리에스 궁전 Palacio Nazaries 은 입이 딱 벌어졌다.
스페인을 800년이나 지배한 이슬람의 영화가 여기 있었다.
800년이나 고통 받고 신음한 스페인 민중이 거기 있었다.
궁전의 기둥과 배치 건축술의 수준과 정교한 문양은
인간의 작품이라고 할 수 없을 것 같았다.
그라나다에 갔으면서 못 봤으면 평생을 후회했을 것이다

2014. 6. 13. |금| 발렌시아 맑음

　발렌시아Valencia에서 이틀 밤을 잔다. 이곳이 스페인에서 유일하게 벼농사를 짓는 고장이라 소라가 관심이 대단한 곳이다. 소라는 어제 호텔 종사원에게 스페인어를 영어로 통역할 수 있는 사람을 구해달라고 부탁을 했었다. 그와 같이 벼농사 지역에 가서 나이 많은 농부를 만나야한다는 이야기도 해두었다. 호텔 사무원이 그렇게 해주겠다고 약속을 했다.

　아침 식사를 하고 9시에 로비에 나갔다. 사무원이 바뀌었다. 소라는 사무원에게 가서 어제 부탁한 사람 이야기를 했다. 그렇게 해주겠다고 말하고 '로버트'라는 사람이 왔는데 시간 당 35유로를 요구했다. 이건 작은 돈이 아니었다. 소라는 그렇게 하겠다고 말했다. 시간에 식사 시간도 포함되느냐고 말했더니 호텔 종사원 이야기가 포함되는 것이 스페인의 관례라는 것이었다.

　로버트는 우람한 체격의 중년 사내이었다. 전직이 무엇인가 물었더니 방송 계통에 종사한 사람이란다.

　10시 반 경에 일을 시작했다. 우선 쌀 박물관부터 가기로 했다. 우리 차를 타고 갔다. 그에게 내 자리를 양보했다. 쌀 박물관은 시내에 있었다. 차를 중심가의 지하 유로주차장에 파킹해놓고 쌀 박물관을 찾아갔다. 미국 조지아 주의 쌀 박물관과 비교가 되었다. 쌀농사가 스페인에 전래된 것은 8세기 이슬람에서부터라고 종사원은 설명했다. 소라는 이것저것 물었다. 전시된 물건이 거의 없었다. 겨우 방아 찧는 기계가 있을 뿐이었다. 종사원은 영어를 아는 사람이고 친절해서 이층까지 구경시켜주고 스페인 말로 된 벼농사에 대한 책도 주었다. 소라는 반가워했으나 실속은 없었다.

∴ 발렌시아의 쌀 박물관   ∴ 벼논 앞에서 선 소라, 스페인 농부, 로버트

박물관을 나와서 고서점에 갔다. 찾는 책이 없어 다른 서점에 갔다. 그곳에서 이지방의 노래를 펴낸 책을 소개받았다. 소라는 반가워서 그냥 사겠다고 말했다. 사기 전에 얼마인가 물어보고 난 후에 사고 안사고는 결정하는 것이 흥정의 기본인데 사겠다고 말해놓고 얼마냐니까 값을 높게 부를 수밖에 없다. 73유로 달라는 것을 깎아서 68유로에 샀다. 책은 상당히 두꺼웠다. 혹시 소라의 연구에 필요할지도 모른다. 책방을 나와서도 로버트는 시내의 중심가를 이곳저곳 끌고 다녔다. 로버트는 어디인지 전화를 계속 걸고 시간만 보내는 것 같았다.

묻지도 않은 교회며 이 건물 저 건물을 소개했다. 나는 그에게 화가 나서 한 마디 해주었다. "나는 나이가 많은 사람이다. 매일 이렇게 걷는 게 힘이 든다."

그는 알았다면서 주차장으로 갔다. 이제 논 농사지역에 가서 벼논을 보고 노인 농부 Old Farmer를 만나서 이야기 하는 것이다. 사실 이 일이 가장 중요하다. 소라에게 이 일부터 해야 한다고 말을 했는데 로버트에게 말려 넘어갔다. 로버트는 늙은 농부를 만나는 것은 미리 약속을 안 해서 어렵다고 말했다. 그러면서 내일 오전에 만나자는 것이었다. 사실 가장 중요한 사항이 어렵단다. 이건 사기꾼의 속셈이 적나라 하게 들어난 순간이다. 착하기만 한 소라는 고개를 끄덕인다. 나는 우리는 시간이 없다고 단호하게 말했다. 소라가 지금까지 연구하면서 얼마나 어려웠을까 이해가 갔다.

소라가 운전하는 것이 위태하다면서 논에 갈 때는 자기가 한다더니 이제는 꽁무니를 뺏다. 소라가 운전을 했다. 우리는 교외로 나갔다. 한 시간쯤 달리자 호수가 나타났다. 벼논은 호숫가에 있었다. 호수는 바다와 연결되어 있었다. 그래서 호수물이 소금물이 아니냐니까? sweet water 라고 말했다. 하긴 소금물로는 벼농사를 질 수는 없는 것이다.

논을 구경했다. 논에는 새들이 많았다. 저 새 이름이 무엇인가 물었더니 무식하게도 모른단다.

논을 보고 사진을 찍고 작은 마을에 들려 점심을 시켜 먹었다. 점심시간이 2시간은 걸렸다. 맥주 2병에 물, 커피까지 마신 점심값이 63유로가 나왔다. 참 뻔뻔한 여석이다. 점심을 먹으면서 프랑스에서부터 보아온 노란 꽃의 이름을 물었더니 해바라기를 말해주었다. 해바라기 말고 프랑스에도 있고 마드리드 근교의 산과 언덕에 가장 많은 작은 꽃이라고 말해도 모른단다. 마드리드 출신이라면서. 이렇게 무식한 사람이 방송국에서 근무했다는 것이 믿어지지 않았다. 아는 게 무어냐고 말하려다가 소라를 봐서 꾹 참았다.

또 한 가지 큰 강이 없는데 전기를 어디서 얻느냐니까 원자력 발전소가 6기 있단다. 풍력발전, 태양력 발전은 모르고 있었다.

점심을 빨리 먹고 농부를 만나러 가자니까 어디로 전화를 해대더니 커피 마시고 가잔다. 그 때 마을에 농부가 나타났다. 소라가 그 농부를 만나겠다고 뛰어나갔다. 로버트는 자기가 말한 농부를 만나야한다고 계속 말했다. 소라가 따라간 농부가 사라졌다. 그 때 다른 농부가 나타났다. 얼굴이 햇볕에 새까맣게 탄 농부이었다. 소라는 그에게 가서 이것저것 물었다. 말이 통할 리가 없었다. 그 때야 로버트가 와서 통역을 했다.

이렇게 해서 농부와 약 30분 이야기 하고 조금 사례를 하고 일을 마쳤다. 로버트에게 얼마인가 물었더니 210유로를 요구했다. 우리 돈으로 30만원 이상을 받아갔다. 점심까지 사먹였으니 경비가 40만원은 난 것이다. 연구는 참 어렵고 많은 비용이 든다.

　호텔 근처까지 와서 로버트와 헤어졌다. 소라는 지하주차장에 내려오다가 오른쪽으로 너무 붙여서 차의 오른쪽이 끌켰다. 심하지는 않았다. 소라가 정상이 아닌 것 같다.

　내일 민속박물관과 역사박물관에 가고 싶어 한다. 차를 주차장에 파킹해두고 가기로 했다.

　발렌시아의 대성당에는 바티칸이 인정한 예수가 최후의 만찬에서 사용한 것으로 추정되는 성배가 있다는데 못 본 것이 서운했다. 내일 민속박물관 갈 때 볼 수 있을지 모르겠다.

2014. 6. 14. |토| 발렌시아 맑음

라운드어바우트

도시에 수없이 많은 라운드어바우트
쉽고 편리한지 척척이다.

낯설어 골탕을 먹기 일수다.
퍼스트 엑시트
세컨드 엑시트 까지는 괜찮다
서드, 포드까지 가면 세기가 쉽지 않아
유턴을 계속했다.

4거리가 보통이고 5거리가 고작이다.
5거리 이상일 때가 허나하다.
그래서 라운드어바우트가 있나보다.

라운드어바우트는 음식만큼 다르다.
돌고 돌며
당황과 혼란을 가져오는 라운드어바우트
여행의 피로가 층층이 쌓인다.

합리주의가 가장 발달된 유럽의 도로에 라운드어바우트가 있다.

바르셀로나로 떠나는 날이다. 소라는 민속박물관과 역사박물관을 보고 싶어 하더니 아침에 일어나서는 민속박물관만 가겠단다. 그러면 성배를 모신 대성당도 방문하자고 하여 그렇게 하기로 했다.

아침식사를 하고 방에 왔는데 너무 피곤해서 잠시 침대에 누웠다. 자꾸만 몸이 까라진다. 기운이 하나도 없다.

남미에 갔을 때와 판이하게 다르다. 그때에 비해서 지금은 사치스러운 여행이다.

그래도 가 봐야한다. 1번 버스를 타고 내려, 걸어서 민속박물관을 찾아갔다. 발렌시아는 특이한 도시이다. 시내의 중심부를 흐르는 강이 말라붙어 공원을 조성해 놓았다. 그래서 어느 도시보다 나무가 많다. 그리고 근교에 벼농사지대가 있다는 것이다.

민속박물관은 무료이었다.

소라는 어제 산 책을 밤에 읽어 보더니 물어볼 것이 있다면서 그 무거운 책을 들고 갔다. 안으로 들어가자 흑인 처녀가 전면에 앉아있었는데 소라는 그녀에게 스페인 말로 된 음악 가사의 뜻을 물었다. 흑인 처녀는 즉시 영어로 번역해서 적어주었다. 그 두 곡이 벼농사에 관한 노래라 소라는 퍽 기뻐했다.

∴ 벼농사 노래를 영어로
옮겨주는 민속박물관 직원

민속박물관은 우리가 이때까지 본 어느 박물관 보다 훌륭했다. 나는 몸 상태가 안 좋아 대충보고 의자에 앉아있고 소라는 꼼꼼하게 보느라고 시간이 많이 걸렸다.

이제 레이나 광장Plaza Reina에 있는 대성당cathedral을 찾아갔다. 그 성당은 로마네스크-고딕-바로크-르네상스 양식의 건물이라는데 크고 고풍스러웠다. 이 대성당은 성배 예배당Holy Grail Chapel이다. 예수가 최후의 만찬에서 사용한 것으로 추정되는 성배로 바티칸이 유일하게 인정하는 곳이란다.

입장료를 지불하고 들어가 성배예배당을 물었더니 출입구 오른쪽을 가르쳐 주었다. 성배는 금잔이었는데 너무 화려해서 정말 그럴까 하는 의문이 가는 것이었다. 성배를 구경하고 성당 안을 한 바퀴 둘러보았는데 크고 장엄하긴 해도 그렇게 화려하지는 않았다. 관광객이 가득 찼다. 내 사진기는 메모리가 가득 찼는지 작동이 안 되어 소라의 사진기로 사진을 찍고 광장에 있는 한 음식점에 들려 점심을 사서 먹었는데 나는 파스타를 시키고 소라는 빵과 아이스크림을 시켰는데 파스타에 무슨 소스를 잔뜩 발라 1/3도 못 먹었다.

너무 기운이 없고 버스 정류장은 멀어 택시를 타고 호텔로 돌아와 따뜻한 물을 보온병에 받아와서 바르셀로나로 떠났다. 이미 오후 2시가 넘었다. 약 350km는 달려야한다.

출발하자마자 나는 졸고 소라도 졸린다고 했다. 주유소는 나타나지 않았다. 이 때가 가장 어렵다. 근 50km를 달렸을 때 주유소가 나타났다. 소라는 자고 나는 깨어 무료한 시간을 보냈다.

근 한 시간이나 잔 후 소라를 깨워 커피를 타서 마시게 하고 다시 길을 떠났다. 들에는 귤 과원들이 나타났다. 산지로 접어들자 밭은 없어지고 구릉과 산이 이어졌다. 메마른 나무는 아니었다. 고속도로 변에는 큰 나무들이었고 산에는 별 나무가 없이 관목들이 대부분이었다. 원자력 발전소 같은 시설물을 보았으나 사진으로 담지 못했다. 오후 8시경에 호텔에 도착 여장을 풀었다. 바르셀로나 호텔은 주차비는 27유로라고 해서 겁을 먹었는데 근처 언덕에 주차할 수 있어 돈을 좀 절약하게 되었다. 호텔의 방은 전망이 좋은 710호실이었다.

　호텔에 흑인들이 북새통을 이루기에 물어보았더니 자메이카에서 온 크루즈 여행객들이란다. 이 호텔이 인기가 있는 모양이다. 우리가 이 호텔에서 3일 머물기에 빨래를 해야 한다면서 소라는 그 많은 빨래를 했다.

　새벽에 일어나 일기를 쓰는데 소라는 곤히 잠들어있었다. 비 소리가 들렸다. 유리창 밖으로 야경이 찬란했다.

2014. 6. 15. |일| 바르셀로나 맑은 후 흐림

바르셀로나는 내가 좋아하는 FC 바르셀로나가 있다. 그 팀에는 세계 최고의 축구스타 메시가 있다. 여기까지 왔는데, 그는 월드컵 관계로 지금 브라질에 가 있다. 그를 특히 좋아하는 것은 축구의 기술뿐 아니라 인간성이 참 좋은 사람이다.

어제 밤에는 천둥을 치고 비가 내리더니 아침 일기는 구름 한 점 없이 청명했다. 바르셀로나는 산으로 둘러싸인 분지 형 도시이다. 물론 항구이기 때문에 한 곳은 바다로 터져있다.

∴ 가우디의 사그라다 파밀리아 교회 전경

바르셀로나에 와서는 무엇보다 안토니 가우디의 사그라다 파밀리아 교회 La Sagrada Familia를 봐야한다. 우리는 메트로를 타고 사그라다 파밀리아 역에 도착, 출구로 나가니 이미 줄은 장사진을 이루었다. 맨 뒤에 가서 섰다. 1시에 표를 사서 들어가려는데 엘리베이터를 타고 꼭대기에 오르려면 3시까지 2시간을 더 기다려야한단다. 우리는 그냥 내부와 박물관만 보기로 하였다. 이 괴상하게 생긴 벽돌 건축물은 1882년에 착공하여 2020년에 완공될 예정이란다. 뾰쪽 탑이 18개인데 12 제자와 4명의 복음서 저자, 성모마리아와 가장 높은 탑170m은 예수를 상징한다고 했다. 실내는 아직 완성이 안 되어서 그런지 화려하지는 안했지만 웅장했다. 드높은 천정과 햇빛이 들어오도록 설계된 부분은 신비감을 주었다.

∴ 가우디의 사그라다 파밀리아 교회 내부   ∴ 가우디의 사그라다 파밀리아 교회 외부 하부 조각

∴ 바르셀로나의 카탈루냐 광장   ∴ 아로바 타워

이 건축물의 박물관과 자료실은 건물의 모형과 특징 등을 상세하게 설명해 놓았다. 많은 사진을 찍고 밖으로 나와 전면을 사진에 담고자했으나 마음먹은 대로 되지 않았다.

사그라다 파밀리아 교회는 천재는 무엇을 말하며 한 사람의 천재는 인간에게 어떤 것을 주는가 하는 점을 일깨워주었다. 가우디는 위대했다.

다음은 가우디의 또 하나의 작품인 라 페드레라 La Pedrera 를 보았다. 사그라다 파밀리아를 본 후라 별 흥미를 느끼지 못하고 보수중이라 포기하고 모처럼 중국집에 가서 점심식사를 하고 바르셀로나에서 꼭 가봐야 할 카탈루냐 광장Placa de Catalunya과 람블라 거리Las Ramblas에 갔다.

  카탈루냐 광장은 마드리드의 어느 광장보다 아름다웠다. 아름다운 조각들이 많았고 분수가 물을 뿜어내고 사람들로 붐볐다. 람불라 거리는 길 중앙에 키 큰 프라타나스가 우거진 가로수 거리인데 차가 없어서 사람들이 참 많았다. 이런 거리를 지금까지 본 일이 없다.

  바다 가까이에서 특이하게 생긴 아로바 타워를 보았다.

  내일은 다시 카탈루냐 광장에 가서 현대미술관을 보고 시티투어를 해야겠다.

사그라다 파밀리아 교회La Sagrada Familia

바르셀로나를 세계적인 도시로 만든
가우디의 사그라다 파밀리아 교회La Sagrada Familia
미완성인데
관광객은 벌떼 같다
1882년에 시작해서 2020년에 완성된다는 이 건물
정작 가우디는 1926년에 죽었는데
그는 살아서 이 건물을 짓고 있다.
어찌 보면 도깨비 집 같은데
대 천재는 과연 이런 존재인가
박물관의 전시물과 설명을 듣고
어렴프시 사그라다 파밀리아 교회를 알게 되었다
열여덟 개의 높은 탑들
왜 해바라기의 얼굴을 하고 있는지
건물의 하나하나의 의미!
사그라다 파밀리아 교회는 영원하고 위대하다.
백년도 훨씬 전에
이 건물을 설계한 가우디!
이 건물을 짓도록 허락한
바르셀로나는 위대하다

2014. 6. 16. |월| 바르셀로나 맑은 후 한때 비 조금 후 갬

　오늘은 여행이 너무 힘들어 시티 투어를 하기로 하였다. 먼저 호텔에서 운영하는 셔틀버스를 이용하기로 했다. 버스 시간표만 잘 활용하면 지하철 타는 것 보다 편리하다.

　10시 버스를 타고 시내에 나갔다. 어제 보니까 카탈루냐 광장에서 시내투어 표를 파는데 A코스가 있고 B코스가 있다. 어제 사그라다 파밀리아 교회 La Sagrada Familia를 보아서 A코스를 택했다.

　줄을 서서 차 한 대를 보낸 후에 붉은 색 버스를 탔다. 사람들은 모두 이층으로 간다. 우리도 이층에 자리를 잡았다. 사진을 찍기 위해서 나는 오른쪽 바깥쪽에 소라는 왼쪽 바깥쪽에 앉았다. 차는 항구로 나갔다. 지중해의 푸른 바다가 거기 있었다

∴ 바르셀로나의 해수욕장

∴ 항구에 가득 찬 요트

항구에는 수없이 많은 배가 정박해 있고 바닷 물빛은 파랬다. 해수욕장에는 추운 날씨에도 사람들로 북적이었다. 바르셀로나는 해수욕장이 참 많았다. 바닷가에는 현대건물이 즐비했고 특히 고층건물은 호텔 같았다. 관광버스는 바닷가를 돌아 시내로 들어갔다. 오래된 건물들은 모두 교회이었다. 다시 사그라다 파밀리아 교회에 가서 버스에서 사진을 찍었다. 어제 본 것과 다른 면이 보였다. 뾰족탑은 해바라기를 표현한 것임을 알 수 있었다.

한 바퀴 돌면서보니까 관광객은 자기가 내리고 싶은 곳에서 내려서 볼일 보고 다시 그 회사 버스를 타고 이용함을 알았다. 우리는 해산물을 먹으러 바닷가로 다시 나갔다. 버스에서 내려 해산물 음식을 전문으로 하는 식당을 찾았다. 맥주 한 컵에다 음식을 하나 시켰다. 요금이 27유로 하는 1인 분만 시켰다. 둘이 먹어보고 모자라면 다시 시키기로 하였다. 여러 종류의 해산물이 나왔다. 큰 새우, 조개, 홍합, 오징어, 게, 생선 등이었다. 쌀밥이 없지만 맛있게 먹었다. 소라는 코레스텔 수치가 높아 가리는 음식이 많아 내가 다 먹다시피 했다. 찬 맥주를 마시고 날씨가 추워 몸이 가라앉았다. 힘이 들었다.

다시 관광버스를 타고 시내를 한 바퀴 돌았다. 시내투어를 5시간 한 셈이다. 점심식사 후에는 소라도 나도 졸았다. 사진도 거의 찍지 않았다.

바르셀로나 현대미술관에 갈 계획은 생략했다. 대신 소라가 CD를 사고 싶다고 말해서 쇼핑센터에 갔다. 그곳에서 클래식 바랜시아 음악 CD를 하나 씩 샀다.

아시아나 마켓이 있어 한국 라면, 고추장, 된장, 김 등과 고추, 양파, 마늘,

물을 사고 7시 20분에 호텔 버스로 호텔로 돌아왔다.

　바르셀로나는 참 아름다운 항구도시이다. 언제나 관광객이 북적이고 아파트가 많고 신시가지와 구시가지가 조화롭게 조성된 도시이다. 가우디가 사랑했고 피카소가 사랑한 도시이다. 피카소 미술관도 보지 못하고 떠나는 것이 아쉬웠다.

　그러나 내일 이곳을 떠나 남 프랑스 프로방스 지방으로 갈 것이다. 503km의 길이라 까르프에 들리지 않고 아침 일직 떠나기로 했다.

프랑스 남부

France

2014. 6. 17. |화| 바르셀로나 맑음 마르세유 비

　바르셀로나에게 안녕을 고한다. 잘 있어라 바르셀로나여! 천재 가우디의 영혼이여!
　9시에 출발했다. 언덕을 넘었으나 아직 바르셀로나 시가 이어졌다. 그리고 산지가 계속되었다. 산에는 나무가 무성했다. 건조지역은 아닌 것 같았다. 148km 쯤 달렸을 때 국경이 나타났다. 스페인 쪽에 두 번 통행료를 받았고 프랑스 쪽에서도 통행료를 받았다. 소나무에 솔방울이 유독 많은 쉬는 곳에서 점심을 먹고 길을 떠났다. 어제 잠을 잘 잔 소라는 마르세유에 도착할 때까지 운전을 잘 했다. 이번 여행에서 2번째로 먼 길이다. 장거리 운전을 소라는 잘 한다.
　프랑스의 프로방스 지방과 마르세유는 어쩐지 낭만적이고 예술적인 곳인 것 같다. 문학 작품과 영화에서 많이 읽은 곳이다.
　마르세유를 100km를 남겨놓은 큰 강이 흐르는 유역에서 벼를 심은 지역을 볼 수 있었다. 내가 보고 소라에게 알려주었다. 프랑스에서 벼논을 발견한 것은 수확이다.

　∴ 프랑스 벼농사 지역

내일 마르세유 역사박물관에 가서 프랑스의 벼농사지역에 대하여 알아보겠다고 소라가 말했다. 사진을 몇 장 찍었다. 고속도로라 주차하기가 어려워서 좋은 사진은 찍을 수가 없었다.

마르세유는 건조지역 같았다. 산에 나무는 사라졌다. 프랑스에서 두 번째로 큰 도시이다.

출발할 때 여관을 보니까 ibis Styles Marseille Timone이었다. 내비에 입력이 잘 되지 않았다. 그러나 갈 길이 멀어 우리는 출발했었다. 내비는 TGV Gare Saint Charles 쪽으로 인도했다. 차가 그쪽으로 인도해서 쉽게 여관을 찾겠구나 생각하고 내가 내려서 호텔을 확인했다. 3 사람에게 물었는데 2 사람은 할아버지인데 바로 이 근처라고 했고 한 사람은 멀다고 말했다. 영어를 아는 사람이 아니라 알아들을 수가 없었다. 호텔이 이상한 곳에 있어 차를 타고 간 곳은 주차할 수가 없는 곳이었다. 나는 호텔을 확인하러 들어가고 소라는 주차하러 갔다.

호텔에 들어가 확인한 결과 ibis 계통의 호텔은 맞는데 가맹점[Timone]이 아니란다. 우리가 계약한 호텔은 시내에 있단다. 주차를 하러 간 소라는 올라오지 않고 주위를 아무리 살펴보아도 우리 차는 보이지 않았다. 호텔 문 앞에 앉아서 기다리는 수밖에 없었다. 기다려도 기다려도 이 무심한 사람은 오지 않는다. 주위는 우범지역인지 경찰차가 4대나 주차해 있는데 정작 경찰은 어디서 무얼 하는지 보이지 않는다. 내가 앉아 있는 주위로 위험해 보이는 젊은이들이 앉기도 한다. 그때마다 나는 일어나서 자리를 피했다. 드디어 소라가 호텔의 문 앞으로 왔다. 안도의 한숨이 절로 나왔다.

호텔에 부탁해서 예약한 호텔의 주소를 확인했는데 맞는단다. 지하 주차장에 가서 주차비를 지불하고 그 호텔을 찾아 차를 몰았다.

갑자기 어두워지더니 우박을 겸한 소나기가 쏟아지기 시작했다. 앞이 안 보일 정도이었다. 이번에는 내비가 잘 찾아주었다. 초라해 보이는 호텔이었다.

비는 그쳤다. 손바닥만 한 주차장에 주차를 하고 내가 그 호텔에 들어가 확인한 결과 맞는단다. 무뚝뚝해 보이는 종사원은 정말 힘들었다고 불평을 말해도 무표정이다. 주차를 어디에 해야 하는가 물었더니 좀 떨어져있는 건물을 가르쳐주며 그곳 지하에다 주차하란다. 방 배정을 받고 가방을 방에 올려놓고 주차하러 갔다. 그곳도 ibis Styles Marseille Timone 호텔이었다. 건물도 좋아 보이고 주차장도 있고 해서 그곳의 방을 요구했더니 그곳은 방이 없단다. 아니 3월에 예약했는데 무슨 소리인가 라고 말했으나 되지 않았다. 우리는 포기하고 오늘 이산가족이 되지 않은 것만 다행으로 생각하자고 마음을 달랬다.

저녁을 먹고 바우처를 보니까 97불짜리다. 이 정도의 방이 97불이라는 것은 상상할 수 없다. 그래서 따지기로 하고 로비에 내려갔다. 가서 가격표를 보니까 한 사람이 투숙할 때는 85유로이고 두 사람이 투숙하면 97유로로 되어 있었다. 어쩔수 없이 포기 했다.

종사원에게 Pond de Gard의 투어를 물었으나 영어가 통하지 않아 알 수 없었다. 답답한 일 뿐이다. 방이 너무 추워 담요를 원했으나 없단다. 참 더러운 여관이다.

인터넷에서 주소를 찾아 적어놓았다. 내일 아침 일찍 차로 출발하기로 하였다. 소라가 벼농사를 확인하고 싶어 해서 역사박물관에 가보기로 했다. 그리고는 깐느로 떠날 예정이다. 깐느도 ibis계통의 여관이다. 잘 될지 모르겠다. 프랑스의 제2의 도시 마르세유에서 아무 것도 구경 못하고 나쁜 인상만 안고 떠날 것 같다.

호텔로 속을 썩여 마르세유가 페루의 리마처럼 두 번 다시 오기 싫은 도시가 되고 말았다. 다른 도시가 마르세유보다 푸대접을 할지 아직은 모르지만.

2014. 6. 18. |수| 가르교 맑음

  2시경에 일어났더니 소라가 유럽의 벼농사에 관한 것을 인터넷에서 찾아 공부를 했다면서 스페인은 8세기에, 이태리는 15세기에, 프랑스는 18세기에 벼농사를 시작했다고 말했다. 전부 다 이란에서 전래되었으며 이란은 1세기에 벼농사가 시작됐단다.

  중국은 기원전 5000년, 우리나라는 기원전 2000년 이라고 한다. 그 시기가 탄화미가 발견된 시기란다.

  가르교$^{Pond\,de\,Gard}$에 가기 위해서 6시 반에 아침식사를 했다. 그러나 9시나 되어서 출발했다. 여관비가 지불되지 않아서 내 카드로 지불했다. 카드가 정상적으로 작동이 안 되어 3번 만에 지불이 되었다. 이중 지불이 되지 않았나? 걱정이다.

  우리는 마르세이유를 미련 없이 떠났다.

∴ 가르교

가르교로 가는 것이다. 어제 온 길을 달리다가 내륙으로 들어가는 것 같았다.

프랑스 관광의 하이라이트^{France Hightlights}는 에펠탑^{Eiffel Tower}, 베르사유 궁전^{Versailles}, 샹보르 성^{Chambord}, 가르교^{Pond du Gard}, 코르다쥐르^{Cote d'Azur} 등이다. 에펠탑, 베르사유 궁전은 보았고, 샹보르 성은 중부 프랑스에 있어 보지 못했고, 가르교는 오늘 볼 것이다. 코르다쥐르는 내일 보면 된다.

코트다쥐르 또는 리비에라는 남동부 프랑스 지중해 해안이다. 코트다쥐르는 툴롱에서 이탈리아 국경선과 가까운 마을인 망통까지 이어진다. 그 해안선에 니스, 칸느, 모나코가 있다.

고속도로에서 벗어나면 라운드어바우트가 수없이 나온다. 라운드어바우트를 수없이 지나 가르교에 도착했다. 시니어는 입장료를 받지 않는단다. 프랑스는 노인 우대를 잘하는 나라이다. 주차료는 받을 것 같았다.

주차장에서 얼마가지 않아 가르교가 있었다. 사진에서 본 그대로이었다. 로마시대에 만든 수로라는데 강에 세워진 부분만 워낙 견고하게 쌓아 남아있고 다른 부분은 허물어지고 파괴되어 흔적만 남아있다고 한다. 스페인의 세고비아에 있는 수로와 비슷했다.

∴ 가르교 2층

이스탄불 동쪽 외곽도로에 있는 발렌스 수도교도 로마의 대표적 유적지이다. 이 세 수도교 중 가장 아름다운 수도교는 가르교 이다. 발렌스 수도교나 세고비아 수도교는 아래에 강이 없다. 가르교 만 강에 건설된 것이 특징이고 커다란 돌로 가장 견고하게 지었다. 이 수로는 위제스^{Uzès}의 원천으로 부터 님^{Nimes}까지 50 킬로미터이란다.

3층 구조인데 각층마다 아치의 수가 달랐다. 1층은 6개 2층은 11개 3층은 무려 47개이다. 이 아치로 인하여 수도교가 아름답게 보이는 것 같았다. 그 당시로는 물의 속성, 높은 곳에서 낮은 곳으로 흐르는 성질 때문에 이런 수도교를 건설한 것 같다. 산으로 해서 3층까지 올라가 보았다. 상당히 높았다. 수로위로는 위험해서 가지 못하게 막아놓았다. 다시 내려와 일층 길을 구경하며 사진을 찍었다. 다리 중간쯤 갔을 때 외국인이 나에게 내 수첩을 불쑥 내밀었다. 여자들 네댓 명과 남자 한 분인데. 나는 수첩을 잃어버린 줄도 모르고 있었다. 이렇게 고마울 수가. 나는 고맙다는 말만 했다.
    생각해보면 미국에 갔을 때도 사진을 찍다가 수첩을 잃어버린 일이 있다. 그때는 수첩을 찾지 못했다. 무척 서운했다. 그 때 수첩에는 아주 귀중한 것은 없었다. 그런데 이번 수첩에는 복사 본 여권, 농협 카드, 50유로의 돈, 한국 돈 10만원 그리고 온갖 정보, 이런 것이 들어 있는 수첩이다. 잃어버렸다면 여행을 망쳤을 것이다. 그런데 그 착한 사람의 이름도 묻지 못했다. 고맙다는 말만 했을 뿐. 그분이 어느 나라 사람인 줄도 모른다. 나는 이렇게 한심한 사람이다.
    소라가 이런 나를 보고 참 운이 좋은 사람이란다.
    그렇다. 나를 위해 기도해주는 사람이 많이 있다. 그 은덕이 아닐까 생각해 본다.
    주차료는 18유로를 받았다. 이걸로 무료 입장료의 일부를 보상받는 것 같았다. 우리는 주차장을 빠져나와 준비한 빵과 커피를 마셨다.
    남부 프랑스는 포도밭이 유독 많다. 보이는 것은 전부 포도원이라고 해도 과언이 아니다.
    스페인의 마드리드부터 올리브 과원, 해바라기 밭, 포도밭. 이렇게 지역별로 작물이 달랐다.
    오늘 갈 칸느까지는 아마 300km가 넘을 것이다. 오후 2시에 출발했다. 가는 도중에 비를 만났다. 어제도 비인데 오늘도 비다. 다행인 것은 우리가 차를 타고 이동할 때 비가 내린 것이다.

　칸느에 도착했을 때는 비는 그쳤다. 호텔은 쉽게 찾았다. 내비가 정확하게 데려다 주었다. 방은 3층이었다. 오늘은 기분도 그렇고 해서 소라에게 저녁을 사주기로 하였다. 그러나 시내에서 돌아오는 버스가 8시에 마감한단다. 그래서 호텔 음식점에서 생선 요리를 먹기로 하였다. 7시 반에 예약을 하고 까르프에 들렸다. 가까운 거리에 까르프가 있었는데 어마어마하게 컸다. 포도주를 한 병 사가지고 와서 모처럼 소라와 저녁을 사먹으면서 포도주를 들었다. 기분이 무척 좋았다.

　메일을 열어보니 아들 메일이 왔다. 산마리노 주소 잘 챙기라는 이야기와 오늘과 내일 길이 험하니 운전 조심해야한다는 내용이었다. 아들이 이렇게 치밀한지는 몰랐다. 나는 복이 많은 사람 같다. 소라에게도 고맙다는 말을 했다. 소라는 지금 자고 있다.

2014. 6. 19. |목| 깐느 · 니스 · 모나코 맑음

아침 식사는 좀 초라했다. 그래도 먹어 두어야했다. 어제 포도주를 좀 마셨더니 신물이 넘어온다. 몸이 말이 아니다.

좀 누워 있다가 출발했다. 오늘 들려야할 곳이 여럿이다. 먼저 까르프에 가서 물을 사서 차에 실었다. 6병 짜리 한 묶음이다.

∴ 칸느 해변과 푸른 바다

∴ 영화제가 열리는 호텔

∴ 니스의 해변

어제 물어둔 깐느영화제Cannes Film Festival가 열린 곳을 입력했더니 신통하게도 쉽게 입력이 되었다. 내비가 인도하는 대로 수없이 많은 라운드어바우트를 통과하며 시내를 빠져나갔다. 이곳 프로방스 지방 사람들은 북쪽 사람들에 비해 성질이 거칠다. 까딱하면 접촉 사고가 날 뻔했다. 관광지 인 만큼 우리처럼 라운드어바우트에 익숙하지 않은 사람들이 많을 터인데.

칸느영화제가 열리는 곳은 바닷가이었다. 야자수가 아닌 수백년 된 거목의 소나무가 가로수로 늘어선 곳이었다. 바다의 물빛과 원경이 너무 아름다웠다. 코르다쥐르 시작이라 매혹적인 경치였다. 멕시코의 깐꾼처럼 고층의 호텔이 들어선 것은 아니지만 10여 층 정도의 호텔이 들어선 곳이었다. 백사장은 좁았다.

근처에는 피카소가 살았던 '그리말디 성Chateau Grimadi'이 현재 '피카소 박물관Picasso Museum'으로 사용되고 있다는 데 가보지 못했다.

부산 영화제를 이끈 김동호씨가 이곳에 와보고 해운대가 국제영화제를 해도 되겠구나 하는 상상을 하지 않았나 하는 생각이 들었다. 금년 영화제는 5월 중순에 열렸단다.

인구 10만 명이 안 되는 소도시이지만 칸느는 칸느영화제와 휴양지로 먹고 살 수 있을 것 같다. 소라에게 점심을 사주고 싶었으나 11시밖에 안되어 니스로 떠났다.

∴ 니스의 식당

니스의 주소를 몰랐는데 우리가 무료로 주차한 곳에 차를 세우고 싶은 사람이 있어 입력해주었다. 니스는 가까운 거리에 있었다. 인구가 40만 가까이 되는 도시이지만 칸의 분위기에 미치지 못했다. 해안도 자갈밭이었다. 부두에 늘어선 나무는 야자수이었다. 아열대 분위기를 풍기는 곳이지만 귀족적인 품위가 없었다.

　모나코에 가서 점심식사를 하려다가 소라가 먹고 가자고 해서 들린 곳은 깔끔한 식당이었다. 소라가 바다 생선을 먹자고 해서 25유로 농어요리를 시켰다. 더 좋은 요리를 사주고 싶었는데 비싼 요리가 그 음식점에는 없었다. 술은 마시지 않고 코카콜라를 한 병 사서 소라가 주로 마셨다.

∴ **모나코 전경**

　점심을 먹고 모나코로 떠났다. 모나코는 작은 국가이다. 평지의 국가가 아니고 절벽의 국가이다. 모나코는 인구가 30만 정도로 세계에서 바티칸 다음으로 작은 국가이다. 그러나 유명한 나라이다.

　카지노가 있고 조세회피지역으로 유명하다. 바다색깔과 해안이 깐느의 그것처럼 아름다웠다. 1급 관광지이었다.

　부두를 거닐다가 왕자궁과 해양박물관이 있는 언덕위로 올라갔다. 구경을 마치고 층계를 내려오는 사람들이 많았다. 한 중국인 부부가 우리를 보자 반가웠던지 참 아름다운 곳이라고 한바탕 연설을 하고 내려갔다. 언덕 위는 공원이었다. 그곳에 수많은 옛날의 대포알을 진열해 놓았다.

박물관은 왕자궁까지 다 보면 40유로가 넘었다. 해양박물관도 33유로인데 시니어도 소용없었다. 66유로를 주고 들어간 해양박물관도 별거 아니었다. 공짜로 본 워싱턴의 자연사 박물관이 생각났다.

∴ 해양박물관 옥상의 어린이 놀이터

∴ 해양박물관 옥상에서 소라와

∴ 산레모

물병을 가지고 가지 않고 더워 갈증이 심해서 맥주를 작은 잔으로 한 잔 사 마시었다. 모나코는 물가가 비싸서 우리가 머물 곳은 아니었다.

모나코를 떠나기도 쉽지 않았다. 고속도로로 진입하는데 이 삼 번이나 유턴을 한 후 진입했다. 아들의 말대로 절벽과 높은 교량과 터널이 수없이 나타났다. 절벽아래에는 많은 사람들이 집을 짓고 살고 있었다. 까마득한 산위에도 집들은 있었다.

오늘은 90km만 달리면 된다.

이태리 땅인 산레모^{Sanremo}에 도착한 것은 5시 경이었다.

호텔은 아담했으나 협소했다. 이태리의 호텔에는 물병도 커피도 없었다.

이태리

Italy

2014. 6. 20. |금| 산레모 맑음

　구름 한 점 없는 맑은 날씨이다. 아침 식사를 하고 서둘렀다. 그래도 결국 9시 경에 출발했다. 오늘 가야할 피렌체까지는 376km이지만 들려야 할 곳이 두 곳이나 있어 일찍 출발한다는 것이 늘 이렇다.
　처음 들릴 곳은 친퀘테레 국립공원Parco Nazionale delle Cinque Terre이다. 두 번째 들릴 곳은 피사의 탑이다. 호텔 종업원에게 부탁해서 내비에 주소를 입력했다. 우리는 기분 좋게 출발했다. 오늘 코스는 위험한 곳이니 운전을 조심하라고 소라에게 부탁을 했다. 산레모에서 고속도로로 진입하는 것도 모나코 처럼 쉽지 않았다. 몇 번이나 원을 그리며 돈 후에 고속도로에 진입했다. 터널과 높은 다리와 오른쪽의 깊은 낭떠러지가 있는 도로이었다. 도로를 보수하는 곳도 참 많았다.
　순전히 산지인 계곡과 해안에 집들이 들어차 있었다. 농지가 없어서인지 온실들이 참 많았다. 비닐하우스도 더러 눈에 띠었다. 이태리는 한국과 많이 닮은 것을 알 수 있었다. 참으로 아름다운 경치이었다.
　그러나 소라는 이런 곳을 곧잘 운전한다. 볼리비아의 죽음의 길도 갔는데 두렵지 않다고 소라는 말했다.
　제노바를 지나서 한 참을 달렸을 때 갑자기 내비가 유턴을 하란다. 그리고는 이상하게 제대로 작동이 되지 않는 것이다. 고속도로를 벗어나기로 하였다. 결국 밖으로 나오다가 무인 톨게이트를 빠져나와야 되는데 당황해서 뽑아온 티켓을 그만 엉뚱한 곳에 집어넣었다. 호출을 아무리 불러도 사람은 나타나지 않고 뒤에 차는 밀리고 한데 가로막대가 올라갔고 지불명세서가 나왔는데 73유로인가이다. 이것은 무엇인가 잘 못된 것이다. 여하튼 고속도로에서 빠져나온 것을 다행으로 생각했다. 그리고 이름도 모르는 도시에서 여행 안내소를 찾았으나 없어서 한 여관에 들어갔다. 여관에는 영어를 아는 종업원이 있다. 그에게 우리의 입장을 이야기했더니 숙소가 어디냐고 물었다. 피렌체라니까. 상당히 어렵단다. 친퀘테레는 기차로 가서 걸어가야 한단다. 그리고 고속도로에서 73유로 지불하라는 쪽지를 보여주었다. 무어라고 설명을 하는데 알아들을 수가 없었다.

    * 친퀘테레: 친퀘는 5를 '테레'는 마을의 뜻으로 이태리 북부 서쪽 해안에 있는 다섯 마을을 통합해서 일컫는 관광지이다. 유네스코가 세계인류문화 유산으로 지정 할 정도로 해안과 더불어 각각의 마을이 멋스럽게 자리 잡고 있다.
    친퀘테레는 최고의 해안 절경이며 각 마을은 하이킹을 할 수 있는 길과 기차 길이 같이 연결되어 있으며 페리를 타고도 이동할 수 있다고 한다. 이탈리아의 숨은 진주로 몇 년 전부터 책과 미디어를 통해 소개되었다.

∴ **피사의 사탑**

소라는 그렇게 고생해서 갈만한 곳인가 나에게 물었다. 가지말자는 이야기다. 그래서 포기하고 피사로 행했다. 내비에 피사의 입력이 잘 안 되어 포기하려다가 마지막으로 시도했는데 입력이 되어 출발했다. 피사가 가까워졌는지 '피사'라는 낱말이 교통표시판에 나타나기 시작했다. 입구에 도달했을 때 거목의 소나무 가로수가 있는 곳을 통과 했다. 꼭 절간에 들어가는 기분 이였다.

∴ 산 조바니 세례당

∴ 피사 대성당

　이번에는 내비가 잘 안내를 했다. 세계 7대 불가사의 중 하나인 피사의 사탑은 정말로 기울었다. 자료에 의하면 5.2m 기울었다는 것이다. 피사의 사탑을 보니 처음 생각이 갈릴레오 갈릴레이$^{Galileo\ Galilei}$가 생각난다. 그가 낙하의 법칙을 실험한 곳인가 싶다. 사탑에 올라가려고 요금을 물었더니 시니어도 확인이 안 되고 요금이 34유로이다. 그래도 여기까지 왔으니 올라가보자고 소라와 상의 했으나 300m를 엘리베이터 없이 걸어 올라가야한다기에 그만 두었다. 늦은 시간인 4시 반 표라고 하기도 하고.

　주위 구경을 했다. 피사의 사탑은 사실 옆에 있는 대성당의 부속 종탑으로 건설된 것이다. 성당 옆에는 세례소가 있다. 웅장하고 아름다운 성당과 부속 건물들은 생각지도 안 했는데 구경을 잘 했다. 그 건물들은 로마네스크 건물이란다. 피렌체로 가면서 보니까 성벽도 있었다.

　소로를 얼마나 달려 산을 넘자 드넓은 평야지대가 나타났다. 그리고 피렌체 73km라는 표시판을 보았다. 길은 미국의 평원의 길처럼 일직선이었다. 이태리에도 이런 곳이 있구나싶었다. 도로주변에는 미루나무가 무성했다. 미루나무는 별로 쓸모가 없는 나무인데 어디에 쓰려고 이렇게 많은지 의문이 갔다.

　소라가 갑자기 피렌체가 왜 그렇게 유명한가 물었다. 르네상스의 요람이 바로 피렌체이기 때문이며, 중세의 신 중심의 사회에서 인간 중심의 사회로 바뀌는 과정에서 피렌체가 위대한 인물을 배출했기 때문이다. 단테, 마키아벨리, 미 켈란젤로, 레오나르도 다 빈지, 갈릴레오 등의 인물을 배출했고 그 후견자가 유명한 메디치가문이기 때문이다. 라고 설명해주었다.

　　* 피렌체는 이탈리아 토스카나 주의 주도이다. 피렌체 현의 현청 소재지이며, 인구는 38만명이고 근교의 인구까지 합치면 총 약 150만명이다. 토스카나 주에서 가장 인구가 많은 도시이기도 하다. 피렌체는 아르노 강변에 위치해 있으며 역사상 중세, 르네상스 시대에는 건축과 예술로 유명한 곳이었다. 중세 유럽의 무역과 금융의 중심지였으며 종종 이탈리아 르네상스의 본고장으로 불리기도 한다. 위키백과

피렌체 시에 가서 호텔은 쉽게 찾았다. 방은 크고 깨끗했다.
피렌체에서는 이틀 밤을 자기에 하루는 시내 관광을 할 수가 있다.
내일 가서 볼 곳을 호텔 종업원에게 물었더니 여러 곳을 알려준다. 다 볼지 모르겠다. 무엇보다 단테에 대한 것을 봐야 할 텐 데 걱정이다.

∴ **피렌체의 두오모성당**
  일명 산타 마리아 델 피오레 대성당

2014. 6. 21. |토| 피렌체 맑음

　시티 투어를 하기로 하였다. 9시 15분에서 11시 15분에 끝나는 투어를 한 후 우피치 미술관 Galleria degli Uffize이나 아카데미안 미술관 Galleria dell' Accademia에 가기로 하였다.
　초행길이라 물어서 간 투어는 이미 떠났다. 여행안내소에 가서 알아보니, 두 갤러리는 동시에 투어가 없어 우피치 미술관 투어를 오후에 하기로 했다. 오전에는 아카데미안 미술관 구경을 하기로 했다. 여행안내소에서 일러준 대로 갔더니 성당이 나타났다. 산타 마리아 노벨라 성당Basilica di Santa Maria Novella에 갔다. 세월의 때가 묻은 교회이었다. 아카데미안 미술관을 찾아가기 위해서 겉만 보았다. 그리고 조금 더 가니까 고딕상징 성당 두오모가 나타났다. 정식 이름은 산타 마리아 델 피오레 대성당Cattedrale di Santa Maria del Fiore이다. 이 대성당은 세계에서 가장 큰 성당 가운데 하나다. 외관이 붉은색, 녹색, 흰색의 층으로 되어 있어 한눈에 이질감을 주었다. 서있는 줄이 바르셀로나의 사그라다 파밀리아 교회만 했다. 이 성당은 1294년에 짓기 시작해서 1436년에 완성 되었단다. 내부는 보지 않았다.

다비드 상을 보러 아카데미아 미술관을 찾았다. 아카데미아 미술관은 세 불

∴ **사비니 여인의 약탈**

럭 간 오른쪽에 있었다. 우리는 그곳에서 2시간을 기다린 후에 입장할 수 있었다. 미술관은 2층인데 일층만 공개했다. 일층에는 우리가 고대했던 유명한 조각상이 있었다. 제일 먼저 눈길을 끈 조각은 로마의 전설이 담긴 조반니 볼로냐의 〈사비니 여인의 약탈〉이었다. 또 미켈란젤로의 〈아카데미아 노예상〉〈다비드 상〉이 있었고 그 주위에는 사람들이 운집했다. 루이지 팜파로니의 〈회개한 막달레나〉와 작가를 알 수 없는 〈Deposition of Christ, 1587 oil on wood〉와 수많은 조각들이 있었다. 2층을 공개하지 않았으나 많은 조각들이 있었고 사진촬영이 노 플래시로 허용되어 감사했다.

〈아카데미아 노예상〉은 〈깨어나는 노예 Awakening Slave〉와 〈애트러스 the Atlas〉가, 오른쪽에 〈젊은 노예 Young Slave〉와 〈수염 난 노예 Bearded Slave〉 네 점이 이곳에 전시되어 있다.

∴ 미켈란젤로의
   아카데미아 노예상

∴ 수염 난 노예

∴ 큰 덩이 머리 the Atlas 노예

∴ 잠에서 깨어나는 노예

∴ 미켈란젤로의 〈다비드 상〉

∴ 루이지 팜파로니의
   〈회개한 막달레나〉

∴ 아카데미아 미술관의 조각들

∴ Deposition of Christ, 1587 oil on wood

* Deposition; 십자가에서 내려지는 그리스도의 그림 또는 조각.

그만 보고 나와서 중국음식점에 들려, 젊은 교포를 만나 음식을 주문하는데 도움을 받았다. 그녀로부터 피렌체에 단테의 집이 있다는 사실을 알았다. 내일 가보기로 했다. 두부 국에 쌀밥을 먹으니 힘이 솟았다. 이번 여행에는 운이 좋은 편이다. 모든 것이 잘 풀린다.

오후 2시 15분에 여행안내소에 갔다. 소형차를 타고 처음 간 곳은 피렌체 피에라Firenze Fiera이었다. 티켓을 구입하고 시뇨리아 광장Piazza della Signoria에 가서 베키오 궁전과 아느놀포의 종탑Turre d' Arnolfo을 구경하고 우피치 미술관에 들어갔다. 우피치 미술관은 겉 부분도 화려했다. 외부를 셀 수 없이 많은 조각 작품으로 장식했다.

∴ Rex regum et Dominus dominantium, king of kings

∴ 우피치 미술관 외형

∴ 우피치 미술관 복도   ∴ 우루비노 공작부부의 초상

    이곳도 사진 촬영이 허용되었다. 르네상스 시기의 작품들이 주로이었다. 보티첼리 전시실에는 〈비너스의 탄생〉과 〈봄〉, 레오나르도 다빈치의 〈수태고지〉, 미켈란젤로의 〈성가족〉, 티치아노의 〈우르비노스의 비너스〉 등 다양한 작품들이 있었다. 조각 작품도 많았는데 〈라오콘〉도 보았다. 4층 건물의 전시장에 작품들이 꽉 찼다.

∴ 보티첼리 〈비너스의 탄생〉   ∴ 보티첼리의 〈봄〉

  * 라오콘 군상은 트로이 신관 라오콘과 그의 두 아들이 포세이돈의 저주를 받는 장면을 묘사한 고대 그리스 조각상이다. 이 작품은 1506년에 로마에서 발굴되어 바티칸에서 대중에 공개된 이후 가장 유명한 그리스 조각 중 하나가 되었다. 이례적으로 플리니우스가 극찬한 조각상과 매우 비슷하다. 위키백과

∴ 휴고 반 데어 구스의 〈포르니나리 삼부작 중 하나〉　　라오곤

　　만족한 마음으로 호텔에 돌아오는데 버스에서 하마터면 질 나쁜 사람들을 만날 뻔 했다. 버스를 어디서 내리는가 물었더니 가르쳐준다면서 안심을 시킨 후에 종점으로 우리를 데리고 가는 것 같았다. 우리는 긴장했고 소라가 여관을 발견해서 한 정거장 지난 후에 내릴 수 있었다. 원래 이탈리아는 마피아의 본고장이다. 우리가 처신을 잘 해서 모면할 수 있었다. 길 묻는 것과 차타고 내리는 것도 사람을 가려서 해야 될 것 같다.

∴ 레오나르도 다빈치의 〈수태고지Annunciation〉　　∴ 신고전작품Neo Attic Work

2014. 6. 22. |일| 피렌체 맑음

　오늘은 단테의 집과 박물관, 산타 크로스대성당 Basillica e Museo di Santa Croce에 있는 동상을 보러갔다. 피렌체 그랜드 파노라마 투어 Florence Grand Panoramic Tour를 포기하고 하는 관광이다. 그만큼 나에게는 중요한 일정이다.

　우리는 산타 크로스대성당에 있는 단테의 동상을 보고 와서 내부를 관람하기로 하였다. 10여분 거리에 있다는데 잘 못 알아들어 좀 헤매다가 찾고 보니 어제 간 곳이었다. 어제 안내인이 말을 하고 동상 가까이에 갔더라면 알았을 터인데 그러지 못했다. 안내인이 말을 했지만 못 알아들었을 수도 있다. 광장에서 공연준비를 대대적으로 하고 있었는데 그것을 보자 어제 온 곳이 분명했다. 어쨌든 단테의 동상을 보아서 기분이 좋았다. 단테의 동상은 상당히 컸다.

　사진에 담고 다시 단테의 집과 박물관에 갔다. 한 번 간 곳도 찾지 못해 물어 물어서 갔다.

　10시가 넘었는데 박물관은 문을 열지 않았다. 관광객들 일부가 줄을 서있었다. 그리고 그 건물 앞으로 많은 관광객이 지나갔다. 10시 20분에 문을 열었다. 한 사람당 4유로씩 받았다. 박물관은 조그마한 4층 건물인데 생각보다 많은 유물을 전시해놓았다. 사진 촬영이 허용되어 거의 모든 것을 사진에 담았다. 관광객은 20명 정도이었는데 노인들도 있었고 젊은이들도 있었다.

∴ 단테의 기념관
　생가가 있는 골목

∴ 산타 크로스대성당 앞의
　단테 조각

∴ 단테의 입상

∴ 로댕의 지옥문

∴ 단테의 생가
　지금은 단테교회

∴ 단테의 생가터
　교회 표지판

단테는 두오모의 세례소에서 세례를 받은 것으로 기록되어 있다. 유리통에 든 단테의 고뇌에 찬 입상이 인상적이었다. 단테의 가계도, 필적, 『신곡』 『신생』 『향연』의 책과 로딩의 〈지옥문〉, 〈캄빨디노 전투 The Battle of Campaldino〉 사진과 병력배치도를 전시해놓았다. 젊은 시절의 단테의 초상, 침대, 의상 등을 보았다.

오늘 관광은 사실 나에게 필요한 것이다. 이렇게 협조해주는 소라가 고마울 뿐이다.

우리는 구경을 하고 집으로 오다가 어제 간 중국집에 가서 음식을 시켜먹었다.

호텔에 돌아오기 위해서 버스정류장에 갔다. 버스는 9분을 기다려야 했고 의자가 없고 햇볕가리는 막사도 없어서 길 건너 그늘에 가서 기다렸다. 우리나라 대중교통 시설이 유럽의 어느 나라 보다 훨씬 훌륭함을 알 수 있었다. 버스를 탔는데 사람이 많아 자리를 잡을 수 없었다. 서 있을 수밖에 없었다. 내 앞에는 젊은 아가씨가 앉아있었다. 그곳은 우리나라처럼 경로석이었다. 소라도 서있었다.

한 중년을 조금 지난 남자가 오더니 내 앞에 앉아있는 아가씨에게 와서 무어라고 말을 했다. 이태리 말이라 전혀 알아들을 수는 없지만 나를 가리키며 노인에게 자리를 양보하지 않는 것을 훈계하는 것 같았다. 그러면 젊은 아가씨가 일어나는 것이 보통인데 눈썹하나 까딱하지 않고 앉아 있었다.

그 사람은 버스를 내리면서 무어라고 불만을 말하다가 흑인 청년과 시비가 붙어 언쟁을 하다가 내렸다. 이것을 보다가 방금 탄 백인 청년이 조용히 하라고 소리를 지르자 잠잠해졌다. 파리나 스페인에서는 젊은이들이 한국처럼 자리를 자주 양보했다. 그러나 이태리에서는 그런 점을 보지 못했다.

호텔에 돌아와서 가방을 찾아 피렌체를 떠났다.

서양 문명을 꽃피운 세계적인 문화유산을 가장 많이 간직한 로마는 과연 어떤 곳일까? 기대가 되었다. 피렌체에서는 279km이다. 지도를 보니까 우리는 국토의 중심부를 달리고 있었다. 역시 산지가 대부분이었다. 고속도로 주변에는 비경제 림인 아카시아와 미루나무가 대부분이었다.

로마에 도착할 무렵 넓은 평야지가 나타났다. 로마 시내는 노령의 소나무가 가로수로 자라고 있었다.

노보텔 호텔은 깨끗하고 고급스러웠다. 우리는 여기서 4일을 머문다.

2014. 6. 23. |월| 바티칸 맑음

　날씨가 청명하다. 지중해성 기후라 그런지도 모르겠다. 오늘 바티칸을 봐야 한다. 호텔에서 예약을 하려했으나 할 수가 없다고 해서 무조건 현장으로 가기로 했다. 우리 호텔은 변두리라 버스를 타고 지하철을 타야하는데, 지하철은 한 번 갈아 타야한단다.

　소라는 버스 타는 것이 번거롭고 기다려야한다니까, 메트로까지 걷자는 것이었다. 약 15분의 거리이다. 일리가 있는 이야기이었다. 나도 동의하고 걸어갔다. 나는 오른쪽에서 버스를 타는 걸로 들었는데 소라는 왼쪽으로 들은 모양이었다. 우리는 왼쪽으로 걸었다. 여러 사람에게 물으면서 갔다. 드디어 호수가 나왔다. 호수를 가로지르는 지름길이 있어서 그 길을 걸었는데도 한참을 가야했다.

　드디어 메트로에 도착해서 블루라인 지하철을 타고가서 내려, 어떤 부인이 따라 오라고 해서 테르미니 역^{Termini Station}에 가서, 레드라인으로 바꾸어 타고 여섯번 째 정거장인 옥타비아노^{Ottaviano}역에서 내려 걸어갔다. 드디어 세계에서 가장 작은 독립국이면서 어느 면에서는 가장 강력한 힘을 가진 바티칸에 도착했다. 겨우 1km² 땅의 이 소국은 국민이 900정도라니!

　표를 파는 호객꾼들이 굉장히 많았다. 우리는 무조건 성 베드로 성당^{St Peter's Basilica}으로 갔다. 성당을 먼저 구경하려고 간 것이었다. 줄을 서서 기다렸다. 줄이 잘 줄어들었고 11시 40분 티켓을 50유로를 지불하고 샀다. 우리는 참 운이 좋은 편이다. 바티칸박물관^{Musei Vaticani}에 갔더니 줄이 끝이 보이지 않을 정도이었다. 태양 빛은 따갑지, 참 어렵겠구나 하는 생각이 들었다. 우리는 옆길로 해서 바로 출입구에 도착, 안으로 들어갈 수 있었다. 박물관 안도 인산인해를 이루고 있었다. 3층인가에 올라갔을 때 오디오를 팔고 있었다. 한국어 오디오가 있어서 참 반가웠다. 교황이 금년인가 우리나라에 오신다더니 우리나라가 세계에서 이 정도 됐구나 하는 생각이 들었다. 우리나라 천주교사史나 교인의 수는 굉장하다더니 그게 정말이었다. 교황이 알아주는 나라가 우리나라이다.

이제 다시 성베드로 성당St Peter's Basilica으로 가서 내부를 보고 그 유명한 미켈란젤로의 〈피에타〉도 봐야했다.

∴ 성 배드로 성당St Peter's Basilica

∴ 피에타

∴ 성 배드로 성당St Peter's Basilica 내부

〈피에타〉는 성당을 들어가서 오른쪽 벽에 있었다. 피에타는 이태리어로 비탄의 의미인데 성모가 그리스도의 축늘어진 시신을 안고 있는 조각이다. 다섯장의 사진을 찍었는데 창으로 흘러드는 빛 때문에 좋은 사진을 기대하기 어려웠다. 베드로성당은 이제까지 본 성당과는 달랐다. 예수의 고상을 모셔둔 것이 아니고 성배를 모셔두었다. 우리나에도 부처님을 모시지 않고 부처님의 진신사리를 모셔둔 적멸보궁이 있다. 이와 같은 것이 아닐까 생각했다. 세계에서 두 번째로 큰 성당이란다.

제일 큰 성당은 도대체 어디일까 궁금증이 발동했다.

  전시실에 발을 들여 놓았을 때는 입이 딱 벌어졌다. 세계적인 박물관, 뉴욕의 메트로폴리탄박물관, 런던의 대영제국박물관, 파리의 루브르박물관 등을 다녀 보았지만 이렇게 인산인해를 이룬 곳은 한 곳도 없었다. 사람들에게 밀려서 저절로 앞으로 나갔다. 처음 들어간 곳은 솔방울 광장이었다. 커다란 솔방울은 미켈란젤로의 작품이란다.

∴ 바티칸 미술관 복도
양옆에 조각이 많다

∴ 프랑코 젠틸리니의 〈성 베드로 광장〉

∴ 라파엘의 방에 있는 〈밀비우스 다리의 전투〉

∴ 시스티나예배당에 있는 미켈란젤로의 〈최후의 심판〉

∴ 시스티나예배당 천장화 중 〈천지창조〉

∴ 바티칸 박물관의 위 아래 층으로 오르내리는 회전길

우리는 유명하다는 라파엘의 방$^{Stanze\ di\ Raffaello}$을 보기로 하고 마지막으로 바티칸박물관에서 가장 핵심인 21번 시스티나 예배당$^{Cappella\ Sistina}$만 보기로 했다.

어느 박물관이나 가장 관심을 끄는 곳은 맨 마지막에 보여준다. 라파엘의 방을 보고 18번 방에서 샤갈과 고호, 등의 그림을 보고 한참을 올라갔다 내려갔다를 반복한 후에 시스티나예배당에 도착할 수 있었다. 바로 그곳에 미켈란젤로의 〈천지창조〉와 〈최후의 심판〉이 원래의 아름다운 모습으로 복원되어 있다고 한다. 또한 보디첼리, 기틀란타요, 핀투리키오, 시뇨렐리 등의 작품도 있다고 한다. 〈최후의 심판〉은 현장 직원에게 확인하고 사진을 찍었으나 〈천지창조〉는 미처 챙기지 못해 사진에 담지 못했다고 생각했는데 천장의 사진에서 그 그림을 확인할 수 있어서 다행이었다. 이제 박물관 견학은 그만 접기로 하고 출구로 나가다가 사진을 한 장 찍었는데 잘 하면 사진작품이 될 것 같다.

점심을 음식점에서 시켜먹었는데 소라는 버섯과 콩이 들어가는 채소 요리를 시키고 나는 피자를 시켰다. 피자는 애들이 좋아하는 음식인데 이태리 피자는 맛이 있다고 해서 사먹었더니 과연 맛이 그만이었다.

오늘의 해프닝은 호텔로 돌아오는 도중에 일어났다. 테르미니 역에서 블루 라인으로 바꾸어 타야하는데 소라가 갑자기 다 왔으니 밖으로 나가자는 것이었다. 하도 강하게 이야기해서 그럼 나가서 확인하자고 말하고 지하철 종사자에게 물었더니 나가란다고 해서 밖으로 나와 소라가 서점에 가서 묻고 오더니 블루 라인을 타라고 한다고 해서 다시 지하철 종사원에게 확인을 한 다음 블루 라인으로 바꾸어 타고 왔다. 내리는 곳을 몰라 사람들에게 물은 결과 한 아줌마가 호텔에 전화까지 해서 내릴 곳을 확인해주었다. 이것이 소라의 실수라면 메트로에서 나와 호텔에 돌아오는 길을 오는데서 한 실수는 나의 것이었다. 오늘 아침에 온 길이 먼 것 같아 반대방향으로 온다는 것이 길을 잘못 들어서 두 배는 더 걸어서 도착했다. 오늘 서로가 한 번씩 실수를 했다.

집에 와서 확인한 결과 런닝셔츠가 땀으로 흠뻑 젖었다. 원래 땀이 잘 안 나는 체질인데.

2014. 6. 24. |화| 로마 맑음

    오늘은 콜로세움^{Colosseo}과 Roman Forum에 가기로 했다. 어제 고생을 해서 소라가 가자는 길을 걸어가기로 했다. 항상 지름길을 가려다가 고생한 일이 한두 번이 아니다. 소라는 길치인데 오늘은 그녀의 의견에 따랐다. 지하철은 한 번만 타도되었다. 로마에 가면 소매치기를 조심하라는 말을 무수히 들었다.

    블루라인을 타고 가서 콜로세움 역에서 내렸다. 바로 눈앞에 거대한 콜로세움이 있었다. 입장료를 지불하고 안으로 들어갔다. 여러 설명 패널이 걸려있었다. 하나하나 글을 사진에 담았다. 후에 읽어볼 작정이다. 콜로세움은 돌과 벽돌로 지었다. 이 건물은 AD 72년에 베스파시아누스 황제가 건립을 시작하여 그의 아들인 티투스 황제가 완성했다.

∴ 콜로세움

* 콜로세움 사진 설명   이 : 이테리어   영 : 영어

A (왼쪽에서 4번 째) – 이 arena

영 arena 투기장

B (왼쪽에서 5번 째) – 이 sotterranei

영 underground 1층

C (맨 왼쪽)   – 이 terzoordine

영 third floor 3층

D (왼쪽에서 2번 째) – 이 punto informazionil

영 inpo point 안내소

E (맨 오른쪽)   – 이 libreria

영 bookshop 책방

이 belvedere

영 belvedere 전망대. 망루

이 scale per il primo

이 livello

영 stairs to first level 일층까지의 층계

F (오른쪽 2번 째)   – 이 uscita

영 exit 출구

G (왼쪽에서 3번 째) – 이 uscita disabili

영 disabled exit 장애인 출구

이 ascensore

영 lift 엘리베이터

   사진을 보면 규모는 물론 기술면에서도 감탄을 자아내게 한다. 그 당시 장애인 출구니, 리프트를 어떻게 만들었을까 상상이 되지 않는다.

   3층에 올라가서 내려다보아서 그런지 경기장 같지가 않았다. 로마인들은 이곳에서 열리는 검투사 경기를 보았다. 수용 인원은 5만-6만 정도라니 굉장하지 않는가. 콜로세움은 처음은 경기장으로, 중세에는 군사적 요새로 이용되

었고 그 후 성당이나 궁전 등의 건축용 자재로 뜯기어, 이렇게 황폐되었단다.

∴ 콜로세움 Colosseo 에서 바라 본 Roman Forum

사진을 많이 찍고 바로 옆에 있는 포로 로마노 Foro Romano Forum & 팔라티노 언덕 Monte Palatino 에 갔다. 론리플래닛 lonely planet 여행안내서에 유럽의 특급 관광지 25개 Europe's Top Highlights 중 1번에, 바로 콜로세움과 포로 로마노를 말하고 있다. 이 유적지는 서구문명의 발생지이었다고 한다. 서구 문명의 원형이 있다고 하다. 거기에는 8개의 중요한 유적지가 있다.

∴ Roman Forum 전경

중요 유적의 건축물은 다음과 같다.

원로원 Curia

티투스 개선문 Arch of Titus

베스타 신전 Templum Vesta 및 베스타 무녀의 집

세베루스 개선문 Arch of Septimius Severus

율리우스 카이사르 신전 Templum Caesar

사투르누스 신전 Templum Saturnus

로스트라 연단 Rostra

바실리카 줄리아 Bacilica Giulia

콜로세움에서 바라보는 포로 로마노는 폐허 그 자체였다. 로마시대에는 최초로 지어진 가장 중요한 곳이었으나 서로마 제국이 망한 후에는 방치되어 흙에 파묻혀 버렸다가 19세기에야 발굴이 되어 현재의 모습을 드러냈다.

∴ 터키의 아베소 유적

터키의 대표적인 유적인 아베소에 갔을 때 유적이 완전히 파괴(P.184 사진)되어 어떻게 이 지경이 되었는가 안내인에게 물어보았더니 지진 때문이었단다. 포로 로마노도 지진 때문일까? 알아봐야겠다. 하긴 돌 건축물도 세월의 힘을 이길 수는 없다.

포로 로마노와 팔라티노 언덕은 무척 더웠다. 강렬한 햇빛이 내려쪼여 젊은 이들도 그늘만 찾았다.

미국의 인디언들이나 마야의 티우티우아칸이나 잉카 제국이나 도시국가를 건설하는 요령은 비슷하다. 다만 재료를 무엇으로 쓰는가의 차이이다. 미국에서 인디언들은 주로 흙으로 지었다. 멕시코와 잉카는 돌로 쌓았다. 로마는 돌과 벽돌로 지었다.

∴ 판티온

너무 지쳐서 돌아오려다가 판티온 Pantheon까지 가 보기로 하였다. 뒤쪽 출구로 나갔더니 걸어서 바로 갈 수 있단다. 카피톨리니 미술관 Piazza del Campidoglio & Musei Capitolini 을 외면하고 판티온에 갔다. 고대 로마 시대의 건물 중에서 가장 보존이 잘 된 건물이란다. 과연 그랬다. BC 27년 아그리파가 지었다고 한다. 내부에 라파엘의 무덤이 있었다. 그의 무덤에는 전등을 켜 놓았다. 로마시대와 문예부흥시대가 다른데 어째서 라페엘의 무덤이 여기 있는지 모를 일이었다. 아마 라파엘이 이 교회의 보수에 큰 역할을 한 것이 아닌가 추측해 본다.

판티온에서 음악회가 열리는데 오늘은 11.00. 14.00와 16.00에 열린다는데 3시 40분이다. 소라가 음악을 듣고 가자고 해서 그렇게 했다. 신부가 사회를 보고 악기를 가진 사람이 25명, 노래 부른 사람은 30명이고 지휘자는 머리가 하얀 노인인데 아주 열정적으로 지휘를 했다.

∴ 판티온 내부

40분 예정의 음악회는 앙코르가 있었고 청중들 사이로 나오면서 합창을 해서 족히 1시간을 넘겼다. 공짜 음악을 듣고 메트로를 찾는데, 지하철 역 찾기가 정말로 어려웠다.

걷다보니까 스페인 광장까지 갔다. 그곳에서 우연히 키이츠와 셀리의 박물관을 발견했다. 로마에서 영국의 낭만주의 시인의 기념관을 만난다는 것은 생각지도 안했다.

소라와 상의한 결과 점심을 사먹고 박물관을 보고 호텔에 오기로 하였다.

4층쯤 되어 보이는 작은 건물이었다. 5유로씩 주고 안으로 들어갔다. 나는 종업원에게 단테의 기념관은 로마에 없으면서 영국 시인의 기념관이 로마에 있다는 것이 이상하다고 말을 했더니 키이츠와 셀리가 이태리 로마에서 죽었기 때문이란다. 그리고 괴테의 박물관도 로마에 있다고 한술 더 떴다. 괴테는 이태리 여행을 한 일이 있고 아버지와 아들도 이태리 여행을 했는데 아들은 이태리 여행 중 사망했다. 그런 인연으로 기념관을 갖고 있는 것 같았다. 우리는 프랑크푸르트에 가서 괴테의 생가를 볼 것이다

어쨰든 고마운 일이었다. 사실 낭만주의 시를 가장 찬란하게 꽃피운 곳이 영국이다. 이태리는 낭만주의 시인이라고 내세울만한 시인이 없다. 키츠와 셀리, 바이런의 필적과 가족관계, 그들의 시가 벽에 걸려 있었다. 셀리는 화장을 해서 묘가 없는가 물었더니 무덤이 있단다. 키이츠와 같은 묘지에 있다고 말했다.

∴ 키츠, 셸리 박물관   ∴ 스페인 광장

《프랑켄슈타인》의 작가이며 셸리의 아내인 메리 셸리의 사진이 있었다. 다음은 이 박물관에 관한 설명문이다.

The Keats-Shelley Memorial House is a writer's house museum in Rome, Italy, commemorating the Romantic poets John Keats and PercyBysshe Shelley. The museum houses one of the world's most extensive collections of memorabilia, letters, manuscripts, and paintings relating to Keats and Shelley, as well as Byron, Wordsworth, Robert Browning, Elizabeth Barrett Browning, Oscar Wilde, and others. It is located on the second floor of the building situated just to the south of the base of the Spanish Steps and east of the Piazza di Spagna.

키이츠-셸리 기념관은 이태리 로마에 있는 낭만주의 시인인 존 키이츠와 퍼시 비쉬 셸리를 기념하기위한 박물관이다. 키츠는 이 집에서 살았다. 기념관은 키이츠, 셸리 뿐만 아니라 바이런, 워즈워즈, 로버트 브라우닝, 엘리자베스 버틀러 브라우닝, 오스카 와일드, 그리고 다른 시인들과 관련된 중요 사건이나 기사, 편지, 원고, 그림 등 세계에서 가장 값 비산 수집품이 있는 곳 중 한 곳이다.

그것은 스페인 계단의 기저의 남쪽과 스페인 광장 동쪽에 위치해있는 건물 이 층에 있다.

* the Spanish Steps: 트리니타 데이 몬티 계단 또는 통칭 스페인 계단은 이탈리아 로마에 있는 계단이다. 스페인 광장과 트리니타 데이 몬티성당을 이어 준다. 위키백과

이제 더 이상 관광은 무리인 것 같아 호텔로 오려고 지하철을 탔는데 혼잡한 곳을 비집고 꼬맹이들이 올랐다. 내 안경집을 열고 안경을 꺼냈는데 그만 바닥에 떨어졌다. 소매치기가 우리에게 붙었다. 소라가 나에게 자기 쪽으로 오라고 하는 혼란 사이에 소라의 작은 가방 지퍼를 열고 돈 봉투를 훔쳐갔다. 그곳에 작은 돈만 있어서 망정이지 큰일 날 뻔했다. 돈이 없어진 것을 확인했을 때는 소매치기 한패가 지하철을 내린 후이었다. 소라가 기분나빠했지만 소용없는 일이었다. 우리는 너털웃음을 웃고 말았다. 집에 와서 푹 쉬었다.

이틀 동안 시내에서 버스를 타지 않고 걸어서 번 돈을 날린 셈이다. 좋은 경험으로 삼아야겠다.

2014. 6. 25. |수| 로마 흐림 가끔 비

6. 25사변이 일어난 날이다. 한국에 있으면 국기를 게양하고 순국 장병들의 영령에게 묵념을 올릴 텐데.

아침 식사하러 8시쯤 나갔더니 과일도 없어지고 해서 내일은 좀 일찍 나가기로 했다.

포폴로 광장

사실 오늘은 별 볼 것이 없다. 그래서 포폴로 광장Piazza del Popolo에 가기로 했다. 로마는 볼 것이 많으면서도 볼 것이 별로 없다. 너무 많은 것을 보았기 때문일 것이다.

지하철을 타고 테르미니Termini역에서 전철을 바꾸어 타고 갔다. 출입구를 나가는데 참 길기도 했다. 개선문 같은 곳을 지나자 커다란 광장이 나타났다. 조각 작품이 정교했다.

광장 중앙에는 높이가 36m인 오벨리스크Obelisk가 서있는데 옛 이집트의 헬리오 포리스로부터 아우구스투스가 가져온 것이란다. 몸체에 상형문자가 새겨져있었다.

광장에는 밤에 음악 공연이 있는지 무대시설을 해놓았다. 가수들이 연습을 하는지 가끔 노래가 들렸다.

산타마리아 델 포플로 성당이 있었는데 내부에 조각 작품이 많았다. 그림도 많았다. 이 성당을 구경하고 바로 붙어있는 레오나르도 다빈치의 기념관에 들어갔다. 미켈란젤로와 라파엘에 비해 덜 활동했고 작품도 별로 없는 듯했는데 이곳에서 그의 뮤지움을 만나게 되어 기뻤다. 다빈치는 이곳에 살면서 주로 과학 작품을 연구하는데 몰두한 듯 하다.

∴ 레오나르도 다 빈치 박물관

∴ 다빈치 박물관 내부

진열실에는 인체의 해부도와 그의 과학적인 발명품이 전시되었다. 비행기, 자전거, 대포, 전기기관차, 풀 깎는 기계, 미래 과학 도시의 설계 등 헤아릴 수 없을 정도의 발명품을 전시해 놓았다. 이래서 그를 최대의 천재라고 평하는 것 같았다. 그림은 없었다. 그의 대표작 모나리자, 최후의 만찬, 비트루비우스의 인체비례 등 복사품이 전시되었다. 그의 많은 그림이 어디 있느냐니까 종사원도 모른단다. 아들의 메일에는 최후의 만찬은 밀라노에 있는데 프레스코 그림이 아니고 유화라 미리 예약을 해야 한단다. 예약을 시도했으나 잘되지 않았다.

퀴리날레 궁전Quirinale에 가기 위해서 전철을 타고 바르베리니Barberinidurdptj 역에 걸어가다가 그 유명한 트레비 분수 Fontana di Trevi에 갔으나 수리중이라 사진을 찍었는데 잘 나오지 않았다.

드디어 퀴니날레 궁전에 도착했다. 박물관인줄 알았는데 관공서이었다. 광장을 구경하고 지하철을 타러가다가 국립현대미술관을 보았으나 외면하고 여관에 가는 지하철을 탔다.

어제와 마찬가지로 소라의 가방이 열리고 소매치기를 당했다. 100유로를 가지고 나갔는데 50유로는 내 배낭 깊숙이 넣고 50유로로 전차비와 박물관 입장료를 제외한 돈과 코인을 소매치기 당했다. 돈 봉투만 빼간 것이었다. 순간이었다. 소라가 소매치기라고 소리를 지르고 2명을 잡았으나 돈 봉투를 가진 놈은 사라졌다. 의심받은 사람의 가방을 다 검사하고 경찰도 있었으나 헛일이었다.

소라는 몹시 속상해했지만 어쩔 수 없었다. 순간에 일어난 사건이었다.

나는 큰 돈도 아니고 불쌍한 애들에게 기부한 셈 치자고 말했다.

돌아오는 길에 중국음식점에 들려 점심 겸 저녁을 먹었다. 인구가 300만이 가까운 대도시에 지하철 노선이 2개밖에 없어서 파리나 런던, 마드리드와 바르셀로나에 비해 지하철이 복잡해서 소매치기가 활동하기에 좋은 조건을 갖고 있었다. 분위기에 익숙하지 않은 외국여행객은 소매치기 대상이 되기 쉽다.

2014. 6. 26. |목| 나폴리 비 후 갬

로마를 떠났다. 이제 나폴리로 간다. 나폴리 근처에는 여러 곳의 유명한 곳이 있다. 로마에서 나폴리까지는 226km이기 때문에 잘만하면 오전에 도착할 수 있다. 그런데 주소가 불분명한지 내비에 입력이 안 된다. 호텔에 이야기해서 전화로 새 주소를 알아냈는데도 안 된다. 친절한 종업원이 우리 차에까지 와서 도왔는데도 안 되어서 결국 다른 이름으로 입력을 하고 출발했다. 날씨가 꾸물거리고 비가 내린다. 생각해 보면 로마에 머문 3일 중 처음 이틀은 정말로 날씨가 좋았다. 이틀에 걸쳐 바티칸과 콜로세움과 포로 로마노를 보았으니 참 잘한 일이다.

나폴리에서는 이틀을 자기 때문에 오늘 국립고고학박물관을 볼 예정이다. 내일은 투어를 해야 한다. 적어도 폼페이Pompeii와 해안으로 유명한 아말피Amalfi는 봐야겠다. 이 두 곳 말고도 노래에서 들은 유명한 곳이 있다. 산타루치아Santa Lucia, 카프리Capri, 소렌토Sorrento 등은 보고 싶은데 하는 수 없다. 여행은 어차피 취사선택이다.

세계 3대 미항의 하나인 나폴리에 도착했는데 도로와 건물이 엉망이다. 그 유명한 나폴리가 이렇게 낙후됐단 말인가. 호텔을 찾는 데는 그렇게 어렵지 않았다. 그리고 생각보다 좋은 호텔이었다. 그런데 주차료가 하루에 25유로란다. 로마에서도 무료주차이었는데 말이다. 도둑이 많다니 어쩔 수 없다. 주차비로 50유로를 내기로 하고 열쇠를 주었다.

국립고고학 박물관은 걸어서 갈 수 있단다. 내일 아말피 투어 예약을 했다. 두 곳을 가는데 한 사람당 96유로를 내란다. 우리 차로는 갈 수 없을 것 같았다.

호텔을 나와 알려준 대로 찾아갔는데 쉽게 찾을 수 있었다. 1~2층의 넓은 건물에 조각과 그림, 유물이 전시되었는데 그림이 좀 특이했다. 아주 오래된 1세기의 그림이 많았고 이집트에서 가져온 그림이 있었고 모자이크 그림도 있었고 춘화도 많았다.

이 미술관의 10여점의 사진을 싣는다. 도움이 될 것이다.

여행안내서 그대로 훌륭한 고고학 박물관이었다. 호텔에 돌아오다가 하마터면 교통사고를 당할 뻔했다. 소라가 내 팔을 꽉 붙들었다. 등에서 식은 땀이 났다. 나폴리 사람들은 운전을 거칠게 한다.

호텔에 돌아 오자마자 피곤해서 샤워를 하고 잤다. 저녁은 9시경에 일어나서 된장국을 끓여 밥을 지어먹었다.

밀라노에 사는 소라 친구인 양실씨로부터 연락이 왔는데 다빈치의 〈최후의 만찬〉 예약이 되었단다. 어려울 줄 알았는데 운이 참 좋은 편이란다. 어제 인터넷으로 예약하려고 홈에 들어가려했는데 되지 않았다. 당분간 예약 창구를 패쇄한다는 문자만 계속 떴다. 사실은 포기상태이었다. 소라는 좋은 친구가 많다.

고고학 박물관은 포르티코^{the Portico}와 에크라시아^{L'Ekklesiasterion}화, 이시스 조각^{The statue of ISIS}, 비문^{Inscription} 등 고대 이집트와 그리스 유물이 많았다.

∴ 나폴리왕 페르디난도 1세

∴ 파르네스 아트라스 Farnese Atlas

∴ 토마스 드 비오^{Tommaso de Vivo}의 〈Bacco e i Satiri〉

∴ 빈첸조 데 엔젤리스^{Vincenzo de Angelis}의 〈La morte di Fedra〉

∴ 한 벽면을 채운 고대 그림들

∴ 술취한 바르베리 목신

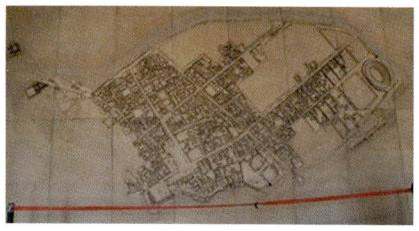

∴ 알렉산더대왕의 전투

∴ 폼페이의 모델

∴ 고대 그림

솔방울 광장

바티칸 미술관에 어렵게 들어가서
처음 본 솔방울 광장

로마에는 유독 잣나무가 많다
우람한 잣나무 밑에 주먹보다 더 큰
하느님의 작품인 솔방울이 떨어져있고
잔디밭에는 잣도 보인다.

미켈란젤로의 작품인 이 청동 솔방울은
그의 작품이라 인정을 받는 것인가?

평범해 보이는 이 작품 앞에 관광객이 모여 있다.
예술은 고도의 속임수인가
속임수에 속아주는 관객이 있다

예수의 고상처럼 모셔진 솔방울!
세월의 때가 묻고 있다.

시스티나 예배당 Sistine Chapel

바티칸 미술관은 어마어마하다
뱀같은 줄이 끝이 없다
이렇게 긴 줄을 본 일이 없다.

인터넷이 생기면서

명절 때 서울역의 줄도 줄어들었다
바티칸 미술관의 줄은 길어만 간다
세계의 온갖 나라에서 세금을 내려온다

간신히 들어간 관객들은
수많은 전시실 중 오디오 숫자가 있는 전시실 중에서도
유독 시스티나 예배당으로만 간다
시스티나 예배당은 맨 나중에 있다

천장에는 천지창조가 있고
한 벽면에는 최후의 심판이 있다
미리 준비한 사람이나 오디오를 잘 들은 사람들은
저마다 사진을 찍는다
시스티나 예배당은 오늘도 만원이다

∴ 폼페이 유적을 보는 관광객

2014. 6. 27. |금| 나폴리 맑음

어제는 비가 좀 내렸다. 나폴리에서는 비가 그치고 햇빛이 비쳤다. 날씨가 무척 좋다. 9시에 안내인이 왔다.

소형차이었다. 우리가 마지막에 탔는데 의외로 앞자리이었다. 관광객은 우리 포함 10명이었다. 요금을 받더니 차가 시내를 빠져나갔다.

폼페이 유적을 먼저 보았다. AD 79년에 베수비오 산이 폭발하여 2,000명이 희생된 곳으로 너무나 유명한 곳이다.

베수비오 화산은 육안으로 보아도 1,000m가 넘어보였다. 1,281m이라고 안내인은 말했다.

안내인은 표를 끊어주고 오디오를 받아주더니 11시 30분까지 입구로 나오라고 말했다.

폼페이가 하나의 시라 돌아다니기에 힘이 들었고 장소를 찾지 못해서 볼 수가 없었다. 불에 탄 유적들, 신전과 광장, 원형극장, 상점, 목욕탕, 저택 등을 보았다. 그리고 석고로 만든 인체와 목욕탕 장면의 그림 등을 볼 수 있었다.

∴ 폼페이 유적

시간이 되어 출입구로 돌아왔다.

오늘 안내인은 빵점이다. 폼페이 내부를 안내해주지 않았다.

폼페이를 돌아보면서 페루의 융가이를 생각했다. 그곳은 지진과 산사태로 25,000명이 희생된 곳이다. 그곳 묘지에는 하얀 그리스도가 서 있었다. 자연재앙은 무시무시하다. 희생당한 사람은 10배인데 관광객은 우리가 갔을 때는 거의 없었다. 융가이는 현장이 보존되지 않았다. 잘 단장된 묘지공원 같다. 그것이 관광객의 시선을 끌지 못하는 이유가 아닐까?

∴ 폼페이 유적의 벽에 있는 그림

∴ 폼페이 유적의 벽에 있는 그림

다음에 간 곳은 아말피 해안Costiera Amalfitana이다. 긴 터널을 두 개 지나자 바다가 나타났다. 아말피 해안은 50km의 긴 해안에 깎아지른 절벽과 꼬불꼬불한 길과 무수히 많은 짧은 터널과 비우 포인트^{view point}가 있는 아름다운 곳이었다. 몇 곳에서 사진을 찍도록 배려해주었다. 곳곳에 호텔이 있었는데 어느 곳은 일 년 전에 신청해야한단다. 요금은 700유로 쯤 될 거란다.

　소랜토 출신인 소피아로랜의 빌라가 해변에 있는데 지금은 빌라를 팔고 스위스에 가 산단다. 그녀의 빌라는 바닷가에 있는 하얀 저택이었다. 점심식사는 바다가 보이는 분위기 있는 곳에서 사주었으나 이태리국수이었다. 빵을 좀 먹고 국수를 먹었는데 맛이 없었다.

　점심을 먹고 아말피 항에 도착 40분간 자유시간을 주었다. 그리고는 밀크 마운틴의 가파른 길로 나폴리로 돌아왔다. 나폴리 항에는 대단히 큰 배들이 정박해있었다.

　우리는 샤워를 하고 잤다. 내일은 산마리노^{San Marino}로 떠난다.

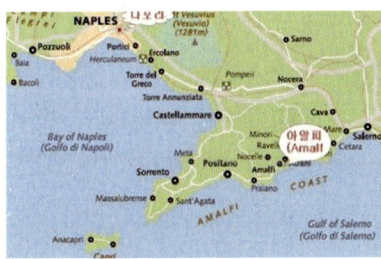
∴ 아말피 해변^{Costiera Amalfitana} 지도

∴ 아말피 부근의 해안

∴ 아말피 해안 도시

∴ 아말피 해안의 종점 살레모

2014. 6. 28. |토| 산 마리노 맑음

  오늘이 이 번 여행에서 반이 되는 날이다. 82일 간의 유럽여행에서 41일 되는 날이다.

  전쟁과 같은 여행이다. 체력이 떨어져서 힘이 든다. 만일 차를 리스하지 않았더라면 여행은 못했을 것이다.

  또한 오늘은 이번 여행에서 가장 먼 거리를 달리는 날이다. 무려 527km를 달려야한다. 나폴리에서 산 마리노San Marino까지. 입력을 하는데 되지 않는다. 이태리의 도시로 생각하고 입력한 것이 잘못이었다. 그래도 대충 내비에 입력하고 길을 떠났다. 산 마리노는 생소한 곳이다. 내가 가지고 있는 두 권의 책에는 아무런 설명이 없다. 베네치아까지 너무 멀어서 중간 지점으로 쉬어가라고 정한 곳 쯤으로 알았다. 다만 지도에 산마리노 공화국이라는 표시가 있었다.

∴ 산 마리노San Marino 국가가 이 성벽 위에 있다

  산마리노에 가는 고속도로는 지도에 2개가 있다. 한 곳은 로마로 해서 국토의 중앙을 뚫고 가는 것이고 다른 하나는 나폴리에서 동쪽 이태리로 가서 해안을 따라 가는 고속도로를 타고 가는 방법이다. 나폴리 호텔에 물어보니까. 인사이드 도로를 타란다. 동 이태리의 비취 도로는 여름철이라 교통이 붐비고 멀단다.

  내비도 중앙 고속도로로 인도했다. 로마에 가는 길도 두 갈래이다. 서쪽 해변으로 가는 길과 더 안쪽으로 가는 길이다. 내비가 시키는 대로 출발했다. 수도인 로마로 가는 길은 넓고 잘 포장되어 있었다. 226km이다. 오전에 도착할 수 있었다. 고속도로는 포장도 잘됐고 널찍하고 차가 많지 않아 잘 달렸다. 로마를 지나 주유소에 들렸는데 기름 값이 너무 비쌌다. 17유로가 넘었다. 더 가다가 16. 4유로되는 곳에서 기름을 넣었는데 50유로가 넘게 가격이 나왔다. 피렌체로 가는 고속도로와 이별하는 곳에서 통행료를 지불했다. 소라는 20유로가 넘을 거라고 하고 나는 20유로 안쪽인 17. 몇 유로라고 했는데 18.90유로이었다. 둘 다 근사하게 맞추었다. 한 번 통행료를 지불한 후에는 국도인지 톨게이트가 나타나지 않았다. 대신 도로가 누더기 같아 차가 많이 흔들렸다.

어느 지역부터는 차가 좁은 산골길로 오르는 것이었다. 재대로 가는지 의심스러웠다. 20km 이상을 달린 후에야 높은 고개를 넘기 위해서 이런 길로 내비가 인도하는 것을 알았다.

거의 다 왔다고 생각했을 때 차가 더 심한 골목길로 인도하더니 인가도 없는 곳에 내비의 깃발이 나타났다. 황당한 일이었다. 마을로 내려가서 만난 사람은 젊은이이었다. 산마리로를 영어로 물었더니 잠깐만 기다리라고 하더니 어른을 모시고 나왔다. 그들은 영어를 구사하는 사람들이었다. 산마리노는 30km 정도 남았는데 이태리가 아니고 국가이기 때문에 국가에 산마리노를 쳐야 된다고 이야기를 해서 그렇게 했더니 입력이 되었다. 이번 여행에서 운이 좋음을 또 다시 느꼈다. 시키는 대로 도로를 내려가 오른쪽으로 접어들자 산마리노의 교통표시판이 나타나고 내비에도 표시가 나왔다.

산마리노에 가까워질수록 궁금했다. 아무 예비지식이 없기 때문이었다. 그런데 내비가 산꼭대기에 있는 도시로 인도하는 것이었다. 산마리노는 산 정상에 있는 도시 국가이었다. 호텔도 물론 산 정상에 있었다. 주차장은 야외 주차장인데 4유로 받았다. 방 배정을 받았는데 전망이 좋은 방을 달랬더니 그곳은 요금을 더 내야한다. 얼마를 더 내야 되는가? 물었더니 216유로이지만 90유로를 냈으니 90유로만 더 내란다. 대단하다 싶었다.

우리는 그냥 배정 받은 방에 있기로 하였다.

방을 보았는데 4성급 호텔이 우리나라 모텔 수준이었다. 방이 너무 협소했다. 아마 현장에 와서 호텔방을 찾았으면 방이 아예 없을 거라고 이야기를 하면서 참기로 하였다. 호텔은 깨끗하고 종업원은 친절했다. 소라가 구경을 나가자고 했으나 그 먼 길, 또 산골길을 운전하고 오느라고 체력 소모가 많을 걸로 생각되어 그냥 쉬다가 밥을 지어먹자고 말했다. 내일 오전에 관광을 하고 12시에 베네치아로 떠나기로 하였다.

2014. 6. 29. |일| 산 마리노 맑은 후 흐림 베네치아 비

산마리노 관광을 했다. 제 1탑First Tower, 제 2탑Second Tower, 제 3탑Third Tower과 퍼블릭궁전Public Palace, 산마리노교회Basilica of Saint Marinus를 보고 11시경에 베네치아Venezia로 떠나기로 했다.

∴ 산 마리노 탑

관광을 국가 수입원의 전부라 할 수 있는 산마리노는 물건 값이 비싸고 상점이 경제적으로 운영되는 것 같았다.

∴ 산마리노 상점

* 산 마리노 : 국토가 61.2 평방킬로미터의 영토로, 서울의 약 10분의 1 정도의 크기이다. 유럽에서는 바티칸, 모나코 다음으로 작다. 기후는 지중해성 기후이며 따뜻하고 햇볕이 좋아, 좋은 와인과 치즈의 산지이다.
　　여름 최고 기온이 섭씨 26도, 겨울 최저 기온이 섭씨 영하 7도이다. 국토는 산이 많으며 바다가 없는 내륙으로 티타노 산(해발 749미터)이 가장 높다. 영역의 가장 긴 폭은 13킬로미터 정도이며 산마리노 강이 나라를 가로지르고 있다.

　제 1탑을 올랐을 때 시감이 생각났다. 바로 아래에 쓴 시이다. 호텔에서도 보았지만 탑에 오르니 사방이 탁 트여 전경이 너무나 아름다웠다. 산 아래 농토도 비옥하고 농작물이 잘 자랐다.

산마리노 공화국 제1탑에서

　해발 700m의 산꼭대기의 국가 산마리노
　여관의 창문을 열고 본 경치나
　제1탑에서 본 경치

　그림 같은 집들과 잘 가꾼 밭과 과원,
　숲과 산
　저 너머로 바다도 아스라하다

　요새지의 탑은
　피를 부르는 전쟁터이었다가
　감옥이었다가
　세월의 힘으로 관광지가 되었다
　좁은 층계는 위험하다
　사람들은 숨을 헐떡이며 기필코 오른다.

정상은 창문으로 가려
볼 수가 없다
정상은 늘 구름에 가려진다

관광객들은 정상을 밟고 싶어 한다
여러 가지 제한이 있는데
정상이 거기 있어서

　베네치아는 고등학교의 교과서에 베니스의 상인이라는 셰익스피어의 작품에서 처음 안 지역이다. 그런 곳에 오다니 느낌이 다르다. 베네치아는 아름다운 항구도시라고 한다. 산마리노에서 거리가 278km라고 해서 간단하게 생각했는데 그렇지가 않았다. 처음 고속도로로 진입해서 2유로 미만을 내고는 국도로만 달렸는데 도로 상태가 나빠 속력을 낼 수가 없어서 4시가 넘어서 도착했다.
　산마리노를 출발해서 산을 내려온 후부터는 드넓은 평야이었다. 근 1시간 후부터는 산이 보이지 않는 지평선이었다. 이태리는 산악지대만 있는 줄 알았는데 이런 평야가 있다니 놀라운 일이었다.
　생각해보면 소라는 둘의 여행에서 운전과 금전의 지출관계를 전담하기 때문에 애를 많이 쓴다. 그것을 알아주어야한다. 때로는 비합리적인 일을 하기 때문에 그것도 받아주어야 한다. 학문적인 면을 빼놓는다면 소라도 그냥 보통의 여자이다. 아니 보통보다도 못한 여자이다. 자기 분야만 몰입하고 다른 분야는 신경을 쓰지 않고 살아온 여자이다. 그러니 내가 그 모자란 부분을 보충해 주어야한다.
　해안으로는 미루나무가 참 많았다. 그리고 어느 곳은 아카시아 나무도 많았다. 아카시아는 양봉의 밀원으로 쓰는 이외는 나무로서는 가치가 없는데 이태리는 유독 이런 비 경제목이 많았다.

호텔은 쉽게 찾을 수 있었다. Novotel은 우리와 인연이 잘 맞는다.

저녁은 소라와 약속한대로 생선 요리를 사주기위해서 로비에 내려갔는데 비가 많이 내렸다. 내일 비가 오는가 물었더니 그렇단다. 내일은 걷는 일이 많을 터인데 큰일이다.

호텔 음식점에서 생선 요리를 사먹었는데 25유로 주었다. 배가 너무 불러 사진을 정리하고 일기도 대충 쓰고 자려다가 인터넷을 사용하려고 로비에 아답터를 구하러 갔다. 아답터가 지금은 없고 내일 주겠단다. 중국인들 단체가 와서 그들이 가져갔을 것이다. 너무 피곤해 자고 일어나서 〈전원에서〉에 원고를 보낼 예정이다.

2014. 6. 30. |월| 베네치아 맑음

아침에 일어나니 구름은 끼었는데 비는 오지 않고 날이 맑아질 것 같아 다행이었다. 소라가 글을 쓰고 있어 7시에야 아침 식사를 하러갔다. 예상한대로 음식이 동이 났다. 펄벅의 〈대지〉에 나오는 메뚜기 떼가 생각났다. 다른 Novotel에 비해서 음식의 가지 수도 떨어지는 것 같았다.

아침식사를 하고 아답터를 달라고 했더니 사라는 것이었다. 40일간 런던에서 파리로 해서 스페인의 여러 도시를 거쳐 왔지만 이런 서비스를 안 해주고 사라는 호텔은 처음이라고 말해주었다. 아울러 한국에서는 아답터가 필요 없다고 말했다.

종업원은 밉쌀맞게 사라고만 말했다. 안 주니 어쩔 수 없었다. 다행히 하나는 되니까 소라와 서로 교대로 쓰면 된다. 하루만 더 있으면 된다. 다행히도 주차비는 받지 않았다. 버스를 타고 베네치아에 갔다. 바로인줄 알았는데 상당히 멀었다. 호텔에서 퍼블릭보트 Public Boat 와 버스비 왕복포함 18유로라는 것을 우리가 해결하기로 하고 그냥 나섰다. 아답터를 주었으면 아마 호텔에서 1일 교통권을 구입했을 것이다. 베네치아 가는 버스가 와서 타고 요금을 물었더니 3유로인줄 알았는데 5유로 달래서 주었다. 호텔의 제안을 받아드릴 걸 잘못한 게 아닌가 하는 생각이 들었다.

베네치아 버스 정류장에 도착해보니 관광객이 구름처럼 모였다. 배 타는 곳을 물어 가서 요금을 물었더니 7유로씩 내란다. 배를 타고 리도 Lido 섬까지 갔다 돌아오다가 사람들이 많은 그 유명하다는 산마르코 광장 Piazza San Marco 에서 내렸다. 광장 쪽으로 갔다. 제일 먼저 눈에 들어온 것은 15세기에 만들어졌다는 시계탑이었다. 바다 쪽에 있는 큰 건물이 교회인줄 알았는데 시계탑이었다. 꼭대기에 올라간 사람들이 보였다. 모퉁이를 돌아가니까. 학생들이 노래를 부르며 춤을 추고 있었다. 사람들이 운집해 있고 아이들과 어울려 춤을 추는 어른들도 있었는데 신명이 나면 춤을 잘 추는 한국인들이었다. 유럽여행에서는 한국 단체여행객을 종종 본다. 인사를 나누고 헤어졌다. 그들은 16일 간 5개 국가를 순방하고 귀국한단다.

고풍스러운 성당이 나타났는데 그것이 바로 산마르코 성당이었다. 수없이 많은 원기둥을 성당 앞에 배치해서 건축한 성당인데 중남미와 지금까지 숱한 성당을 보아왔지만 처음 보는 특이한 형태의 건물이었다. 여행안내서에는 건축학적 샐러드라고 표현해 놓았다. 내부에 들어가는 것은 공짜인데 줄을 선 사람이 장난이 아니었다. 소라는 나 혼자만 보라고 하더니 같이 보자면서 줄을 서고 나보고는 사진을 찍고 오라고 말해서 그렇게 했다. 산마르코 광장 역시 특이했다. E자의 커다란 아케이드 건물이 에워싸고 있고 광장의 1/5 정도는 술집과 식당이 차지하고 있었다.

소라에게 가서 성당 안으로 들어갔다. 가방을 맡기고 오라고 해서 밖으로 나와 가방 맡기는 곳을 찾았는데 성당과 떨어져있는 곳이라 쉽지 않았다. 자세히 보니 배낭을 짊어진 사람들이 들어가는 곳이 많아 그곳에 가니, 바로 그곳이 가방을 맡기는 곳이었다.

성당 내부도 아름다웠다. 마르코성인의 동상이 그리스도를 압도하는 것 같았다. 사진을 찍고 밖으로 나왔다.

∴ 베니스의 수로

∴ 관광 온 여학생들이 산마르코 광장에서 춤을 춘다

∴ 산마르코 성당과 운집한 관광객   ∴ 산마르코 성당 내부

　이제 어디로 가나. 버스터미널 쪽으로 가면서 시내를 구경하기로 하였다. 지도에는 버스터미널 쪽으로 붉은 점선이 있어서 물으면서 걸었다. 작은 운하들이 많이 보였고 다리들도 보였다. 페기 구겐하임 미술관이 보고 싶었지만 또 미술관이냐고 소라가 핀잔을 줄 것이 뻔해 참고 버스터미널로 향했다. 아카데미 다리에 도착했다. 다리난간에 영원한 사랑을 언약 하는 많은 자물통을 잠거 놓은 것이 인상적이었다. 터미널에 가다가 조그마한 음식점에서 생선요리를 판다기에 들어가서 10유로 하는 생선 요리와 쌀밥에 호박을 썰어 넣고 올리브유로 볶은 밥을 8유로한다기에 사 먹었다.

　식사를 하고 청구서를 달랬더니 26유로가 나왔다. 콜라 한잔에 4유로와 빵값과 서비스 값을 보탠 것이란다. 이건 바가지 요금이었다. 터미널에 다 와서 그늘에서 커피를 타마시며 생각해보니 유럽여행 안내서를 식당에 놓고 왔다. 다시 찾아가서 가져왔다.

　시간을 보니 호텔에 돌아올 시간이 너무 일러 구겐하임 미술관이 어디 있는가 묻기로 하였다. 의사소통이 잘 되지 않아 포기하고 호텔로 돌아오려는데 경찰이 눈에 띠었다. 그들에게 가서 물었더니 아카데미 다리 근처란다. 걸어가면 30분 '워터보트 Water Boat'로 가려면 1번을 타란다. 걷는데 너무 지쳐서 포기하고 오려는데 소라가 가보잔다. 그래서 가기로 하고 오던 길을 되돌아갔다. 아카데미 다리 쪽 방향표시가 있어 찾아가기 쉬웠다.

내가 페기구겐하임미술관Collezione Peggy Guggenheim에 가보고 싶었던 것은 뉴욕에 있는 구겐하임미술관이 스페인의 빌바오에도 있고 또 베를린에도 있고 이곳 베니스에도 있는데다 잭슨 폴록의 그림이 있다고 해서이다. 잭슨 폴록을 특히 좋아해서가 아니고 미국의 추상표현주의 작가뿐 아니라 미국 미술이 유럽에서는 외면당하는 것을 많이 보았기 때문이었다. 그 폴록의 그림이 있다는 것이었다. 페기 구겐하임이 미국인이라 전시해 놓았는지 전시해 놓았다면 얼마나 해놓았는지가 궁금했다.

자료를 찾아보니 '페기 구겐하임'(1898~1979)은 20세기 현대미술계의 전설적인 컬렉터 이었다.

페기 구겐하임 미술관은 작은 미술관이었다. 유럽에 와서 영국, 프랑스, 스페인, 이태리를 돌아보면서 여러 미술관을 관람했지만 현대미술에 대하여 가장 알찬 미술관이었다. 세계 최고라는 미술관은 너무 크고 많은 작품들이 전시되어 있고 성화가 대부분이라 지루했다.

출입구에 다음과 같은 문구가 눈길을 끌었다. For Your Eyes Only. A Private Collection, From Mannerism to Surrealism

우선 정원이 아름다웠다. 예사롭지 않은 조각들이 많았다. 대표적인 조각은 헨리 무어Henry Spencer Moore의 〈세입상Three Standing Figures〉 이었다. 설명문에 다음과 같은 글이 있었다.

> In its abstraction of the human figure and exaggeration of isolated anatomical features, this work is related to African sculpture and to the Surrealist sculpture of Pablo Picasso and Alberto Giacometti.
> 인간의 조상과 유리된 해부학상 이목구비의 과장법을 도입한 추상적인 이 작품은 아프리카의 조각과 파블로 피카소와 알베르토 자코메티의 초현실주의 조각과 관련이 있다.

문을 열고 들어가자 이제까지 한 번도 본 일이 없는 그로테스크한 피카소

Picasso의 〈해변에서 La Baignade on the Beach〉라는 그림이 눈에 들어왔다. 이 미술관의 가장 좋은 점은 사진 촬영이 허용된다는 점이었다.

∴ 페기 구겐하임 미술관 뜰의 조각 무어의 〈Three Standing Figures〉

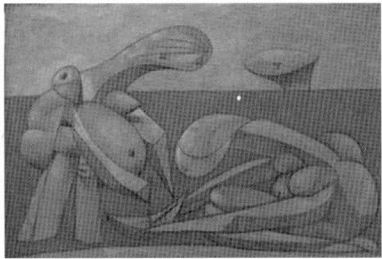
∴ 피카소 Picasso의 〈해변에서 La Baignade on the Beach〉

∴ 잭슨 폴록 Jackson Pollock의 〈마법의 숲 Enchanted Forest〉

∴ 아쉴 고르키의 〈무제〉

∴ 윌리엄 바지오트의 〈낙하산 The Parachutists〉

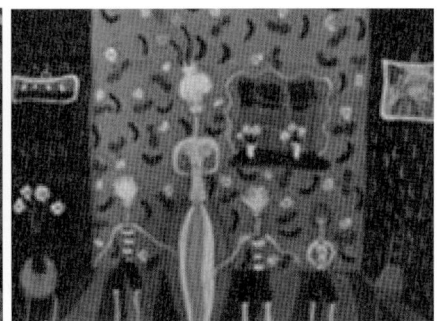
∴ 페긴의 작품

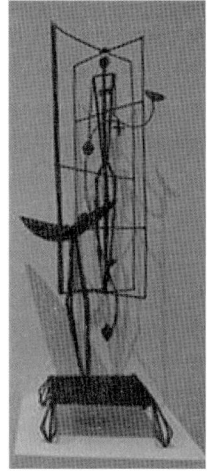 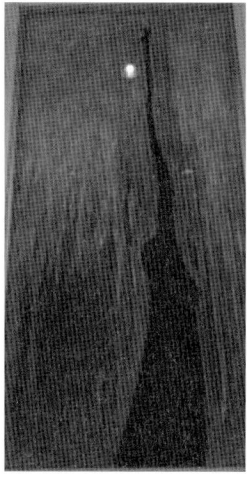 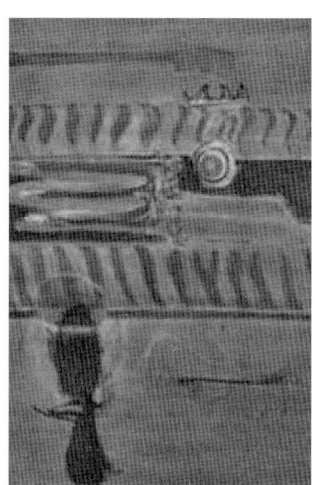

∴ 다비드 해어의 〈달 케이지〉   ∴ 스틸의 〈결코 본적이 없다〉   ∴ 마크 로스코의 〈희생〉

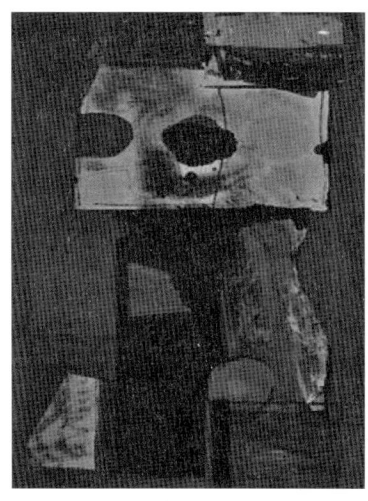

∴ 로버트 마더웰의 〈인물〉   ∴ 막스 에른스트의 〈대립교황〉

∴ 로베르토 세바스티안 마타의
⟨언 노미내이토 리노미내이티드⟩

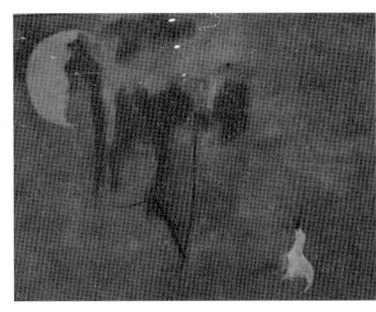

∴ 주안 미로Joan Miro의
⟨그림Peinture(Painting)⟩

∴ 한스 호프만의
⟨캪 코드의 샘 Spring on Cape Cod⟩

∴ 빅터 부라우의
⟨심리학 공간Psychological Space⟩

∴ 달리의 ⟨5 미터 긴 이해할 수 없는부속물과
함께 거대한 비행 데미 머그잔

∴ 조안 미첼의 ⟨구성⟩

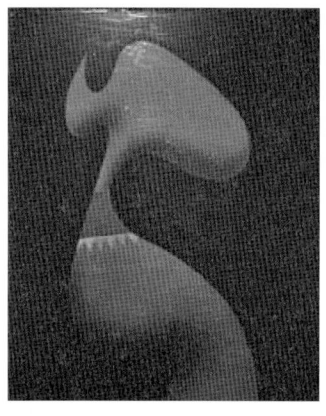
∴ 안젤름 키퍼의 〈금발의 마가렛트〉

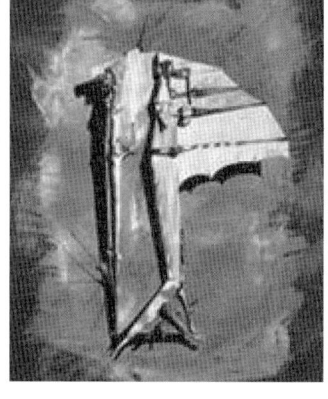
∴ 이브 탕기의 〈무한 가분성(?)〉Elle fut Douce

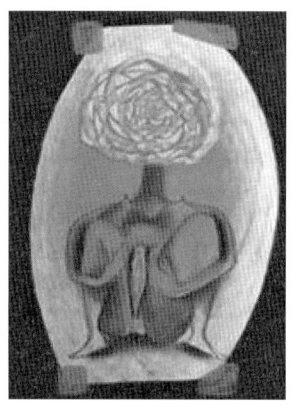
∴ 프란체스코 클레멘테의 〈그것It〉

∴ 귀스타브 모로의 〈가니메데스의 유괴〉

∴ 커트 셀릭만의 〈교두보 13번〉bridgehead no. 13

미국에서 많이 본 추상표현주의 대표 화가 잭슨 폴록^{Jackson Pollock}의 〈마법의 숲^{Enchanted Forest}〉 외 5점, 다비드 해어^{David Hare}의 〈달 케이지 ^{Moon Cage(Window of Moon)}〉, 추상파 화가 아쉴 고르키^{Arshile Gorky}의 〈무제^{Untitled}〉, 색면추상의 화가 크리포드 스틸^{Clyfford Still}의 〈결코 본적이 없다^{Jamais}〉, 마크 로스코^{Mark Rothko}의 〈희생^{Sacrifice}〉, 윌리엄 바지오트^{William Baziotes}의 〈낙하산^{The Parachutists}〉, 로버트 마더웰^{Robert Motherwell}의 〈인물^{Personage}〉 등을 차례로 보았다. 페기의 요절한 딸, 페긴 베일^{Pegeen Vail}의 그림 9점이 전시되었다. 페긴의 작품은 여성스럽고 독특했다. 첫 번째 그림 뒤에 딸의 죽음에 대한 애끓는 엄마의 다음과 같은 글이 있었다.

> My darling Pegeen, who was not only a daughter, but also a mother, a friend and a sister to me... Her untimely and mysterious death left me quite desolate. There was no one in the world I loved so much. I felt all the light had gone out of my life. Pegeen was a most talented primitive painter. For years I had fostered her talent and sold her paintings. She was just beginning to have a real success, having shows that winter in Canada, Stockholm and Philadelphia"
> From Peggy Guggenheim, out of This Century, London, 1979.

사랑하는 내 유일한 딸 페긴, 또한 엄마이고 친구이고 나에게 자매나 다름없는 페긴. 그 애의 불가사의한 요절은 나에게 극심한 고독을 남겨주었다. 세상에서 나보다 그녀를 더 많이 사랑한 사람은 아무도 없다. 나의 생애에서 모든 빛들은 사라졌다. 페긴은 가장 천부의 재능을 타고난 화가이었다. 수년간 나는 그 애의 재능을 애지중지했고 그 애는 진정한 성공을 갖기 시작했다. 그해 겨울 캐나다와 스톡홀름, 필라델피아에서 전시회를 하면서 그 애의 그림을 팔았다.

이어서 칠레 초현실주의 추상표현화가인 로베르토 세바스티안 마타^{Roberto Sebastian Matta}의 〈언 노미내이토 리노미내이티드^{The Un-Nominator Renominated}〉, 페기의 남편이며 독일 태생의 다다이스트, 초현실주의 화가이며 시인인 막스 에른스트 Max Ernst의 〈대립교황 The Antipope〉과 〈태양 술꾼 그리고 뱀 Sun Drinker, and Snake〉, 초현실주의 화가 주안 미로 Joan Miro의 〈그림 Peinture(Painting)〉, 추상표현주의 한스 호프만 Hans Hofmann의 〈캡 코드의 샘 Spring on Cape Cod〉, 조안 미첼 Joan Mitchell의 〈구성 Composition〉, 알베르토 베리 Alberto Burri의 〈비안코(?) 비 Bianco B〉, 안젤름 키퍼 Anselm Kiefer의 〈금발의 마가렛 Dein Goldenes Haar Margarete〉의 그림을 보고 정원으로 나왔다.

정원에는 담벽 아래에 초라한 페기 구겐하임의 무덤이 있었다. 그 옆에는 그녀가 사랑했던 14마리의 개 무덤도 있었다. 영국의 모던이즘 여류 조각가 바바라 헵워스 Barbara Hepworth의 〈싱글 포름 Single Form〉이 그녀의 공덕을 기리는 비석 같이 정원에 서있었다.

무언가 아쉬움에 다시 미술관 안으로 들어갔다. 살바도르 달리 Salvador Dali의 긴 그림 제목의 〈5 미터 긴 이해할 수없는 부속물과 함께 거대한 비행 데미 머그잔 Flying Giant Demi Tasse with Incomprehensible Appendage Five Meters Long〉, 빅터 부라우 Victor Brauner의 〈심리학 공간 Psychological Space〉, 커트 셀리그먼 Kurt Seligmann의 〈균형 Balancement〉, 스위스 계 미국인 초현실주의 화가 이자 조각가 커트 셀릭만 Kurt Leopold Seligmann (1900-1962)의 〈교두보 bridgehead no. 13〉, 이브 탕기 Yves Tanguy의 〈무한 가분성(?) Elle fut Douce〉, 상징주의 화가 귀스타브 모로 Gustave Moreau의 〈가니메데스의 유괴 The Abduction of Ganymede〉, 이탈리아 출신 화가 프란체스코 클레멘테 Francesco Clemente의 〈오리 Swan〉와 〈그것 It〉 등 뉴욕에 있는 구겐하임 미술관과 같이 현대미술의 보고가 바로 이곳인 것 같았다.

관람을 마치고 돌아오면서 보기를 참 잘 했다고 생각했다. 소라가 고마웠다. 소라는 현대 미술을 보면 그림을 그리고 싶은 충동을 느낀다고 말했다.

호텔에 돌아오는 버스를 탔는데 베네치아의 버스를 타면 된다고 해서, 신중하게 버스기사에게 물었더니, 맞는다고 타라고 해서 탔는데, 다른 곳으로 가는 버스이었다. 어떤 사람이 12번 버스를 타라고 해서, 12번을 타고 다시 기사에게 물었더니 교대를 하고 내리면서 따라 오라고 말해서 따라갔더니 H2버스를 타라고 해서 그 버스를 타고 호텔에 돌아올 수 있었다. 베네치아 사람들은 불친절하고 무책임한 것 같았다. 버스타기가 이렇게 어려웠던 때는 그 전에도 그 후에도 없었다. 힘든 하루 관광이었다. 그러나 구겐하임 미술관을 본 것은 큰 수확이었다. 호텔에 돌아올 무렵 어제처럼 비가 내렸다.

2014. 7. 1. |화| 베로나, 밀라노 흐린 후 맑음

베니스의 상인 기념관이 있는지 알아보지 못하고 길을 떠났다. 대신 〈로미오와 줄리엣〉의 무대가 된 베로나Verona에 가서 기념관과 줄리엣의 동상도 볼 예정이다. 내비에 〈로미오와 줄리엣〉과 밀라노의 호텔 주소를 입력했는데 둘 다 잘 되었다. 바로 옆에 있는 주유소에 갔는데 디젤 표시의 색이 달라 망서려져서 다른 주유소에 가서 주유를 하고 길을 떠났다. 고속도로는 바로 연결되었다. 아직도 라운드어바우트는 겁이 났다.

멀리 산이 나타났지만 여전히 평야지이고 밭은 포도원 일색으로 바뀌었다. 베로나는 그리 멀지 않았다. 베로나에는 옛 성이 있었다. 그래서 도시가 유네스코 문화유산이 된 것 같았다.

우리는 2유로를 내고 도로 가에 주차를 하고 줄리엣 기념관을 찾았다. 여러 사람에게 물어 겨우 찾았다. 의외로 중국 사람들이 많았다. 줄리엣의 동상이 정원에 있었는데 정말로 왼쪽 젖가슴이 하도 만져서 윤이 났다. 사진을 몇 장 찍고 기념관으로 들어갔다. 기념관은 목조건물이었다. 오륙 층 쯤 되는데, 〈로미오와 줄리엣〉에 대한 그림, 연극 대본 등이 패널로 정리되어 걸려있었다. 로미오와 줄리엣이 입던 옷과 도기류 등도 전시되었는데 빈약했다.

∴ 줄리엣의 집 입구
 양쪽 벽에 사랑의 낙서가 빼곡하다

∴ 줄리엣 집의 셰익스피어 흉상

∴ Gaetano Chierici (1838 - 1920)의 〈로미오와 줄리엣〉

∴ 안젤로 달콧 비앙카 Angelo dall'Oca Bianca의 〈로미오와 줄리엣의 죽음〉

∴ 줄리엣의 유방을 만지는 소녀
양쪽 옆 벽에 수많은 자물쇠가 보인다

많은 관광객이 몰리는 것을 보니 문학 작품의 위력을 실감할 수 있었다.

우리는 관광을 마치고 밀라로로 떠났다. 도로에는 화물차가 줄을 이었다. 로마 근처보다 이곳이 공업지대임을 실감했다. 도로 옆의 밭은 어느새 옥수수 밭으로 변해있었다. 옥수수기름이나 빵의 재료로 쓰일 것이다.

* 밀라노 : 이탈리아의 북부에 있는 도시로, 롬바르디아 주의 주도이다. 밀라노는 이탈리아 북부의 최대 도시로, 롬바르디아 평원에 위치하고 있으며, 포 강이 이 도시를 흐르고 있다. 인구는 2009년 현재 130만 명이며, 광역 도시권 내에 337만 명이 거주한다. 면적이 1500㎢로 대략 300만정도의 도시로 봐야한다. 위키백과

드디어 밀라노에 도착했다. 영어책에는 밀란으로 표기되어 있었다. 도로 표시판에는 외국 관광객을 배려해서인지 밀라노로 표기되었다.

소라는 밀라노에서 3일 머물기에 빨래를 해야 한다며 서둘렀다. 좀 쉬다가 4시 반에 이양실 조각가의 회원전을 보러갔다. 우리 호텔은 변두리에 있어 버스를 타고 메트로역에 가서, 지하철로 갈아 타고 두오모 역에서 다시 지하철을 바꿔 타고, 알려준 튜래티^{Turati}역에서 내려 회원전이 열리는 전시장을 찾았다.

도대체 이태리의 회원전은 어떤지 관심이 갔다. 우선 이양실 조각가를 찾는 것이 급선무이었다. 소라의 이야기로는 이태리에서 조각가로 성공한 경기여고 동창이라는 것이었다. 동양인이라 바로 찾을 수 있었다. 예술가의 기품이 풍기는 소라 또래의 여인이었다. 반갑게 인사를 나누었다. 바로 식이 거행되었는데 회원이 160여명 된단다. 우리나라 회원전에 비하면 정말 재미없는 전시회이었다. 다과도 식사도 없다는 것이었다.

이양실씨가 저녁을 먹자고 해서 그렇게 하기로 했다. 식당이 두오모 근처에 있다고 해서 시내 구경도 할 겸 걷기로 했다. 밀라노의 중심가는 대리석 석조 건물이 대단했다. 어느 광장에 도착했을 때 레오나르드 다빈치의 커다란 동상이 서있는 것을 보았다.

이양실 조각가에게 다빈치가 미켈란젤로나 라파엘 보다 푸대접을 받은 것 같다고 말했더니 다빈치가 서자이기 때문에 그랬을 거리고 말해서 놀랬다. 그가 그런 사람인지 몰랐다.

두오모는 지금까지 본 성당 중에서 가장 아름다운 것 같았다. 바르셀로나의

가우디의 성당이 그냥 창조된 것이 아니라는 생각이 들었다. 이미 그런 성당이 유럽에는 퍼져있었다. 런던의 웨스트민스터 사원이 밀라노의 두우모와 가장 유사하지 않았나 싶다. 이 사원은 특별히 관여한 인물이 없고 밀라노 시민의 작품이라고 이양실 조각가는 말했다. 내부에는 더 많은 조각 작품이 많단다.

내일 다시 오기로 하고 음식점에 들어갔다. 옛 방식대로 대접을 한단다. 포도주 한 병과 고기를 시켰다. 고기를 좋아하지 않는 소라도 오늘은 먹기로 하였다. 호텔에서 먹는 고기와 비슷한 고기들이 나왔는데 맛이 있었다. 포도주와 같이 먹어서 그런지 잘 모르겠다.

이양실씨는 밀라노에 온지 40년이 됐단다. 처음에는 로마에 가서 한 5년 살았단다. 그러니까 한국에서 산 것보다 더 많이 이태리에서 산 셈이다. 이제는 어느 정도 성공한 조각가로 인정을 받는다고 한다. 그 노력이 얼마이었을지 짐작이 갔다. 전시회장에 출품된 작품은 철저히 현대미술 같았다.

나는 두 가지를 물어보았다. 미국 현대미술이 유럽에서는 푸대접을 받는 것 같다고 추상표현주의 작가들의 작품을 전혀 볼 수 없었다고 말했더니 그녀는 미술뿐 아니라 미국 문화 자체가 푸대접을 받는단다.

이태리는 모든 그림이나 조각 작품의 촬영이 허용되는데 프랑스 영국 스페인은 철저히 촬영이 금지된 이유가 무엇인가 물었더니, 개방주의와 폐쇄주의가 아니겠는가 하고 답변했다. 어려운 질문에 답변해준 점에 감사 했다.

식사를 하고 포도주도 두어 잔 마셔서 그런지 밤에 보는 두오모는 더욱더 아름다웠다.

나는 스핑크스가 힘의 집합이라면 두오모는 기교의 집산이고 가우디의 성당은 조금은 그로테스크한데 이 두오모는 가장 아름답다고 말했다. 밀라노를 사랑하는 이양실씨도 긍정적으로 동의했다.

헤어질 시간이 되어 메트로를 타러 광장을 돌아서자 무슨 일이 있었는지 지하철 출입문이 폐쇄되었다. 광장은 수천 개의 맥주병이 뒹굴고 깨진 컵과 휴지가 나뒹굴었다. 폭풍이 불고 지나간 자리 같았다. 데모가 있었던 것이다. 데모가 휩쓸고 지나간 거리는 우리나라와 다를 바가 없었다.

    간신히 메트로 출입구가 열려있는 곳을 찾아 지하철을 타고 호텔에 돌아왔다. 밤공기가 차가웠다. 내일은 긴 소매 옷을 입어야할 것 같다. 호텔에 돌아와 벨기에와 미국의 월드컵 경기가 속개되고 있었다. 벨기에가 2 : 1로 승리했다.

2014. 7. 2. |수| 밀라노 비후 갬

어제 포도주를 마시고 피곤해서 처음으로 밤에 일어나 사진 정리와 일기를 쓰지 못했다. 아침 식사를 하고 일기를 쓰고 사진 정리는 어제 찍은 사진이 얼마 안 되어 오늘 촬영 후 정리하기로 했다. 소라가 책상위에 놓아둔 동전이 없어졌다고 해서 한바탕 소동이 벌어졌는데, 가방에 자기가 동전을 넣어놓고 기억을 못한 것이었다. 소라의 건망증이 도를 지나는 것 같아 걱정이다.

일기를 쓰고 누워 있다가 10시에 호텔을 나왔다. 밖에 나가보니 비가 와서 다시 들어가 우산을 큰 가방에서 꺼내 들고 나갔다.

∴ 밀라노의 두오모

∴ 두오모의 화려한 내부　　　　　∴ 두오모 내부의 수많은 촛불

　　비는 그렇게 많이 내릴 것 같지 않았다. 배낭을 비닐카버로 씌우고 우산을 받고 버스 정류장에 가서 어제처럼 버스와 전철을 타고 두오모에 갔다. 엘리베이터 이용권을 사서 두오모의 지붕 위에 올라갔다. 이제 비는 그쳤다. 건축물을 가까이서 볼 수 있었다. 하나하나 만든 조각이며 뾰족탑, 지붕 등 놀랄만한 수준이었다. 중국인들이 유난히 많았다. 중국에도 관연 이만한 유적이 있는가? 의심이 갔다. 하긴 동양과 서양의 건축물은 근본부터가 다르다.

　　이제 성당 꼭대기에서 내려와 내부를 보았다. 성당 내부는 공짜이었다. 조그마한 여자가 오더니 사진 촬영을 하려면 2유로를 내라고 했다. 그런데 많은 사람이 사진 촬영을 하고 있었다. 이태리는 사진 촬영이 허용되는 나라이다. 나도 몇 장 찍었다. 바닥에 문양을 넣은 대리석을 깔았는데 빈틈이 없었다. 아마 석공예술은 이태리가 세계 최고가 아닌가 하는 생각이 들었다.

　　성당 관광을 마치고 미켈란젤로의 마지막 작품을 보러가려다가 소라가 책방에 들려 노래책을 사고 싶다고 해서 큰 책방 두 곳에 가서 찾았으나 없었다. 너무 피곤해서 점심을 사 달래서 먹었다. 피자와 생선이었다.

　　이양실 조각가와 약속한 시간에 전철 종점에 가서 만나 논 농사지역에 갔다. 이양실씨와 아는 분이 동행 했다. 건축을 전공한 이태리 백인인데 지금은 정치에 관심이 많단다. 인상이 좋은 사람이었다. 이름이 파블리치오 Fabrizio 이었다. 내 시집을 2권 가지고 나갔는데 이양실씨에게 주고 그에게도 한 권 주라고 해서 이름을 쓰고 사인을 해서 주었다. 그는 영어도 한글도 모르면서 퍽 고마워했다.

오늘 안내는 파블리치오 친척 형제들이 한다고 이양실씨가 말했다.

차정비소에 가서 큰 아들 페트로 세리$^{Pietro\,Cerri}$, 셋째 파올로^{Paolo}, 막내 세리고^{Sergio} 형제를 만나 논 지대를 둘러보았다. 벼농사지대가 지금은 옥수수재배 지역으로 바뀌었다는 것이었다. 옥수수를 재배하면 이익이 많다고 말했다. 지금은 젖소 사료인 라디노(큰 클로바)를 재배하면 아홉 번을 베는데 그것이 수익이 더 났다는 말도 했다. 논에 풀을 키워서 더 이익을 보는 시대가 된 것이다. 논농사의 사양길을 보는 듯했다. 이 형제들의 고모 댁에 가서 73세의 고모로부터 논농사에 대한 이야기를 청취하고 논농사의 노래에 대한 자료를 수집했다. 초등학교 선생을 했다는 그 노파는 논농사의 고통에 대한 기억하기 싫은 부분이 있는 것 같았는데 이야기가 잘 풀려서 참고가 되는 이야기를 많이 들려주었다.

∴ 수로 양쪽의 벼논

∴ 벼농사에 대해 좌담하는—페트로 세리의 고모, 소라, 페트로 세리, 이양실씨

그 집은 대농 같았는데 페트로 세리 형제는 가난하다고 말했다. 그 집 앞에는 커다란 띨리오^{Tiglio}(서양피나무)가 서있었다.

∴ 페트로 세리 농가의 논일하는 그림

∴ **즐거운 식사 시간** 오른쪽 안에서 _ 파블리치오, 소라, 이양실 / 왼쪽 안에서 _ 페트로, 파올로, 세리고

∴ **페세리의 농가에 있는 농기구**

그 당시 여자들은 40일간 고용되어서 일을 많이 했단다. 40일은 아마 벼를 심고 세벌 맬 때까지의 날자가 아닌가싶다.

소라가 적어간 노래의 가사를 Paolo가 컴퓨터에서 정리해주었다. 그리고 추억이 서려있는 큰 아들의 옛집에 갔다. 정미소를 하던 큰 농가이었는데 지금은 막내가 토요일에만 음식점을 하며 농사를 조금 짓는 것 같았다. 정미소의 동력은 수로의 물이었다. 지금도 기계가 돌아가는 물레방아간은 아들들이 농가와 방앗간을 잘 보관하고 있었다. 이태리 사람들은 조상들이 쓴 유물을 잘 보관하는 DNA가 있는 것 같았다. 발렌시아에서 본 쌀 박물관의 몇 배의 자료를 보관하고 있었다. 그리고 농사에 대한 장면을 화가에게 그리게 해서 액자에 넣어 벽에 걸어놓았다. 조상들의 사진도 다 있었다. 우리나라 사람들은 옛것을 싫어하고 새것만 좋아하는데, 이점이 달랐다.

큰 아들은 옛집에 대한 향수가 남다른 것 같았다. 통역을 맡은 이양실씨가 참 성심을 다해서 도와주었다.

저녁대접이라도 해야 할 거 같아, 저녁을 먹자고 말했더니 근처에 음식점다운 음식점이 없으니 막내의 집으로 가자고 말했다. 그렇게 하기로 하고 농가에 가서 막내가 요리해준 사슴 고기와 빵과 포도주를 마시고 친절하고 마음씨 좋은 그들과 헤어졌다. 음식 값으로 50유로만 달라는 것을 100유로를 지불했다. 음식점에서 먹었다면 200유로도 족히 넘었을 것이다. 이미 시간이 늦어 이양실씨가 호텔까지 태워주었다. 소라는 참 좋은 친구들이 많다.

언젠가 물레방아의 추억이라는 글을 써서 그들의 호의에 보답해야겠다.

아주 특별한 체험을 한 하루이었다.

2014. 7. 3. |목| 밀라노 맑음

  날씨는 좋다. 어제 과로로 8시에 일어나서 8시 30분 쯤 식사를 하러 내려갔다. 오늘은 두 가지 일을 우선해야한다. 하나는 교통 범칙금 73. 50 유로를 내야하고 고액권 500유로 2장을 잔돈으로 바꾸어야한다. 잔돈으로의 환전은 은행에 가서 해야 한다. 우리는 아르헨티나에서 위조지폐를 받은 뼈아픈 체험을 갖고 있다. 9시 반쯤 두오모 역으로 나가서 먼저 은행을 찾았다.

∴ 2015년 밀라노 엑스포 설치물

  은행을 찾아 줄을 서서 기다렸는데 교통벌칙금은 우체국에 가서 내야하고 잔돈 바꾸는 곳은 이태리은행에 가서 바꾸어야한단다. 먼저 우체국을 찾았다. 간신히 찾아가서 소라가 지쳐서 그냥 내겠다는 것을 내가 그래도 한 번 서류를 보여주고 경유를 이야기해보자고 달래서 그렇게 했더니, 20유로로 깎아주었다. 정말 고마웠다. 기분이 좋았다.

이태리은행을 찾는 것도 쉽지 않했다. 여러 사람에게 물어 찾아갔더니 쉽게 바꾸어주었다. 500유로 한 장은 5유로짜리로 500유로 다른 한 장은 10유로짜리로 바꾸어서 쓰기 편하게 되었다.

소라는 아직도 농요에 대한 미련이 있어 몇 곳을 다니면서 이야기했으나 허탕이었다.

미켈란젤로의 최후의 미완성 작 〈피에타〉

하는 수 없이 포기하고 스포르체스코 성 Castello Sforzesco에 갔다. 양실씨가 그곳 박물관에 미켈란젤로의 최후의 미완성 작 〈피에타〉가 있다고 해서이다. 요금을 지불하고 박물관에 들어가서 물어보니까 맨 마지막 15호실에 있다고 했다. 2시 45분까지 빈치아노 수도원 Cenacolo Vinciano에 가서 레오라르도 다빈치의 〈최후의 만찬〉을 봐야한다. 나는 서둘고 소라는 영어 유인물을 챙기느라고 꾸물댔다. 나는 참지 못하고 잔소리를 해댔다. 대충보고 피에타만 얼른 보았다. 이 작품은 성모마리아가 죽은 예수를 뒤에서 서있는 상태로 안고 있는데 힘이 없어보였다. 유인물을 챙겨서 다음에 읽어보기로 하고 빈치아노 수도원으로 향했다.

레오라르도 다빈치의 〈최후의 만찬〉

항상 다른 장소를 찾는 것은 힘이 들었다. 10 사람 넘게 물어 약속 시간 1분 전에 도착했다. 오른쪽 출입문으로 가면된다고 말해서 돌아갔다. 이양실씨가 준 바우처를 내밀고 티켓을 받았는데 3시 15분인 줄 안 관람 시간이 4시 15분으로 써 있었다. 우리가 잘못 본 것이었다. 젊은 분들이 자리를 내주어 자리에 앉아 1시간 15분을 기다린 후에 관람했다. 시간을 정확히 봤더라면 전 박물관에서 그렇게 서둘지 않고 많이 봤을 터인데, 항상 찬찬하지 못한 점이 흠이다.

요즈음 우리의 착각이 도를 지나친다. 노쇠한 탓이다. 아무리 부정해도 나이는 어쩔 수 없다. 소라는 힘이 빠졌다. 다른 거 볼 때도 한 시간 이상 본 것이 허다하다고 달랬다. 우리는 의자에 앉아 하염없이 졸았다.

시간이 되어 13분 본 〈최후의 만찬〉은 실망하기에 딱 맞았다. 사진 촬영이 금지되어있고 팸플릿도 떨어졌다면서 안 주었다. 예약해서 1시간 반을 기다린 후에 13분 딱 그림 한 장 보는데 8유로이다. 억울했다.

다시 지하철을 타고 두오모에 가서 아들에게 줄 선물로 잠바나 코트를 고르는데 쉽지 않았다. 금액만 대충 알고 빈손으로 나왔다. 소라는 음악책과 농요에 대한 CD에 애착이 있어 기웃거리다가 지하철을 탔다. 지하철을 타고가다 12번 째 내려야 되는데 내릴 곳이 나타나지 않는 것이었다. 사람들에게 물어보니 다른 방향으로 가는 차를 잘못 탔다. 서둘러 오던 곳을 7정거장 돌아가서 다시 타고 종점에서 내려서 버스를 타야하는데 소라가 내 표를 달라더니 휴지통에 버렸다. 나도 무심코 주었다. 지하철을 거의 빠져나오다가 소라가 '아이고 버스표인데'하고 휴지통에 가서 버린 버스표를 찾아 왔다.

실수를 연거푸 했다. 짜증을 낼 수도 없고 힘이 없어 짜증을 내지도 못했다. 가까스로 버스를 탔는데 7정거장에서 내리는데 12번도 더 쉬는 것 같았다. 그런데 버스는 정확히 탔고 또 기사가 내려주어 호텔에 왔다. 8시가 다 되었다. 힘든 하루이었다.

밤에 다리에서 쥐가 났다.

다시 프랑스

France

2014. 7. 4. |금| 밀라노 흐림 리용 맑음

좋은 인상을 준 밀라노를 떠났다. 구름이 잔뜩 끼어 우울했다. 우선 슈퍼에 들려 물을 사야했다. 길 건너에 큰 슈퍼가 있다고 했는데 이쪽에서도 중 정도의 슈퍼가 있어서 물과 쌀을 샀다. 우리나라 쌀 같은 쌀을 오랜만에 보았다.

그리고 주유소에 가서 기름을 넣었다. 기름은 시내에서 넣는 것이 싸다는 것을 안 이상 고속도로에서 넣을 이유가 없다. 그리고 고속도로로 진입했다. 441km를 달려야한다. 프랑스의 리용의 호텔 주소는 입력이 잘 되었다. 이렇게 입력이 수월하게 되면 호텔 찾는 것은 쉽다.

차는 이태리의 토리노^{Torino}를 향해서 달렸다. 토리노도 큰 도시이고 구경할 곳이 더러 있지만 우리의 여행 스케줄에는 없다. 거의 토리노까지 벼농사 지역이 계속되는 것 같았다. 밀라노의 벼농사 지역은 광활하다.

양실씨 말마따나 북부 이태리는 공업지대인지 유독 무거운 짐을 실은 화물차가 많다. 로마 근처의 고속도로에서는 보지 못한 광경이었다.

국경을 넘으면 프랑스 영토이고 통행료를 많이 내야하는데 얼마를 받을지 걱정이다. 어쩐 일인지 차를 타면서부터 졸리기 시작했다. 국경이 가까웠는지 14유로와 16유로로 2번 냈다.

알프스 산맥이 가까워 지자 큰 산이 보이고 터널이 나타나기 시작했다. 통행료를 셀 수 없을 정도로 여러 번 냈고, 터널 앞 한 곳에서는 43.50 유로를 냈는데 터널의 길이가 10km는 되는 것 같았다. 리용까지 오면서 150유로 가까운 돈을 통행료로 지불하자 또 프랑스에 대한 인상이 꾸겨졌다.

내가 이번 여행을 하면서 오늘처럼 졸아본 일이 없었다. 아마 이틀 동안 밀라노에서 포도주를 다소 마신데다 어제 시내투어에 힘이 들어서 밤에 왼쪽 다리 정강이 부분에 쥐가 나서 잠을 못 잤기 때문인 것 같았다.

알프스의 산골에도 촌락과 도시들이 있었는데 도대체 무얼 먹고 사는지 모르겠다. 전답은 보이지 않았고 잔설이 남아 있는 높은 산들 뿐인데, 그렇다고 특별한 관광지도 아닌 것 같은데.

리용이 가까워지자 생텍쥐페리 공항의 푯말이 보였다. 공항의 이름을 작가의 이름을 따서 지었다는 점이 그를 대접하는 것임을 알 수 있었다.

사실 여관비도 다른 지역에 비해 비싸고 통행료도 많이 낸 것은 어린왕자 기념관을 보기위해서인데, 인터넷상에는 이렇다 할 정보가 없었다.

여관에 가서 물어본 결과 생텍쥐페리의 기념관은 지금은 열지 않고 7월 21일 경에나 열고 여관에서 15km떨어진 곳에 있단다. 그곳이 그의 출생지 이란다. 동상은 있는가 물었더니 시내에 있단다. 내일 그곳에 가서 보기로 했다.

여관은 좋은 편인데 주차비를 15유로씩 30유로를 지불하란다.

이래저래 프랑스 여행은 많은 비용이 든다. 3일이면 프랑스는 졸업이다. 참자.

사신을 정리하려고 보니 어제, 오늘 찍은 사진의 합이 겨우 오십여 장이다. 내일 찍고 한꺼번에 정리해야겠다.

∴ 벨쿠르 광장 Place Bellecour

2014. 7. 5. |토| 비온 후 맑음

모처럼 고창수 선배와, 김동호 선배, 전경배 후배에게 메일을 보냈다. 아침 식사를 하러 내려갔다. 프랑스는 부자나라이다. 아침식사 메뉴가 다양하다. 특히 채소가 나오는 것이 마음에 든다. 버섯과 감자, 오이장아찌와 오이도 나온다. 계란도 나온다.

아침식사를 하고 시내에 가려는데 비가 내린다. 지하주차장에 가서 차를 옮겨놓고 모자를 쓰고 우산이 있는가? 봤는데 없어서 그냥 가기로 했다. 비가 그치는 것 같았다.

버스표는 1일 권으로 끊었다.

프랑스에서 두 번째로 큰 광역 도시권이다. 맨 먼저 간 곳은 생텍쥐페리의

Antoine de Saint-Exupéry 조각이 있다는 벨쿠르 광장 Place Bellecour에 갔다. 태양왕 루이 14세의 기마상이 있었다. 마침 그곳에 여행안내소가 있어서 들어가서는 생텍쥐페리의 동상이 어디 있는가 물었다. 다른 관광명소도 알아두려고 메탈리크탑 Tour Metallique을 물었더니 푸르비에르 사원 Basilique Notre Dame de Fourviere과 로마극장 Theatre Romain을 가르쳐주었다. 1일 권 버스표로 메트로도 타고 버스와 케이블카도 탈 수 있다는 것이었다. 오후에 쇼핑도 할 계획이라 상가도 물어두었다.

∴ 생텍쥐페리와 어린왕자 동상

여행 안내소를 나와 생텍쥐페리의 동상을 찾았다. 소라는 루이 14세 동상을 사진에 담고 있었다. 광장의 오른쪽 끝에 있다는데 없었다. 그곳은 어린이 놀이터가 있었다. 얼마나 작기에 이렇게 눈에 안 띄는가 하고 두리번거려도 없었다. 한 할머니가 와서 물었더니 저쪽에 있다고 말했다. 그쪽 길 건너를 보았더니 그의 동상이 눈에 들어왔다. 광장의 끝 2차선 도로 건너편에 우리가 찾는 〈어린왕자〉의 작가 생텍쥐페리의 동상이 있었다. 내 키의 한배 반 정도의 사각 기둥위에 생텍쥐페리가 걸터앉아있고 어린 왕자가 작가의 어깨를 오른 손으로 짚고 있는 조각이었다. 동양인 한 청년이 사진을 찍고 사라지고는 아무도 찾아오는 사람이 없었다. 이 동상은 생텍쥐페리 탄생 백주년을 위해 2000년에 건립 되었다고 한다.

리옹이 자랑하는 인물은 뤼미에르 형제이다. 이들은 영화의 시조로 알려진 인물이다.

사진을 몇 장 찍고 혹시 어린왕자에 대한 액세서리가 있는가? 가까운 상점에 두 곳이나 들렸으나 하나도 없었다. 위대한 작가에 대한 대접이 이 정도인지 이해가 되지 않았다.

생텍쥐페리 동상과 작별을 하고 케이블카를 타러 코케트 광장에 갔다. 걸어서 가도 바로 거기이었다.

∴ 로마극장

∴ 아름다운 리옹 시

케이블카가 두 곳에 가는 곳이 있어서 왼쪽 케이블카를 탔다. 사람들이 첫 정거장에서 내렸다. 우리는 두 번째 정거장에서 내렸다. 로마극장을 물었더니 내려가란다. 물어 물어서 찾아갔는데 내 상상을 초월하는 로마시대의 극장 유적이었다. 세월의 때가 잔뜩 묻은 돌, 유적에 관광객들이 몰려있었다. 입장료는 받지 않았다. 리옹에 이런 고적도 있었나 하는 생각이 들었다. 이태리에서 얼마 안 되는 곳이니까 로마가 전성기에 리옹을 그대로 둘 리가 만무하다. 아마 지배를 받았을 것이다. 돌계단의 관람석 아래 가설극장이 설치되는 것을 보니 자주 공연이 열리는 모양이다. 극장은 노천이었다.

그곳에서 리옹 시가가 내려다 보였다. 리옹은 아름다운 도시이다. 도시에 두 강이 흐른다. 나무가 많고 주위에 산이 있는 분지형 도시이다.

다시 케이블카를 타고 내려가서 교회 쪽으로 올라갔다. 교회는 현대 건물이었다. 교회 내부에 들어가 보았다. 종탑은 올라가지 않았다. 교회 뒤로 가니까 리옹시가를 더 뚜렷이 볼 수 있었다.

사람들이 사진에 담느라고 바빴다. 그 옆에는 식당이 있는데 쌀밥을 팔고 있었다. 식당에 들어갔더니 예약이 끝났다고 말해서 화장실만 물어서 이용했다.

∴ 레지스탕스 & 강제수용소 박물관 내부

다시 광장으로 전철을 타고 내려와서 레지스탕스 & 강제수용소 역사박물관^{Centre d'Histoire de la Resistance et de la Deportation}을 찾아갔다. 이제까지 유럽에서 본 박물관과는 판이하게 다른 곳이었다. 그곳에서 2차대전 당시 북 프랑스는 독일의 점령 하에 있었고 리옹을 중심으로 한 남쪽은 프랑스 지역이었다고 하는 사실을 알았다. 2차대전 당시의 상황과 아우슈비츠 강제수용소에 대한 이야기들이었다. 우리는 특별 관람을 신청해서 지하에 가서 전범의 재판 과정을 40분짜리 다큐멘터리 영화로 보았다. 여러 사람의 증언이 있었다. 나치의 만행을 낱낱이 증언하고 전범의 한 사람이 처형당하는 내용인데 대사와 자막이 영어라 2/3 정도 읽으면 넘어가고해서 자세히는 알 수 없었다. 학생들의 단체관람이 많다고 말하고 어디서 왔는가 물었다.

한국의 6. 25와 비슷한 상황이 프랑스에서 먼저 벌어졌던 것이었다.

이제 쇼핑을 할 차례이다. 프랑스에서 아들의 선물을 사고 싶어서 백화점을 찾았다. 참 어려웠다. 시내를 한 시간쯤 헤맨 후 그냥 오려다가 소라가 다시 여행안내소에 가서 정확한 위치를 확인하자고 해서 확인한 결과 지하철로 4정거장의 거리인데 한 번 바꾸어 타야한다는 것이었다. 소라가 백화점에 가보자고 해서 찾아갔다. 정말로 큰 백화점이었다. 그곳에서 가죽 잠바를 하나 샀다. 디자인이 마음에 들고 가격도 적당한데다 30% 디스카운트하는 세일이었다. 밀라노에서 사지 않은 것이 다행이었다. 가죽이 참 부드러웠다.

중국 음식점을 찾았더니 바로 위층에 있어서 소라에게 저녁을 사주었다. 23, 50유로인데 배불리 먹고 호텔로 돌아왔다. 1일 버스표는 참 유용하게 썼다.

2014. 7. 6 |일| 맑음 몽블랑 한 때 비

생텍쥐페리의 탄생지에 가기 위해서 호텔에서 알려준 마을에 주소를 입력해서 갔다. 세인트 모리스 드 레멘(?)^{Saint Maurice de Remens} 01500 ^{France}을 쳤다. 리옹에서 48km 떨어진 곳이었다. 리옹 시를 벗어나서 한적한 시골 길을 달렸다. 30km를 지나서는 좁은 시골길로 접어들었다.

∴ 생텍쥐페리가 태어난 집

생텍쥐페리가 태어난 마을은 이렇다 할 특징이 없는 시골마을이었다. 한국으로 치면 면소재지쯤 될까 말까할 정도이었다. 마을 입구의 빵집에 들어가 물었더니 나이든 분들은 그의 이름을 알고 있었고 중년 부인이 그가 태어난 집을 인도해주었다. 그러나 그 부인의 영어실력으론 대화가 되지 않아 불분명했다.

그가 태어났고 지금은 교회가 된 건물에는 이렇다 할 간판이나 기록도 없었다. 다른 마을 사람을 만나 이야기해본 결과 그 집이 생텍쥐페리가 태어난 곳이 맞는 모양이고 내부에 자료가 좀 있다고 한다. 장래 그의 박물관이 될 거라는 말도 했다.

기록에 의하면 생텍쥐페리의 기념관은 일본 하코네에 있고 뉴욕에 있고 우리나라에 있다고 한다. 일본의 생텍쥐페리 기념관은 2003년에 가서 직접 봤는데 훌륭했다.

사람은 이상하게 고향에서는 대접을 못 받는 경향이 있다. 여하튼 그가 태어난 곳까지 와봤으니 미련은 없다.

우리는 다음 행선지인 샤모니 Chamonix 의 챠랫 티시에라(?) Chalet Tissieres 호텔의 주소를 입력하고 길을 떠났다. 몽블랑에 가기 위해서이다.

고속도로는 이태리의 밀라노 쪽으로 가고 있었다. 주변의 산봉우리가 낮이

∴ **우리가 머문 호텔**
샤모니 Chamonix 의 Chalet Tissieres 호텔

익었다. 그 긴 터널, 몽블랑 터널 쪽으로 가지말기를 빌었다. 43. 50유로를 징수한 곳이다. 국경지역으로 짐작되기 때문에 그렇지는 않겠지만 자꾸 밀라노로 가기 때문에 그런 생각이 들었다. 오늘 달릴 거리는 223km이다. 먼 거리는 아니다.

알프스의 거봉들이 나타나더니 눈 덮인 설봉이 나타났다. 산 모퉁이를 돌자 거대한 산괴가 나타났다. 칼날 같은 산들의 허리에 구름에 가린 봉우리가 아마 몽블랑인 모양이었다. 우리가 예약한 여관은 산 기슭에 있었다. 여관은 쉽게 찾았으나 주인이 없었다. 한참 헤매다가 그 호텔에 투숙하고 있는 알피니스트들을 만나, 집 주인은 전화를 해야 한다는 정보를 듣고 또 이 지역의 케이블카에 대한 이야기도 들었다.

소라는 또 의심 벽이 돋았다. 나는 날씨가 좋으니 오늘 가장 긴 케이블카를 타자고 하고 소라는 바로 여관 뒤에 있는 짧은 코스의 리프트Lift를 타자는 것이었다. 이 문제로 둘의 감정이 상했다. 차에 실린 물건을 누가 차의 유리창을 깨고 가져가면 어쩌느냐는 것이다. 그런 가능성이 전혀 없는 것은 아니다. 그래노 너무 심하다. 소라의 주장대로 호텔 뒤에 있는 케이블카 정거장에 갔다. 이건 장난감 같은 것 이었다. 소라도 보고는 발길을 돌렸다. 내일 에귀으 뒤 미디 Aiguille du Midi 케이블카를 타기로 했다.

결국 주인이 와서 짐을 옮겨놓고 차를 타고 구경을 나가자고 해서 가기 싫은 구경을 나갔다. 우리는 무작정 나가다가 산 위로 오르는 도로로 갔다.

큰 산의 기후는 믿을 수가 없다. 금방 봉우리 위로 구름이 모이더니 비가 오기 시작했다. 우산을 준비하지 않아 비를 맞았다. 터널이 나왔고 그곳에 가서 물어본 결과 케이블카의 티켓예약은 샤모니에서 한단다.

어딘지 몰라 어떤 사람에게 물은 결과 그들도 그 근처로 간다면서 그들의 차를 따라 오라고 해서 따라갔다.

내일 10시 반 표를 예약하고 집에 돌아왔다. 우리 호텔은 50유로짜리라 그런지 화장실이 룸밖에 있는 공동 화장실이었다. 저녁을 해먹을 수가 없어서 밖에 나가 사먹었다. 아들이 출발하기 전에 호텔을 별 하나에서부터 다섯까지 골고루 넣었다더니 가장 후진 호텔이었다. 하룻밤을 보낼 수밖에.

 오늘 촬영한 사진은 50여장이라 내일 정리하기로 하고 일기를 쓰고 잤다.

 아들과 수진이의 메일이 왔다.

2014. 7. 7. |월| 샤모니 맑은 후 흐림 비, 체르마트 비

샤모니의 초라한 호텔에서 날이 밝았다. 아침식사를 알피니스트들과 하고 몽블랑의 케이블카를 타러 갔다. 아침에 비가 내린다더니 비는 오지 않았다. 관광객도 얼마 되지 않았다. 10시 반 예약인데 일찍 보겠다고 말을 해서 티켓을 끊을 수 있었다. 90유로인가 카드로 끊었다. 우리는 이태리 국경까지 가보기로 했다. 케이블카 중에서 세계에서 가장 높은데 있는 긴 케이블카를 타보는 것이다. 시간이 되어 대합실로 들어갔다. 이미 사람들이 많이 타서 다음 케이블카를 타기로 하고 기다리는데 케이블카 안내인이 빨리 타라고 성화다. 이런 분위기에 속아 넘어갈 우리가 아니다. 15분을 기다린 후 가장 빨리 탈 수 있었다. 곧 케이블카가 출발했다. 눈앞에 전개되는 몽블랑은 신의 선물이다. 현란한 눈과 암석과 구름의 파노라마는 평생 잊을 수 없는 감동을 주었다. 연속해서 샷타를 눌렀다.

∴ 케이불카 중간 지점

∴ 에귀으 뒤 미디 Aiguille du Midi (3,842m)

에귀으 뒤 미디는 삼각봉의 꼭대기까지 가는 것이다. 그곳에서 내려서 다시 수직 상승의 케이블카로 갈아타고 정상까지 올랐다. 등산복과 아래 내복을 입었는데도 추웠다.

그곳에서 전개되는 전경은 장관이었다. 참 아름다웠다. 다만 알프스의 최고 봉인 몽블랑은 구름에 가려 모습을 나타내지 않았다. 그래도 이만하면 훌륭한 경치이었다. 그곳에 있는 등산 박물관에서 등산에 관한 사진을 다 찍었다. 많은 참고가 될 것이다.

전망대의 높이는 3,842m 이다. 그곳이 몽블랑을 가장 감상하기 좋은 곳이라 한다. 아찔한 스릴을 만끽하는 하늘 유리 발코니에도 서 보았다. 몽블랑 봉우리는 구름에 가려 보이지 않았다. 전망대에서 아래를 내려다보니 사모니 시가며 집들이 아름다웠다. 사진 샤타를 계속 눌렀다. 그리고 이태리 국경까지 가는 케이블카를 타기로 했다. 이태리 국경까지 가는 케이블카도 90유로에 포함된 줄 알았는데 다시 티켓을 끊으란다.

∴ 에귀으 뒤 미디의
  하늘 유리 발코니

∴ 에귀으 뒤 미디 정상의 건물

∴ 에귀으 뒤 미디에서 Pointe Helbronner(3,466m. 이태리국경)까지 가는 케이블카

50유로를 주고 끊었다. 그곳에 가는 사람은 별로 없었다. 일본 단체관광객이 많았다. 우리는 오사카에서 왔다는 중년 부인 둘과 4사람이 같이 탔다. 그녀들도 영어를 조금은 할 줄 알았다. 그러나 그들 둘이만 대화를 하며 웃어 쌌는 것이 남편들 욕하는 것 같았다. 처음 삼사십 분은 날씨가 괜찮았다. 아래로 눈 위를 걷는 등산가들의 모습이 보였다. 대개는 4명이 한조가 되어 걸었다. 그 모습을 사진에 담았다. 몽블랑 봉우리가 나타나기를 기다렸으나 소용없는

일이었다. 그런데 큰 산이라 구름이 몰려오더니 금새 아무것도 보이지 않았다. 케이블카는 가끔은 가다가 멈추어서 사진을 찍도록 도왔다. 끝까지 가는데 사오십 분은 소요되는 것 같았다. 그리고 돌아올 때는 거의 사진을 찍을 수 없었다. 곧 눈이 내렸다. 그리고 이태리국경까지 가는 케이블카를 내려서 추워서 더 이상 있을 수가 없어 내려왔다. 이제 눈은 비로 바뀌었다. 전문 등산가들이 많이 눈에 띄었다. 그들의 취미로 이곳에 오니까 조금은 이해할 수 있었다. 주차비는 5유로란다

이제 체르마트^{Zermatt}로 가야한다. 그런데 체르마트는 입력이 되지 않는 것이다. 소라가 순경에게 물어보니까 리옹 가는 길로 가라고 했다. 내비는 먹통이고 제네바로 길을 잡고 일단 국경을 넘기로 했다. 도로 표시판에는 제네바가 계속 나오는데 어쩐지 오른쪽으로 회전을 않는 것이었다. 그래도 내비가 지시하는 대로 갈 수 밖에. 드디어 제네바에 도착했다. 스위스는 고속도로 통행권을 사야한단다. 고속도로 통행료를 40유로에 샀다.

세네바가 산악의 도시인줄 알았는데 평지의 도시이었다. 국경 여행안내소에서 베른으로 가라고 해서 베른을 내비에 입력했다. 베른까지만 200km가 넘었다. 지도를 보니까 그 방향으로 가다가는 오늘 들어가기 틀린 것 같아서 수정을 했다. 로잔으로 해서 브베^{Vevery}, 마르티니^{Martigry}, 시옹^{Sion}, 시에르^{Sierre}, 피스프^{Visp}를 거쳐 가는 코스이었다. 제네바에서 입력을 했는데 태취Tacsh를 입력했더니 이제야 내비가 작동을 했다. 230km가 넘는 길이었다.

∴ **유럽 최대 호수**
제네바 호수

한숨이 저절로 나왔다. 제네바의 그 유명한 레망 호수를 볼 수 있었다. 비는 내리고 차의 속력을 낼 수 없었다. 시옹Sion까지의 길 대부분은 양쪽에 큰 산을 낀 골짜기인데 평지나 다름없었다. 스위스도 포도농사를 많이 지었다.

드디어 교통표시에 체르마트가 나타나기 시작했다. 우리는 이제 내비를 무시하고 체르마트 표시만 보고 갔다. 우리 앞에 우리나라 소형차 같은 붉은 색 차가 선도했다. 우리는 그 차를 따랐다. 드디어 Tacsh에 도착 주차장에 주차를 하고 기차표를 끊어서 기차를 타고 체르마트에 도착했다. 중년의 부부와 아들 둘, 4명의 가족이 여행하는 한국 사람을 만났다. 그들은 대구가 고향이란다. 태어나기는 성주라고 해서 반가웠다. 우리 집의 원적지가 성주이기 때문이었다. 문제는 호텔 알피나Alpina를 찾는 것이었다.

비는 계속 내리고 알피나는 보이지 않고 상점문을 닫아서 물어볼 사람도 없었다. 이리 헤매고 저리 헤매서 교회 있는 곳까지 올라가서, 왼쪽으로 가서, 조금 내려간 곳에 호텔 알피나가 있었다. 밥을 지어 먹으려했으나 힘이 팽겨서 사먹기로 하고 중국 음식점을 찾았으나 찾을 수 없어 스지에 가서 29유로 주고 사온 음식이 초밥 6개가 전부이었다. 집에 와서 라면이라도 끓여먹으려 했으나 아답터가 없어서 생쌀을 좀 보충해서 먹었다.

별 4개짜리 여관, 이틀에 226유로 하는 여관이 비좁아서 여행 가방을 놓기도 어려웠다. 마테호른이 얼마나 좋은가! 이 고생을 할 가치가 있나? 하는 회의가 찾아왔다.

호텔 주인이 내 릴케의 유인물을 보더니 이내 알아보고 그의 무덤과 그가 마지막으로 집필하던 오막살이를 카피해 주겠다고 말했다. 내일은 날씨가 별로란다.

그래서 마테호른은 모래 떠나는 날 오전에 가는 것이 나을 것 같다는 결론을 내렸다.

노트북에 남아있는 전기로 사진 정리와 일기를 대충 썼다.

스위스

Switzerland

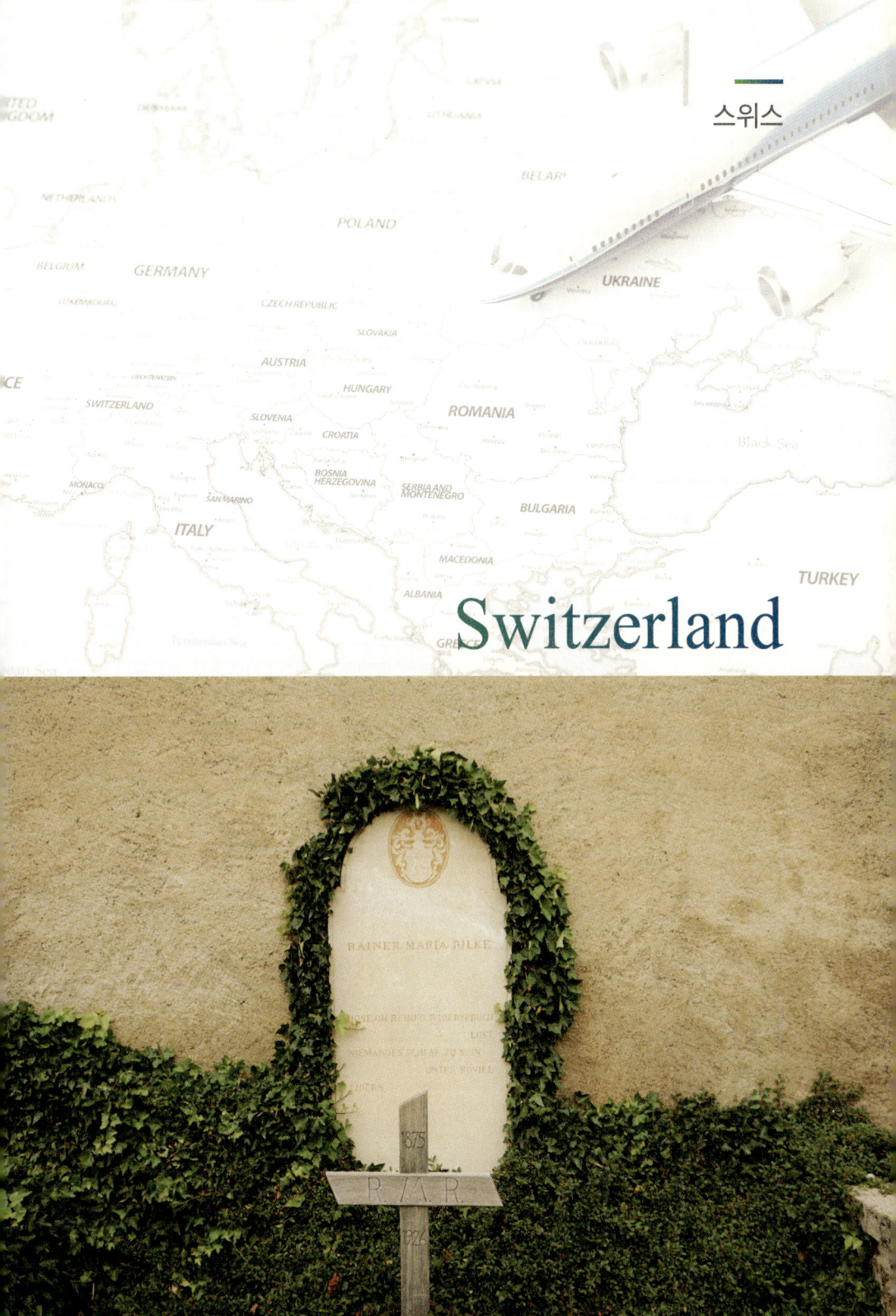

2014. 7. 8. |화| 체르마트 비

　이번 여행에서 이렇게 하루 종일 비가 내린 일이 단 하루도 없었는데 청명해야할 날에 비가 내린다.

　마태호른에 가는 열차는 내일 비가내리든 말든 타기로 하고 오늘은 릴케의 무덤과 그가 마지막 생애를 산 집을 구경하기로 했다. 그것은 순전히 내가 원하는 일이었다. 소라는 아무 불평 없이 적극적으로 이 일을 수행해주었다.

　처음 찾아간 곳은 베이러스^{Veyras} 마을 이었다. 스위스는 주소가 입력되지 않는 곳이 더러 있었다. 체르마트만 해도 그렇다. 미에서$^{Miege/Sierre}$도 그랬다. 베이러스만 치고 차를 몰았다. 태취^{Tacsh}에서 50km가 넘었다. 베이러스 교회에 차를 세워두고 사람들에게 릴케의 무덤을 물었으나 여기가 아니란다. 릴케의 무덤은 라론^{Rarou}에 있단다. 다시 차를 몰았다. 어제 달린 체르마트 쪽이었다. 20여 km를 달렸다. 라론에 가니 여행안내소가 있었으나 문이 굳게 잠겨있었다. 오후에는 2시부터 사무실을 연단다. 2시간을 기다려야한다.

∴ 릴케의 무덤이 있는 시골 교회

∴ 릴케의 무덤

소라가 강과 철도 건너편의 교회를 가리키며 저곳이 릴케의 무덤이 있는 교회인 것 같다고 말했다. 초라해 보이는 시골교회이었다. 건물이 아주 낡았다. 너무 보잘 것 없어서 대시인과는 어울리지 않을 것 같아 나는 아닌 것 같다고 말했다. 그런데 오늘은 소라의 예측이 맞았다. 시간이 되어 여행안내소에 가서 물어본 결과 그곳이 릴케의 무덤이 있는 교회란다. 차는 교회까지 갈 수 없고 주차장에 주차해놓고 걸어서 올라가야한단다. 그렇게 했다. 30도는 되어 보이는 비탈길을 올라 찾아간 교회와 조그마한 박물관은 너무 초라했다. 박물관 종사자의 말로는 릴케의 큰 박물관과 만년에 산 집은 오전에 찾아간 베이러스에 있다고 말했다. 우선 교회에 있는 릴케의 무덤을 찾았다. 교회 뜰에 들어서자 화려한 무덤이 여럿 있었다. 릴케의 무덤은 교회를 돌아가면 있다고 해서 그곳에 가보았다.

∴ 릴케 기념관 상품

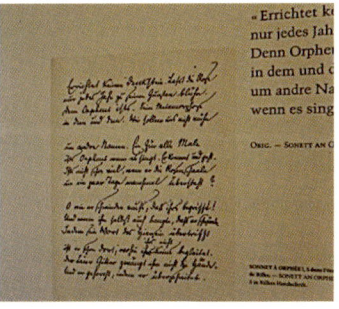

∴ 릴케 오르포에스의 소네트 원고
그의 필체

그곳에 정말 그의 무덤이 있었다. 사진에서 본 것처럼 화려하지 않았다. 비석처럼 보이는 것은 그림을 그려서 도들어지게 표현한 것이고 교회 벽이었다. 무덤 주위에 많은 꽃들이 피어있었다. 장미나무는 있었으나 꽃은 피지 않았다.

여행안내소에서 릴케는 장미의 시인이니 장미꽃을 사가고 싶다고 꽃가게를 물었으나 근처에는 없단다.

릴케의 무덤은 보통 사람들의 무덤과 떨어져있었고 강과 철도를 건너 앞산이 환히 보이는 아름다운 곳이었다. 그가 산 집에서 21km 떨어진 이곳에 릴케가 묻어달라고 교회에 부탁을 했다고 한다. 그의 유명한 묘비명을 읽을 수 있었다.

> Rose, oh reiner Widerspruch, Lust,
> Niemandes Schlaf zu sein unter soviel Lidern. —독일어
> (Rose, oh pure contradiction, delight
> of being no one's sleep under so many lids. —영어)
> 장미여, 오 순수한 모순이여 수많은 눈꺼풀
> 아래 누구의 잠도 아닌 즐거움이여.

그의 무덤 앞에서 묵념을 올리고 다시 베이러스를 향했다.

이길을 4번 째 달린다. 라운드어바우트를 수없이 지나 찾아간 곳은 오전에 간 곳이었다. 목적지에 도착했다는 표시가 나타나 유심히 살펴보니 그의 박물관 방향 표시판이 보였다. 차에서 내려 표시한 방향으로 찾아갔더니 아담한 박물관이 나타났다. 입장료 4유로를 지불하고 나만 보았다. 독일어와 불어로 된 박물관은 나에게 별 도움이 되지 않았다. 그의 친필을 보고 사진을 몇 장 찍었다. 스위스는 독일어, 프랑스어 이탈리아어가 공용어 이다.

영어를 아는 사람이 별로 없다. 영어가 세계어임을 모르지는 않을 터인데. 시정되기를 바란다.

Klossowska met Bohemian-Austrian poet Rainer Maria Rilke (1875-

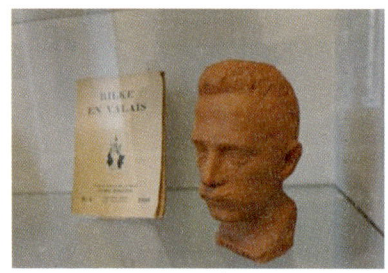

∴ 릴케의 데드 마스크

∴ 발라딘 클루소우스카 와 함께

1926) in 1919. At the time, Rilke was emerging from a severe depression that had kept him from writing for several years during and after World War I. The two pursued an intense but episodic romance that lasted until Rilke's death from leukemia in 1926. During this time, Rilke had written in what he called "a savage creative storm" his two most important collections of poetry, the Duino Elegies and Sonnets to Orpheus, both published in 1923. During their romance, Rilke called Klossowska by the pet name "Merline" in their correspondence—first published in 1954.

클루소우스카^{Klossowska}는 보헤미안 – 오스트리아의 시인인 라이너 마리아 릴케(1,875에서 1,926)를 1919년에 만났다. 릴케는 그녀를 만나서 1차 세계대전 기간과 그 후 심각한 의기소침에서 탈출했다. 두 사람의 열정적이고 에피소드적이고 낭만적인 사랑은 1926년 백혈병으로 릴케가 죽을 때까지 지속되었다. 이 기간에 릴케는 소위 "격렬한 창조적 폭풍"으로 작품을 썼다. 그의 대표작인 두 권의 시집 〈두이노의 비가〉와 〈오르페우스의 소네트〉를 써서 1923년에 출판했다. 로맨스 기간 내내 릴케는 클루소우스카를 자신의 애완 동물 이름 "마린"이라고 불렀고 – "Merline"은 1954년에 최초로 출판되었다.

Baladine Klossowska 또는 Klossowska (엘리자베스 도로 시아 스피로로 1886년에 태어나 1969년에 사망

박물관 관광을 마치고 그가 만년을 살며 대작 〈두이노의 비가^{Duino Elegies}〉 〈오르포에스의 소네트^{Sonnets to Orpheus}〉을 완성하고 〈베이러스 4행시^{Les quatrains valaisans}〉의 연작을 쓴 샤토 뮈조성에 갔다. 건물은 초라했으나 분위기는 기가 막혔다. 인터넷에 있는 사진에는 포도밭 건너편의 뒷부분이 나와 있는데 앞부분은 남쪽을 향했다. 앞에는 잔디를 심었고 정원에는 꽃들이 잘 가꾸어져 있었다. 나무들도 많았다. 무엇보다 환경이 시를 쓰게 하는 분위기이었다. 주위에는 아무집도 들어서 있지 않는 독립가옥이었다. 대문에는 개인집^{Private} 이라는 글씨가 있고 사람 소리가 들렸다. 다른 사람이 사는 것 같았다. 회화나무, 아카시

아, 넝쿨 장미 등 꽃 종류와 큰 교목들도 있었다. 길가에는 자작나무 가로수가 10여 그루되었다.

앞에서 본 뫼조성
잔디밭과 넝쿨 장미

옆에서 본 뫼조성

그 유명한 뫼조성을 보고 돌아오면서 소라가 우리도 이런 집으로 이사를 해야 하나 하고 말해서 웃었다. 나는 그런 시인이 아니기 때문에 괜찮다고 말했다. 계룡산 기슭의 우리 아파트와 농막이면 충분하다.

관광을 마치고 체르마트에 돌아와서 준이와 린이에게 줄 선물을 샀다. 처음엔 건하와 산하에게 줄 시계 선물을 골랐는데 그들은 시계가 있어서 돈으로 주기로 하였다. 사실 준이 린이도 시계가 있다. 소라는 500유로가 넘는 시계를 샀다.

2014. 7. 9. |수| 인터라켓 구름 후 비

오전에 비가 내려도 마태호른 기차를 타야한다. 오후에는 융플라워^{Jungfrau}의 거점 도시, 인터라켓^{Interlaken}에 가야한다.

아침 7시에 식사를 제공해주겠다고 했는데 그만 늦잠을 자고 말았다. 불야 불야 준비하고 나갔다. 한국사람 남자 둘이 식사를 하고 있었다.

마태호른 정상을 배경으로-저자

마태호른 정상

신비로운 광경에 넋을 잃은 관광객들

그들은 어제 등산을 했단다. 비가 오는데 눈길을 걸은 사람은 자기들뿐이었단다. 한국에도 특이하게 사는 사람들이 늘어가고 있다. 우리는 오늘 마태호른에 간다고 인사를 나누었다. 식사를 하고 가방을 오피스에 맡기고 출발했다.

∴ 마테호른 주변 지도

고르너그라트^{Gomergrat:3090m}로 가는 티켓을 샀다. 기차역에는 일본 사람이 꽉 찼다. 다행히도 비는 오지 않았다. 오전만 잠깐 날씨가 좋단다. 기차는 곧 출발했다. 오른쪽에 앉아야 좋다고 해서 그렇게 했더니 기차가 거꾸로 가니까 왼쪽이 되었다. 식사를 할 때 내가 커피를 엎질러서 재수가 없나보다. 산간 기차는 여러 역에서 멈추었다. 우리는 종착역까지 올라갔다가 내려오기로 하였다. 다들 그렇게 하였다. 단체로 오지 않고 혼자 온 일본인이 있어서 영어로 이야기를 했다. 그는 상사원으로 많은 지역에서 근무한 경력이 있어서 영어를 잘 했다.

몽블랑에 올랐을 때보다 춥지 않았다. 마테호른은 산봉우리가 희미하게 보일 정도이었다. 그래도 햇빛이 나서 다행이었다. 구름에 가린 산봉우리들을 사진에 담는 것도 좋은 일이다. 〈7월에 눈 위를 걷다.〉 라는 시를 쓰면 어떨까 하는 생각이 들었다. 구름에 덮인 산은 그런대로 신비하고 오묘했다. 체르마트Zermatt를 보면 어쩐지 일본을 연상하게 한다. 집들이 전부 목재집이다. 일본도 나무로 집을 짓는다.

∴ 마테호른 가는 역과 철로

∴ 마테호른 산기슭에 있는 호텔

음식점에서 가져온 과일과 빵을 좀 먹고 사진을 많이 찍고 내려왔다. 내려올 때는 구름이 산을 가려 거의 보이지 않았다. 내려오다가 어떤 역에서 다시 내려 사진을 찍었다. 한 미국인을 만나 산모퉁이를 돌아가면 호텔이 있다고 해서 찾아갔다. 운치 있는 호텔이었다. 그는 체르마트에 있는 여관보다 싸다고 말했다. 우리는 두 밤에 287유로를 주었다니까 여관을 바꾸란다. 그는 재미있는 사람 같았다.

다시 산간열차를 타고 내려와서 중국집에 가서 점심식사를 하러 들어가서 음식을 시켰더니 50유로 이상 시켜야하는 음식점이란다. 참 이상한 음식점도 다 있었다. 우리는 싼 음식을 시키려했었다. 결국 그 음식점에서 나왔다. 어쩐지 쫓겨난 기분이었다. 중국음식점도 이런 곳이 있었다. 중국음식점에 대한 좋은 인상을 하루에 바꾸어주는 음식점이었다. 우리는 호텔 알피나에 가서 가방을 찾아 차에 싣고 체르마트를 떠났다. 테취에 가서 승용차에 가방을 싣고 인터라켄의 호텔 주소를 입력했다.

여행계획서에는 114km 거리이다. 알프스 고개 중 가장 아름다운 곳으로 정평이 나 있는, 심플론 고개 Simplon Pass를 넘어야하는 것 같았다. 처음 고개는 완만하고 수월했다. 그림 같은 목장과 마을들이 연속해서 나타났다.

고개를 넘은 줄 알았는데 까마득한 고개가 따로 있었다. 심플론 고개 (2005m)이다. 차는 고개를 오르기 시작했다. 내비가 시키는 대로 갔는데 갑자기 내비에 '불가능. 유턴 Impassable. Do U-turn' 이라는 메시지가 계속 나왔다. 아마 고산지대라 내비가 작동을 안 하는 걸로 알고 그냥 계속해서 달렸다. 고개 중턱에 여행안내소가 있어, 내려서 혹시 눈이 와 도로가 빙판이라 이런 메시지가 나오는가? 도로가 패쇄되었는가 물었더니 근무자는 아무 문제가 없단다.

다시 차를 몰고 고개를 좀 더 오르자 내비가 제대로 작동했다. 고개는 까마득한 고개이었다. 계속 비가 내려 구름 속을 달렸다. 소라에게 운전 조심을 환기시켰다. 5m 앞이 보이지 않을 정도이었다. 고개를 넘자 사정이 좀 나아졌다. 산 정상에서 조금 내려오자 산간 댐이 있었다. 또 댐이 이어졌다. 아마 양수발전을 하는 것 같았다. 무사히 고개를 내려오자 아름다운 큰 호수가 나타났다. 그리고 곧 여관에 도착했다. 이틀 밤에 334.80 유로하는 호텔이 아주 까다롭고 불친절하고 방은 일인용처럼 비좁았다. 스위스는 자연의 혜택을 받아 관광사업이 국가수입의 상당 부분을 차지할 터인데 호텔의 매너나 분위기가 말이 아니었다. 여행객으로부터 돈만 뜯어내려고 한다. 고약한 나라이다. 투 베드의 방을 달랬더니 돈을 더 내란다. 이불도 하나이다. 체르마트의 여관은 사람들은 친절했다. 이 여관은 손님이 왕이 아니고 호텔이 손님위에 군림하는 폭군이다. 있기 싫으면 나가라는 식이다. 참 기분이 나빴다. 그러나 타국에서 어찌할거나.

4성 호텔이 드라이어도 없다. 커피포트가 있긴 있는데 이런 문구를 써놓았다.

"This kettle is FOR WATER ONLY not for food!" 방과 화장실은 비

좁은데 냉장고에는 잔뜩 쌓아 놓았다. 화가 나서 아무것도 건드리지 않았다.

월드컵 준결승 경기를 보기위해서 TV를 켰다. 아르헨티나와 네덜란드의 경기는 막상막하이었다. 연장전까지 갔으나 0: 0으로 결국 페널티킥으로 아르헨티나가 결승에 오르게 되었다. 어쩌면 2014년 월드컵은 메시의 잔치가 될 것 같다.

내일 비가 내려도 융프라우요후 Jungfraujoch(3454m)에 가는 기차를 타기로 했다. 모래는 독일의 바덴바덴으로 떠나야한다.

2014. 7. 10. |목| 융프라우요후 온 종일 비

    융프라우요후 지역은 아이거Eiger;도깨비, 묀히Monch;수도사, 융프라우Jungfrau; 처녀로 둘러싸인 지역으로 세계적으로 가장 드라마틱한 경치로 유명한 곳이다. 이곳은 유럽에서 가장 긴 케이블카가 있고 2시간 30분이나 걸리는 산악기차가 있다.

    아침 식사는 7시부터이다. 일기를 물어보니 온 종일 비가 내린단다. 내일도 비가 내린단다. 소라는 내일 국경을 넘으니 오늘 강행하는 것이 바람직하단다. 맞는 말이다.

    그런데 몸이 영 말이 아니다. 어제 월드컵 준결승 중계까지 보느라고 늦게 자서 잠이 부족하다. 새벽에 일어나 사진 정리와 일기 쓰는데 2시간. 서너 시간 밖에 못 잤다. 생각 같아서는 푹 쉬었으면 좋겠다. 좀 누워 있다가 소라가 가자고 해서 따라 나섰다.

    쿠폰을 내고 해서 융프라우요후Jungfraujoch 가는 표는 169스위스 유로인데 둘이 260유로에 끊었다. 쿠폰의 위력을 실감했다. Interlaken Ost역까지는 호텔에서 준 표로 갔다. 융프라우요후에 가는 기차는 곧 출발한다. 관광객은 그렇게 많지 않았다. 두세 번 갈어 타고 3454m의 Top of Europe라고 자랑하는 융프라우요후에 도착했다.

융프라우요후 발코니

    올라가면서 사진을 찍으라고 쉬어주는데, 밖은 나갈 수가 없고 유리창은 얼어붙어서 도저히 사진을 찍을 상황이 아니었다. 날씨가 좋을 때는 몰라도.

    정상에 있는 가게에서 표를 내고 신라면의 컵라면을 받아, 가지고간 빵과 먹었다. 올라가면서 멘트가 나오는데 독어, 불어, 영어, 일어, 중국어, 다음은 우리 한국말 멘트가 나와 기분이 좋았다. 중국 애들 일본 애들 할 것 없이 컵라면을 게걸스럽게 먹는 걸 보니 신라면 회사에서 한 건 한 것 같아 신이 났다.

∴ **융프라우요후 얼음터널**

∴ **고산지대의 초원**

∴ **구름에 가린 골짜기**

기차에서 내려, 엘리베이터를 타고 더 올라 외부와 접촉할 수 있는 유일한 발코니에 갔는데 사람들이 사진을 찍고 있었다. 우리도 한 장 찍었는데 눈바람이 휘몰아쳐서 잠시도 있을 수가 없었고 잘 못하면 바람에 날라 간다는 이야기를 소라가 듣고 와서 말해주었다. 한 층 더 오르자 얼음 동굴이 나타났다. 벽과 천장과 바닥이 온통 얼음으로 뒤덮이게 만들어 놓았고 곳곳에 펭귄, 북극곰, 바다사자들의 조각들도 있었다. 참 신비했다. 마태호른과 마찬가지로 동양인들이 참 많았다.

갑작이 오줌보가 부풀어 오르는 것 같아 내려가자고 말했다. 고산병의 징조이다. 더 이상 머물다가는 무슨 일이 일어날지 모른다. 남미의 6,000m 고지를 돌아다녔는데도 괜찮았는데 몸이 많이 쇠약해졌다. 소라도 걱정이 되는지 이것저것 보살펴주었다. 화장실에 가서 소변을 보니 좀 나아졌고 내려가는 기차를 타고 자리에 앉아 있으니 좀 더 좋아졌다. 정상에서 클라이네 사이데크 Kleine Scheidegg에 내려오면서 좀 잤더니 정상으로 돌아온 것 같았다. 클라이네 사이데크만 해도 2,320m이다.

우리는 웬건Wengen에서 내려 사진을 많이 찍었다. 골짜기와 바위산과 집과 구름이 잘 조화된 아름다운 곳이었는데 사진에는 그런 것이 좀처럼 잡히지 않는다.

케이블카가 있는 라우터브룬넨 계곡Lauterrunnen에서 한 번 더 내렸으나 우리는 사진 몇 장만 찍고 다시 탑승했다. 인터라켓 동쪽 역에서 내려 다시 서쪽 역으로 가는 것을 갈아타고 내려왔는데 서쪽 역 표시가 나왔는데도, 판단 착오를 일으켜 다음 역에서 내렸다. 호수가 있는 조그마한 역이었는데 사람도 없고 무려 51분을 기다려야했다. 호수를 구경하면서 무료한 시간을 보냈다.

기분이 좋아 포도주를 사다가 한 잔씩 들고 잤다.

∴ 융프라우요후의 지도

생각해 보니 융프라우요후에 갔다 오는데 이렇게 여러 번 기차를 바꾸어 타며, 검표는 왜 그렇게 자주 하는가? 짜증이 날 정도이었다. 우리 KTX는 검표하는 법이 없다.

유럽은 이렇게 비합리적이어서 합리적인 철학이 발달된 것이 아닌가 하는 생각이 불현 듯 들었다.

독일 남부

Germany

2014. 7. 11. |금| 스위스 하루 종일 비, 바덴바덴 구름

　스위스를 떠나는 날이다. 호텔과 관광과 날씨가 별루인 관계로 막연히 가졌던 스위스에 대한 좋은 인상이 퍽 많이 손상되었다. 이 번 여행을 오기전만해도 스위스는 '지상천국과 같은 나라'라고 생각했는데.

　선물가게에 가서 선물을 사야겠다. 외 손주인 건하와 산하에게는 맥가이버 칼을 사주기로 하였다. 처음 가게에 들어가서 무조건 샀다. 78유로짜리 2개에 156유로이다. 소라도 4개의 칼을 샀다. 그런데도 하나도 디스카운트도 선물도 없었다. 지독한 사람들이다.

　다른 가게에 가보니까 좀 비싸게 샀다. 여러 곳을 가서 비교하며 살폈어야 하는 건데, 하는 수 없다.

　바덴바덴의 호텔의 주소가 입력이 되지 않는다. 이런 경우 현지에 가서 애를 먹는다. 그래도 떠나야 한다. 기름을 넣어야하는데 인터라켄의 주유소는 대부분 작다. 익숙치 않아 다음 주유소에서 넣기로 하였다. 큰 도로인데도 주유소가 보이지 않는다. 이런 경우 소라는 걱정이 많다. 베른 쪽으로 달리다가 다행히 주유소가 나타나 기름을 넣었다. 주유소에서 물어본 결과 국경지대인데도 큰 재가 없단다.

　이렇다 할 국경 표시가 없는 것이 유럽의 특징이다. 이번에도 마찬가지이었다. 아들 이야기로는 독일은 통행료가 없단다. 온천으로 유명한 바덴바덴에 도착하기 전에 잠이 들었다. 차에서는 잘 자지 않는 데 그만 잠이 들었다. 소라가 깨워서 일어났다.

　온천으로 유명한 도시라 하루 푹 쉬라고 이곳에 숙소를 잡았다는데 우리는 심신이 피곤하고 기분이 좀 우울해서 그냥 잤다.

내일은 하이델베르크를 거쳐 프랑크푸르트에 가는 날이다. 하이델베르크는 대학과 성이 유명한 곳이다. 철학자의 길도 있다.

7월에 눈밭을 걷다

7월에 눈밭을 걸었다.
산등성이에서
마태호른은 옆면만 살짝 보였다.

정복되지 않는 여인의 속살 같은 눈밭 위를
산간 열차를 타고 올라가서
발자국을 내며 걸었다

연인들은 이 7월의 감격을
추억으로 간직하려고 기를 쓰고
나도 이 신선한 충격에 동참한다.

산은 숱한 발밑에서 신음하고
나무들은 지독한 중병에 고사한다.

융프라우에서는 일기불순으로 눈밭은 커녕
밖에도 나가지 못하고
유리창은 뱀의 비늘같이 얼어붙어
아무것도 볼 수 없었다.

허겁지겁 기차를 갈아타기에 바빴다.
구름에 뒤덮인 산을 사진으로 담았다.
7월의 눈밭은 그곳에는 없었다

2014. 7. 12. |토| 하이델베르크 구름 비

바덴바덴에서는 잠만 잤다. 바덴바덴에서는 슈퍼에 갔다 온 것 말고는 아무 것도 하지 않았다. 포도주도 마시지 않았다.

오늘도 구름이 끼었다. 독일의 아침 식사는 어떨까? 부자 나라다울까? 영국, 프랑스, 스페인, 모나코, 이태리, 스위스, 독일 중에서 제일 부실한 곳은 스위스다. 그 다음이 이태리이다. 나머지 영국, 프랑스, 독일은 비슷하다. 과일은 이태리가 많았던 것 같다. 독일에서는 천도복숭아는 나오지 않았다. 오이가 나오는 것은 좋은 일이다.

∴ 하이델베르크 고성 Schloss

오늘은 슈퍼에 들려 물과 호박, 양파와 땅콩, 고추를 사고 하이델베르크

Heidelberg로 차를 몰았다. 하이델베르크 성Schloss과 독일에서 가장 오래된 하이델베르크 대학을 보고 싶기 때문이다. 하이델베르크는 바덴바덴에서 90여km이었다. 일찍 도착할 줄 알았는데 도중에 비가 억수로 내렸다. 독일의 고속도로에서도 달릴 수가 없었다. 성이 있는 산으로 차를 몰았으나 주소가 불분명해서 애를 먹었다. 산의 정상에서 내려와서 어떤 관광객에게 물은 결과 바로 아래가 성이었다. 대학 건물일거라고 생각한 건물이었다. 주차를 해놓고 내려가 보니 관광객이 많았다.

적색 벽돌로 쌓은 성은 고풍스러웠고 한국어 오디오가 있어서 들었는데 내용이 별로 없었다. 도시의 가운데를 흐르는 네카르 강과 성당을 비롯한 건물들을 성에서 볼 수 있었다. 이 고성은 독일에서 고딕-르네상스 건축 양식을 잘 보여준다고 한다.

∴ **아름다운 하이델베르크 도시**

라인 강에서 가장 아름답다는 라인계곡(코블랜츠Koblenz에서 마인츠Mainz까지)을 보러 갔다. 오늘의 숙소가 있는 프랑크푸르트Frankfurt-Am-Main는 그 후에 가려고한다. 시간이 없어서 차에서 빵과 사과를 먹으면서 달렸다. 다행히도 비는 그쳤다.

　이렇게 찾아간 강변도로는 찾을 수 없었다. 마인츠에서 코블랜츠까지 거꾸로 가서 그런지 내비는 고속도로로만 인도했다. 포기하고 쓸쓸히 프랑크푸르트로 향했다. 어제와 마찬가지로 나는 차에서 졸았다. 참 이상하다. 여간해서 졸지 않는 나인데.

　프랑크푸르트의 베스트 웨스트 여관은 잘 찾았다. 오늘은 나폴리에서 산 쌀로 밥을 지어먹었다. 이상한 냄새가 나서 보통 쌀의 밥에 미치지 못했다.

2014. 7. 13. |일| 프랑크푸르트 비온 후 갬

프랑크푸르트는 유럽에 올 때 비행기에서 잠깐 내린 곳이다.

프랑크푸르트에 간 주된 목적은 괴테 하우스에 가기 위해서이다. 서양 문학가 중에서 가장 먼저 안 시인이 괴테다. 그것은 우리가 너무나 잘 아는, 나폴레옹이 전장에서 읽었다는 〈젊은 베르테르의 슬픔〉 때문이다. 오늘 그곳에 간다. 비도 내리고 피곤하기도 하고 해서 아침 식사를 하고 호텔방에서 한 시간 이상을 잤다. 몸이 좀 가벼운 것 같은데 그래도 피곤하다. 이제 25일 정도이면 집에 간다.

18번 트레인을 타고 콘Kon역에서 4번이나 5번으로 갈아 타라고 해서 30분 이상 기다렸는데도 차가 오지 않아 어떤 젊은이에게 물은 결과 지하에 내려가서 타라는 것이었다. u4, u5라고 u자가 지도에 있는 이유를 알았다. 돔 로마Dom Romer에서 내려 광장으로 나갔다. 어떤 중국인 현지지도원 같은 사람에게 괴테 하우스를 물었더니 시청을 가리키며 그곳에 가서 물어보란다. 다른 사람에게 물어보았더니 광장 저쪽을 가르쳐주었다.

∴ 아름다운 라인강 　　　　　　　　　　∴ 괴테 하우스 앞 뢰머 광장

괴테 하우스는 쉽게 찾았다. 구 시가지와 신 시가지의 경계에 괴테 하우스

는 있었다. 그곳에서 괴테는 27세까지 살았고 그 후 와이마르로 갔다는 것이었다.

가구며 집기 등이 고급스러웠다. 지금까지 다닌 문인들의 하우스 중 가장 부유한 환경에서 자란 사람이 괴테이다.

필체의 사진도 찍었는데 글씨도 아주 잘 썼다.

2층 가운데 앞 벽에 시계가 있는데 아주 근사하게 생겨서 그곳 근무자에게 물은 결과 특수하게 제작된 시계란다. 2014년 7월 13일의 날짜가 나오고 시계 판 아래 오른쪽은 달, 왼쪽은 해이고 주위에 동양의 12지상처럼 유럽의 12지를 새겨 넣었단다. 물론 시계는 독일에서 만들었단다.

∴ 괴테 기념관 계단 입구

∴ 고급 도자기

∴ 기념관의 특수 시계를 설명하는 종사원

∴ 와이말의 왕이 괴테에게 하사한 황금색 벽걸이

그리고 시인의 방은 3층 가운데 방인데 그가 쓰던 책상위에 라오곤의 머리 조각이 놓여있었다. 괴테가 이 조각을 아주 좋아했단다. 시인의 책상은 작고 아담했다. 시인의 방 거실의 벽에 이상한 문양이 있어 설명을 해달라고 했더니 와이말의 왕이 괴테에게 하사한 것인 프랑크푸르트의 시내와 닭이 새겨진 황금색의 벽걸이 이었다.

마침 중국음식점이 있어 점심을 사서 먹었다. 그리고 대성당에 가서 구경을 하고 박물관에 가려다가 포기하고 호텔로 돌아왔다.

∴ 괴테 부친의 서제

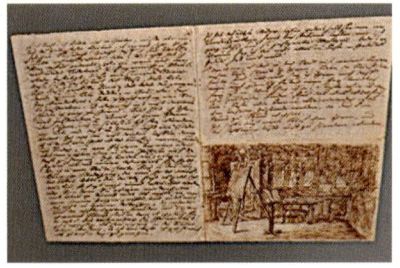
∴ 괴테의 필적과 그림

∴ 괴테의 방-라오곤의 두상이 있다

오늘이 독일과 아르헨티나의 월드컵 결승전이 있는 날이다. 독일에 와서 독일어로 중계하는 월드컵 경기를 보았다. 팽팽한 경기 연장 후반 11분에야 결판이 났다. 독일이 1：0으로 이겼다. 아르헨티나는 메시 라는 신기의 스타 플레이어가 있으나 혼자는 어려웠다. 외질이 나오지 못한 것이 패인이었다.

잠을 설쳐서 감기 기운이 있다. 그만 자야겠다.

2014. 7. 14. |월| 프랑크푸르트 흐리고 도중에 비 뮌헨 흐림

　남부 독일의 거점 도시 뮌헨에 간다. 빨리 여행이 끝났으면 좋겠다. 이제 한 달도 채 안 남았는데 이런 생각을 한다.
　순조롭게 고속도로에 진입해서 소라가 선글라스 이야기를 했다. 허리띠에 찬줄 알았는데 없다. 여행 중에는 이런 일이 종종 일어난다. 고급 선글라스는 아니지만 내 눈의 도수와 맞는 선글라스라 버리기에는 너무 아깝다.
　소라가 여관으로 돌아가자고 했다. 안 가져온 것이 분명하니 가면 찾을 수 있다. 주소를 입력해서 돌아가는데 목적지가 370km로 나오는 것이었다. 뮌헨의 주소가 지워지지 않은 모양이다.
　다시 호텔 주소를 입력하니 27km가 나왔다. 고속도로를 돌고 돌아 여관을 찾았다. 카운터에 가서 선글라스 이야기를 하자 직원을 딸려 보냈다. 내가 놓아둔 곳에는 선글라스는 없었다. 이상했다. 방은 이미 청소가 끝났다. 청소하는 사람에게 직원이 가서 물어보았는데 못 보았다고 말했단다. 포기하고 오려는데 직원이 호텔 잠옷을 들자 그곳에서 선글라스가 나왔다. 무척 기뻤다.
　다시 뮌헨으로 출발했다. 가는 도중에 현대회사를 보았다. 아마 현대자동차겠지. 동포를 만난 만큼이나 반가웠다. 뉘른베르크 Nuremberg 근처에 알트뮬탈 자연공원 Altmuhltal Nature Park이 있다고 해서 입력해서 찾아갔다. 샛길로 들어서서 공원이 어디인가 물었더니 이곳이 다 공원이라고 해서 웃었다. 별 특징도, 이렇다 할 볼 것도 없는 곳이었다. 그러나 독일의 농촌을 볼 수 있었던 기회이었다. 독일에도 배산임수의 길

∴ 현대 회사

지에 촌락이 있었다. 넓은 장다리 꼬치 밭도 보았다.

∴ 독일의 농촌 마을

∴ 넓은 장달이 꼬치 밭

소로를 천천히 달려 다시 뮌헨으로 가는 고속도로로 접어들었다. 뮌헨은 평야에 있는 도시이었다.

뮌헨에 3일 머물 운터슐라이스하임 호텔 Dolce Munchen Unterschleissheim Hotel 은 쉽게 찾을 수 있었다. 괜찮은 여관이었다.

큰 가방까지 호텔방에 올리고 샤워를 하고 옷을 갈아입고 빨래를 했다. 청바지도 빨았다.

> * 뮌헨은 독일 바이에른 주의 최대 도시이자 주도이다. 이 도시는 알프스 북부의 이자르 강가에 위치한다. 뮌헨은 독일 내에서 베를린과 함부르크에 이어 세 번째로 큰 도시이다. 약 142만명이 시 경계선 안에 상주하고 있다. 1972년, 뮌헨은 하계 올림픽을 개최하였다. 도시의 슬로건은 "뮌헨은 당신을 좋아합니다." 이다. 2006년 이전에 사용하던 모토는 "마음의 세계도시" 이다. 위키백과

그리고 막 자려는데 우려했던 치통이 일어났다. 일어나려면 귀국하기 일 주쯤에 일어나야하는데 지금 일어나면 어쩌란 말인가? 잠은 잘 수 없고 혼자 생각해보니 처량하기 말할 수가 없다.

장수일 원장이 지어준 진통제를 꺼내 먹었다. 약이 이래서 좋은 거구나 하

는 생각이 들었다. 진통이 거짓말 같이 사라지고 잠을 잘 수 있었다. 사진 정리와 일기를 내일로 미루었다.

2014. 7. 15. |화| 뮌헨 맑음

모처럼 날씨가 좋다. 조끼를 어제 빨아서 티 샤스를 입고 나갔다. 겉옷을 입으려다가 더울 것 같아 차에 두었다. 호텔에서 1일 차표를 끊었다. 맥도날드 앞에서 215번 버스를 타라고 했는데 30분 이상을 기다려도 안 왔다. 뮌헨도 대중교통은 좋다고 할 수가 없다. 드디어 차가 와서 타고가다 전철로 바꾸어 타고가다. 11번 째 역인 마리엔 플라 츠 Marienplatz 역에서 내려 밖으로 나가니 커다란 건물이 보였다. 교회처럼 생겼는데 래트하우스 Rathaus 라는 곳이다. 시청사이다. 화려하게 지어진 건물이었다. 그 건물 앞에서 한 여자 무용수가 춤을 추고 있었다. 30대쯤 보였는데 그 열정이 대단했다. 조금 후에는 청년들이 합세했다.

∴ 춤추는 무용수

∴ 시청사 건물

밖에서 사진을 찍고 내부는 들어가지 않았다. 바로 옆에 있는 여행안내소에 들어갔기 때문이었다. 시티투어가 2종류 있는데 짧은 것은 15유로 긴 것은 20유로씩 한다고 해서 긴 것으로 신청했다.

투어버스를 타고 유명한 10여 곳을 돌며 독어와 영어로 해설을 해주는 투어이다. 투어비가 그렇게 비싸지 않았다. 차에서 가지고 간 빵을 좀 먹었다. 시간은 이미 2시가 넘었다. 올림픽 탑이 서있는 곳도 가보았다. 뮌헨올림픽은 십여 명의 이스라엘 선수가 테러로 사망한 비극적인 곳이다. 그 옆에는 BMW 본사와 차 박물관의 우아한 건물이 보였다. 우리는 차에서 내리지 않았다.

∴ BMW 본사 건물

∴ 독립문

∴ 광장의 분수가 시원하다

한 바퀴 돌고 내려서 점심을 사먹었다. 맥주도 한 잔 사서 마시었다. 독일 맥주가 맛이 달랐다. 소라가 맛있다고 말했다. 다시 투어버스를 탔다. 맥주를 마셔서 그런지 열이 나고 졸렸다. 나는 거의 잤다. 속도 좋지가 않다. 여행 갔다 와서 죽으면 큰 일이다. 정신을 차리자. 그만 호텔로 돌아오기로 했다. 전철을 잘 못 타서 까꾸로 가다가 내려서 다시 타고 왔다. 왜 독일 같은 나라도 다음 역과 방향표시가 없는지 모르겠다.

오이 같은 사람

고추 말고
쓴 나물 말고
홍시 말고
살구 말고
배 말고
사과 말고
수박 말고
토마토 말고
참외 말고

그저 덤덤한 오이 같은 사람
그런 소라

뮌헨에서 맥주를 마시다

어제 밤에 치통을 앓았는데도
시티투어를 한 후 광장의 레스토랑에서 맥주를 마셨다

고딕 성당과 시대를 알 수 없는 건물들
관광객은 거리마다 넘쳤다
길거리 카페나 레스토랑마다
사람들이 맥주잔을 들고 있다

뮌헨은 맥주 값이 싸다.
호텔비도 싸다
고속도로 통행료도 없다.
주차비도 공짜다
독일의 자존심일까.
　'바가지' 라는 것을 모르는 것 같았다.
맥주를 닮은 독일 사람이 좋다

월드컵 우승의 열기는 밤새도록 경적을 울렸고
우리나라가 우승한 것처럼
나도 분위기에 젖어 뮌헨에서 맥주를 마셨다.

은근히 메시가 소속한
아르헨티나가 우승할 것을 바랬지만
최선을 다한 그들이기에

운명의 여신은
이쪽이었다.

∴ 아름다운 뮌헨 시가

2014. 7. 16. |수| 뮌헨 맑음

　뮌헨 다운타운에 가서 두세 곳을 보기로 하였다. 아침을 조금 들고 침대에 한 시간이나 누워 있다가 출발했다. 배낭을 소라가 짊어지었다. 오늘은 호텔에서 쉬는 것이 어떻겠느냐고 소라가 물었을 때 안 된다고 말 한 것은 나였다. 아프다고 안 나가서는 안 된다. 소라의 얼굴에 근심이 가득하다.
　광장에는 어제처럼 사람들이 많지 않았다. 소라는 여행안내소에 가고 나는 시청사에 들어갔는데 9층까지 엘리베이터를 타고 올라가는 곳이었다. 내친 김에 전망대에 올라갔다. 아름다운 뮌헨 시가를 볼 수 있었다.

시청사 건물에 다음과 같은 글이 있어서 시선을 끌었다. 독일어라 내용은 알 수 없었다.

* Der nationalsozialistische Eroberungs-und Vernichtungskrieg fuhrte die Welt in eine Katastrophe. Durch das Unrecht der Vertreibung oder durch Flucht verloren in Europa Millionen von Menschen von Menschen ihre Heimat. Nach 1945 wurde Munchen fur mehr als, 143,000 Heimatvertriebene zum neuen Lebensmittelpunkt. Sie haben maq ß eblich zum Wiederaufbau und zum Leben unserer Stadt beigetragen.

레디덴츠 궁전

사진을 찍고 내려왔다. 다음엔 레디덴츠 궁전Residenz에 갔다. 레디덴츠 박물관과 겸해 있었다. 둘이 18유로를 주고 박물관에 들어갔다. 예술품들은 르네상스 시대부터 초기 바로크와 로코코 시대를 거쳐 신고전 시대를 아우른다 고 한다. 황금의 보물들을 사진에 담았다. 굉장했다. 그리고 궁전을 보았다. 노 플래시로 사진 촬영이 허용되었다. 하도 넓어서 끝이 없었다. 관광객들이 더러 있었지만 드문 편이었다. 너무 피곤해서 그만 보기로 하고 밖으로 나왔다.

다음은 바이에른 국립박물관Bayerisches National Museum에 갔다.

이 박물관은 장식예술박물관이다. 수많은 유럽 예술품을 소장하고 있다. 금세공품, 상아조각, 유리공예, 악기, 도자기, 전통가구 등이 전시되었다. 성화와 조각이 참 많았는데 현대미술품은 없었다. 그래서 그런지 관람객이 너무 적었다. 사진 촬영이 허용되어서 성화를 많이 찍었다.

∴ 레디덴츠 박물관의 보석

∴ 바이에른 국립박물관의 조각장식

∴ 바이에른 국립박물관의 성화

∴ 바이에른 국립박물관의 천장과 복도화

∴ 바이에른 국립박물관의 장

    시간이 너무 늦어서 현대미술관은 내일 가기로 하였다. 현대미술관도 사진 촬영이 허용될지 내일 보면 알 것이다.

    호텔 앞에 큰 슈퍼가 있어서 꿀이 있는가 알아보러 갔다. 아침 식사에 꿀이 나왔다. 호텔에서 꿀을 내놓는다는 것은 이곳에 꿀 생산이 많다는 이야기가 아닌가 싶어서다.

    꿀이 있었다. 가장 비싼 것이 5.75유로 이었다. 내일 10개 정도 사기로 하였다. 소라도 그렇게 하겠단다.

    감자와 오이, 버섯을 사가지고 돌아왔다.

독일은 관광객들에게 여러 면에서 편의를 봐준다. 부국 티가 나고 사람들은 친절하다. 호텔비도 싸다. 그렇게 많은 일본과 중국 관광객이 눈에 띠지 않는 것도 이상하다.

2014. 7. 17. |목| 뮌헨 맑음

룸 키를 주고 호텔을 나왔다. 어제와 마찬가지로 일일 티켓을 끊었다. 여러 가지로 편리하다. 버스를 타고 전철로 갈아타고 또 전철을 바꾸어 타고 내려서 버스를 타고 가는 길이었다. 오늘 우리는 현대미술관을 구경하고 오스트리아의 인수브룩으로 떠난다.

100번 버스에서 내려 보니 어제 시티투어 때 본 커다란 미술관이 있었다. 여기 말로 알테 피나코텍Alte Pinakothek, 노이에 피나코텍Neue Pinakothek, 현대미술 피나코텍Pinakothek der Moderne이 길 건너에 이웃하여 있었다.

우리는 현대미술 피나코텍만 보기로 하였다. 독일 표현주의 미술을 보고 싶었기 때문이었다. 그리고 독일은 과연 그림 촬영이 허용되는지 그것이 알고 싶었다.

∴ 현대미술 피나코텍

노 플래시로 촬영이 허용되었다. 이태리와 마찬가지로 촬영을 허용하는 것은 잘한 일이다. 이래서 독일이 마음에 든다. 신표현주의 그림이 눈길을 끌었다. 독일의 신표현주의는 회화의 복귀를 의미한다고 한다. 미니멀리즘, 개념 미술에 반대되는 구상 예술이다.

* 미니멀 아트나 개념예술은 예술 그 자체에 대한 문제 제기 작업이며, 기존의 미술작품 개념을 파괴하고 작품 자체의 가치보다는 문제 제시적 의의를 갖는다. 대지예술도 작품이 남지 않고 사진자료로만 존재하기 때문에 허무주의적인 성격을 내포한다. 이로 인하여 아틀리에 작업이라는 전통적 회화방식에 대한 최후의 보루가 무너진 셈이다. 1980년대에 등장한 신표현주의 회화는 구상회화에 대한 관심을 다시 환기시켰다. 동시에 전통적 재료인 유채를 사용하고 내용이 중요시 되는 회화로 복귀한 것이다.〈인터넷에서〉

대표적인 화가로는 안젤름 키퍼$^{Anselm\ Kiefer}$, 게오르그 바젤리츠$^{(Georg\ Baselitz)}$, 마르쿠스 뤼페르츠$^{(Markus\ Lupertz)}$, A. R. 펭크$^{(A.\ R.\ Penck)}$, 요르그 임멘도르프$^{(Jorg\ Immendorff)}$ 등 이다.

세계 미술판도를 추상표현주의로 대표된 미국 미술이 종언을 고하고 유럽 미술로 되돌아오는 역할을 한 것이 신표현주의 미술이다. 이 미술관에 있는 중요작품을 소개한다.

∴ 마르쿠스 리베레츠의 〈조산아 $^{Der\ Fruhling}$〉

마르쿠스 리베레츠$^{Markus\ Lupertz}$(1941년 4월 25일 출생) 독일의 화가, 조각가, 작가, 미술 교육자, 재즈 피아니스트)의 작품 〈Der Fruhling〉

∴ A.R. 펭크의 〈관념군N. Komplex. 1976〉

랄프 윈 클러, 별명 Penck (1939년 10월 5일 태어남) 독일의 화가, 판화가, 조각가, 그리고 재즈 드러머. 신 표현주의 드레스덴 화가
작품 〈관념군N. Komplex. 1976〉

∴ 게르하르트 리히터의
〈추상Abstrakte Bilder. 1984〉

게르하르트 리히터Gerhard Richter (1932년 2월 9일 태어남) 독일의
비주얼 아티스트의 개척자 중 한 사람. 새로운 유럽 회화 20 세기 후반에 등장.
리히터는 사진과 유리 조각 추상뿐만 아니라 사실적인 그림 등.
추상회화 〈주상Abstrakte Bilder. 1984〉

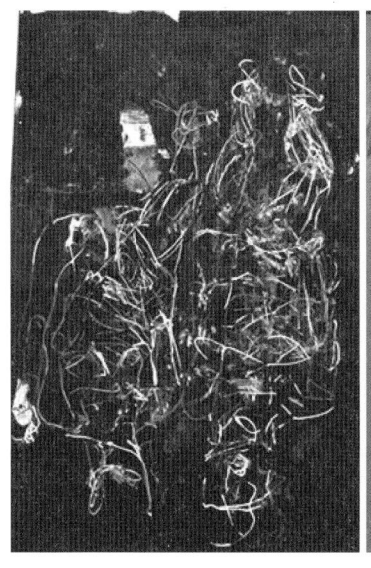 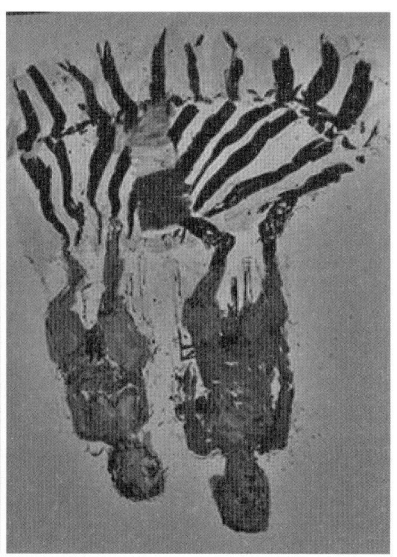

∴ 게오르그 바젤리츠의
〈그림 16 Bildsechzehen, 1993〉

∴ 게오르그 바젤리츠의
〈침실Schlafzimmer(Remix),2005.〉

    거꾸로의 화가 게오르그 바젤리츠Georg Baselitz(1938년 1월 23일 태어남) 독일의 화가. 바젤리츠Baselitz의 스타일은 북 미국 비평가는 신 표현주의로 , 유럽의 관점에서는, 포스트모던이즘 .

    작품 〈Bildsechzehen, 1993〉. 〈Schlafzimmer(Remix),2005〉.
        〈Der Moderne Mater, 1965〉. 〈Fingermalerei Adler, 1972〉.
        〈Pauls Hund(Remix),2008〉. 〈Orangenesserl, 1981〉.
        〈Die grobe Nacht Von domals(Remix), 2008〉

∴ 네오 라우 흐가의 〈쾌감wahl〉

네오 라우 흐가Neo Rauch-Kalimuna, 2010 (1960 4월 18일 태어남, 라이프치히) 독일의 작가. 사회주의 리얼리즘, 초현실주의. 〈쾌감wahl〉

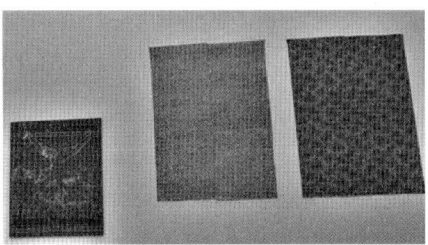

∴ 시그마 폴크의 〈티베르 스프린 천 1, Tibersprungl, 2, 3〉

시그마 폴크Sigmar Polke (1941년 2월 13일 - 10 2010 년 6 월) 독일 화가와 사진 작가. Polke는 1970 년대에 페인트와 다른 제품 사이의 화학 반응을 통해 우연히 만들어, 추상적인 작품을 제작하였으며, 1980년대에는 사진에 집중. 역사적 사건과 그 인식에 초점을 맞춘 그림을 생산.

⟨Vitrinenstuck, 1966⟩, ⟨Tibersprungl, 1971⟩.

⟨Tuch 1 zu Tibersprungl, 1969⟩, ⟨Tuch 1 zu Tibersprungl, 1969⟩.

⟨Akt mit Geige, 1968⟩, ⟨스케이팅 하는 사람 Schlittschuhaufer, um 1966⟩

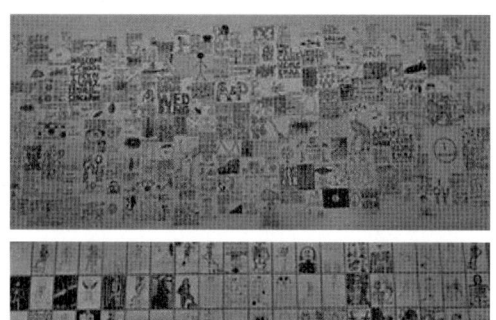

∴ **데이비드 쉬글리의 작품**

데이비드 쉬글리 David Shrigley 은 (1968년 9월 17일 년생)
영국의 비주얼 아티스트. 그는 글래스고에서 살며 작품은 글래스고 Drawing

미술관에 있는 데이비드 쉬글리 설명문

The British artist David Shrigley came to international fame through his cartoon-like, awkward-looking drawing that appeared in newspapers and magazines. His concept of drawing is also reflected in his happenings, installations and animation films. In the process, the manifold contexts in which drawing is created and is effective, become apparent.

Shrigley works are characterised by a radical restriction of the essential. They are, however, only simple at first glance and cannot be understood through pure reason either. The artist's approach is similar to that of children who expose both the funny and the terrible without prejudice. Shrigley focuses on the banalities and misunderstandings of everyday life with a disarming and sometimes black humour. Ostensibly significant issues turn out to be unimportant, expectations or fears are relativised and the very simplicity of the work evokes positive emotions.

Shrigley lives and works in Glacgow. In 2013 the artist was nominated for the Turner Prize. This year he won the 2016 Fourth Plinth Commission for Trafalgar Square in London. The exhibition at the Pinakothek der Moderne is his first major Solo Show in a German museum.

브리티쉬 미술가인 데이비드 쉬글리는 신문이나 잡지에 나타난 카툰과 같거나 서투른 솜씨의 데생을 통해서 국제적인 명성을 얻었다. 그의 데생의 추상성은 행위, 설치, 애니메이션 영화에 반영되었다. 창작 과정에서 어느 데생이든 다양성으로 창작되거나, 효과적이거나 명료성에서 전후관계가 있다.

쉬글리의 작품은 기본 요소가 근본적으로 제한된 것이 특징이다. 그러나 그들은 첫눈에 단순하지만 역시 단순한 이성으로는 이해될 수 없다. 아티스트의 접근은 선입관이 없는 재미와 공포를 드러내는 어린이들의 그것과 유사하다. 쉬글리는 목적 없고 때로는 블랙 유머와 함께하는 일상의 진부함과 오해에 초점을 맞춘다. 표면상으로는 심각한 이슈들이 상대적으로 사소, 기대, 공포로 바뀌고 작품의 확고한 단순성은 명백한 정서를 환기시킨다.

쉬글리는 글래스고에서 살며 작품 활동을 하고 있다. 2013년 미술가로서 터너상 후보에 올랐고 금년에는 제4기 주초(柱礎) 위원회의 선정으로 2016년 런던의 트라팔가 광장에 그의 조각이 세워졌다. 현대미술 피나코텍에서 독일박물관에서는 처음으로 그의 작품을 단독으로 전시했다.

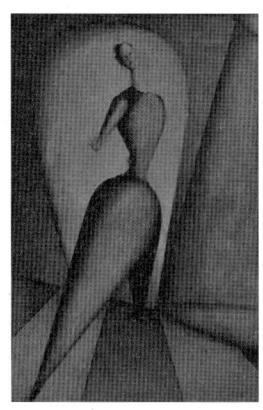

∴ 오스카 슐레머의 〈춤추는 여자Tänzerin(Geste).jpg〉

오스카 슐레머Oskar Schlemmer(1888년 9월 4일 – 1943 4월 13일) 독일의 화가, 조각가, 디자이너 와 안무가. 가장 유명한 작품은 〈춤추는 여자 Tänzerin(Geste).jpg〉

∴ 프리츠 윈터Fritz Winter의 오르간

프리츠 윈터Fritz Winter: 독일 근처 Altenbögge. 9 월 22 일 1905 년 태어남. 드로잉 및 페인팅에 관심, 1929 년 젊은 바우 하우스 화가 Junge Bauhausmaler에 참여

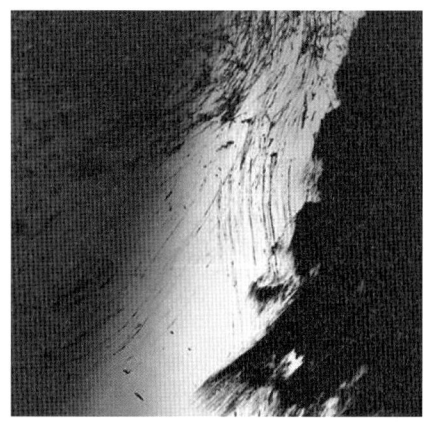

∴ 앙스 알르퉁의 〈T 1980-R 28,1980〉

앙스 알르퉁 Hans Hartung (1904년 9월 21일 - 1989 12월 7일)

독일 - 프랑스 화가. 추상 스타일. 타티즘 서정적 추상화 작품 〈T 1980-R 28,1980〉

∴ 에른스트 빌헬름 네이의 〈울트라마린과 노란색 Ultramarin und Gelb〉

에른스트 빌헬름 네이 Ernst Wilhelm Nay (1902, 베를린 - 1968 년 쾰른)

독일의 추상 화가. 〈리듬과 양자 Rhythmen und Quanten, 1964. 울트라마 린과 노란색 Ultramarin und Gelb 〉

∴ 프란츠 마르크의 〈Kanpfende Formen, 1914〉

〈프란츠 마르크^{Franz Marc}(1880년 2월 8일 – 1916 월 4 일) 독일의 화가 판화가, 독일 표현주의 운동의 핵심 인물. 청기사 파 (블루 라이더) 창립 멤버
〈Kanpfende Formen, 1914〉

∴ 바실리 칸딘스키의
  〈Traumerische 즉흥곡^{improvisation}〉

바실리 칸딘스키^{Wasiliy Kandinskiy}(1866년 12월 16일~ 1944년 12월 13일) 러시아의 화가, 판화제작자, 예술이론가^{art theorist}. 피카소, 마티스와 비교되며 20세기의 중요한 예술가. 최초로 현대추상작품을 그린 작가. 〈Traumerische 즉흥곡 ^{improvisation}〉

∴ 오거스트 맥의 〈나무아래 소녀〉

〈오거스트 맥August Macke (1887년 1월 3일에서 1914년 9월 26일)
독일의 표현주의 그룹 청기사 파 (블루 라이더) 중요 멤버. Macke은 아방가르드 (전위)의 요소의 그림. 〈나무아래 소녀Madchen unter den Baumen, 1914〉

∴ 맥스 베크만 Max Beckmann
〈Grofle Sterbeszene 1906〉

맥스 베그만Max Beckmann (1884 – 1950) 독일의 화가, 판화가 , 조각가, 작가. 표현주의 예술가. 1920 년에, 신즉물주의 (뉴 Sachlichkeit)의 내향 감정주의에 반대 표현주의의 파생물.

∴ 피카소의 〈화가와 모델〉

파블로 피카소Pablo Picasso(1881년 10월 25일 ~ 1973년 4월 8일)는 스페인 말라가에서 출생하였고 주로 프랑스에서 미술활동을 한 20세기의 대표적 서양 화가이자 조각가이다.

큐비즘 작품으로 널리 알려져 있으며, 대표작으로 《아비뇽의 처녀들》, 《게르니카》 등이 있다. 소장 작품은 〈화가와 그의 모델Der Maler und Sein Modell, 1963〉

에른스트 루트비히 키르히너Ernst Ludwig Kirchner(1880년 ~ 1938년)는 독일의 표현주의 화가이다. 다리파의 창립 회원 중의 한 사람이다. 〈Der Tanz Zwischen den Frauen, 1915〉. 〈Tanzchule, 1914/25〉 〈Sertigtal im Herbst(Sertig Valley in Autumn), 1925/26〉. 〈Brücke an der Prießnitzmündung,1910/20〉. 〈Strabenbahn(in Dresden) Tram(in Dresten), 1909〉. 〈Tennisspielerinnen, 1914〉. 〈Akt auf Rollbett, 1910〉. 〈Cirkus, 1913〉. 〈Masken aufder Strabe,1916〉. 〈Bergatelier, 1937〉. 〈Das zelt, 1914〉. 〈Bildnis Dodo, 1909〉.

∴ 에른스트 루트비히 키르히너 Sertigtal im Herbst의
〈세르팅골짜기의가을Sertig Valley in Autumn〉, 1925/26〉

∴ 에른스트 루트비히 키르히너의
〈도도의 초상Portrait of Dodo 1909〉

예상대로 괴상한 그림들이 많았다. 사람이 까꾸로 되어 있는 그림도 있었다. 막연히 이것이 표현주의이구나 생각했다. 인터넷에 들어가 봐야겠다. 그리고 반대 윙에는 피카소Picasso, 폴 클레Klee, 살바드로 달리Dali, Kandinsky, Andy Warho, 사이 톰블리Edwin Parker "Cy" Twombly, Jr., 요셉 보이스 Joseph Beuys 등의 그림이 있었다.

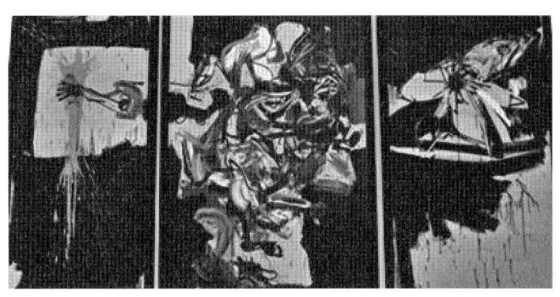

∴ 안토니 사우라의 〈그리스도의 십자가상 kreuzigung〉

〈안토니오 사우라 Antonio Saura(1930-19980)
스페인표현주의 화가. 작가. 검정색을 많이 사용. 〈그리스도의 십자가상 kreuzigung〉

폴 클레이 Paul Klee(1879년 12월 18일 - 1940 6월 29일)
스위스 출신 독일 화가. 표현주의 , 입체파 와 초현실주의 .

살바도르 도밍고 펠리페하신 토 달리 Dali(1904년 5월 11일 - 1989년 1월 23일)
스페인의 초현실주의 화가 Galerie Michael Werner .

달리는 매우 상상력이 뛰어난 독특하고 장대한 그림을 그렸다.

앤디 워홀 Andy Warho(1928년 8월 6일 - 1987년 2월 22일)은 미국의 미술가이자, 출력물 제작자, 그리고 영화 제작자였다. 시각주의 예술 운동의 선구자로, 팝 아트로 잘 알려진 인물이다. 산업 일러스트로 성공적인 경력을 쌓은 후에 화가, 아방가르드 영화, 레코드 프로듀서, 작가로서 세계적으로 유명해졌다. 본명은 앤드루 워홀라 주니어 Andrew Worhola Jr 이다.

그의 그림은 1억 달러의 가격이다. 이 가격은 잭슨 폴록, 파블로 피카소, 구스타프 클림트와 윌렘 드 쿠닝만이 기록한 고가 가격이다.

사이 톰블리 Edwin Parker "Cy" Twombly, Jr. (1928년 4월 25일 - 2011년 7월 5일)는 미국의 추상표현주의 2세대 화가로서 미국의 그래피티 아트, 즉 바스키아와 키스 해링 등에 지대한 영향을 준 것으로 유명하다.

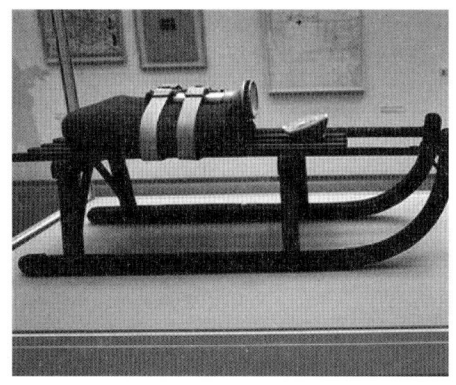

∴ 요셉 보이스의 〈썰매 Schlitten(sled)〉

요셉 보이스 Joseph Beuys (1921년 5월 12일 - 1986 1월 23일)
　독일 화가, 조각가 , 설치 작가 , 그래픽 아티스트 , 예술 이론가 와 예술 교사 .

알테, 노이어, 현대 미술관을 합치면 세계적인 수준이 아닐까 하는 생각이 들었다. 이 박물관은 낚시 의자 같은 의자를 주어서 노인들은 의자를 가지고 다니면서 앉아 쉬면서 볼 수 있는 방법을 택하고 있었다. 그것도 새로운 방법이었다. 2시까지 미술관에서 어정거리다가 호텔로 돌아왔다.
　호텔에 돌아와서 슈퍼에 가서 꿀을 샀다. 나 10병, 소라 10병이었다. 선물용이다. 차에 싣고 오스트리아 인수부르크로 떠났다. 162km만 달리면 된다.

국경 근처에 가자 거대한 알프스의 산괴가 다시 나타났다. 호텔은 쉽게 찾았다. 나무로 내부를 단장한 아담한 호텔이었다. 기침이 자꾸 난다. 이게 좋은 징조가 아니다. 체력이 바닥이다. 한 숨 자고 저녁을 지어먹었다. 모처럼 흰쌀밥을 지어먹었다. 밥맛은 그래도 좋았다. 몸이 잘 버텨주는 거다. 내 몸 상태를 안 소라가 많이 도왔다.

오늘이 7월 17일이다. 이제 20일만 버티면 된다.

표현주의 : 조형예술에서 생겨난 양식이며, 미술운동으로 20세기 초(1901-1925년)에 특히 독일에서 커다란 영향력을 발휘했다. 영혼의 표현을 나타내는 데 주력한 표현주의는 사물의 외면을 묘사하는 인상주의와는 대립되는 모습을 보인다. 다시 말해 표현주의는 인상주의의 특징인 빛과 색채의 유희를 벗어나려는 데에 초점을 두었다. 그러나 인상주의의 대표적 화가들인 세잔, 고갱, 반 고흐의 그림은 표현주의의 특징을 선구적으로 보여주고 있다.

20세기에 접어들면서 표현주의의 화가들은 세잔, 고갱, 반 고흐의 특징을 이어받음과 동시에 한걸음 더 나아가 자연 대상을 단순히 아름답게 묘사하는 것을 거부하고 대상이 지닌 혹은 관찰자가 표현하고자 하는 대상의 형태와 내면의 세계에 초점을 맞추었다. 표현하고자 하는 대상의 주제를 강조하며, 기술적인 측면에서 색채와 구도, 형태와 대상의 조화를 과장하거나 생략하고 있는 그것이 표현주의의 특징이라고 볼 수 있다.

색채, 역동성, 감정과 같은 요소들은 거의 모든 표현주의 미술작품에서 발견된다. 표현주의 화법을 통해서 나타난 색채, 형태를 자유롭게 다루는 것은 혼합되지 않은 색을 빈번하게 사용하는 것, 목판화와 같은 형태, 소재를 본질적인 것으로 축소한 것, 전통적인 원근법의 해체에서 아주 또렷하게 드러났다.

인상주의 화가와는 대조적으로 표현주의자들은 자신들의 내적 흥분을 표현했고, 직접적이고 자발적으로 '통렬하게 느끼고 해석된 소재'를 전달했다. 에른스트 키르히너, 에리히 헤켈, 카를 슈미트 로트루프, 오토 뮐러, 막스 페히슈타인이 주축이 되어서 드레스덴에서 결성된 예술가 집단. 다리파'(1905-1913년)와 바실리 칸딘스키, 프란츠 마르크, 아우구스트 마케, 가브리엘 뮌터, 파울 클레가 속해있던 뮌헨에서 칸딘스키는 〈즉흥ⅩⅣ〉, 〈인상〉, 〈구성Ⅶ〉, 〈검은 선들〉, 〈검은 아치가 있는 풍경〉, 〈가을〉 등과 같은 작품들을 통해 자신의 이론을 표현했다. 그들의 그림에서는 점차 대상의 구체적인 형태가 제거되고 있다.

프랑스 표현주의 야수파 대표작들 - 화가와 작품들

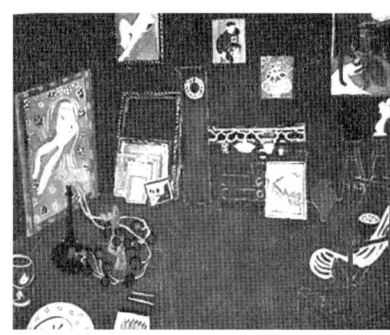

∴ 앙리 마티스 〈붉은 화실〉

∴ 앙리 마티스- 〈붉은 색의 조화〉

∴ 뭉크의 〈병실에서의 죽음〉

∴ 뭉크의 〈절규〉

∴ 귀스타브 모로의 〈환영〉

∴ 〈라울 뒤피의 카우스의 〈요트경기〉

∴ 앙드레 드랭의 〈위스트민스트 사원〉

∴ 앙드레 드랭의 〈템즈강의 다리〉

∴ 모리스 드 블라맹크의 〈라마쉰 레스토랑〉 ∴ 라울 뒤피의 〈도비유 경마장〉

∴ 조루주 루오의 〈꽃다발을 든 피에로〉

오스트리아

Austria

2014. 7. 18. |금| 인스부르크 맑음

인스부르크 황금지붕
Goldenes Dachl

인스부르크에 가서 잠만 자고 떠날 수는 없는 노릇이다. 그래서 오전에는 황금지붕 Goldenes Dachl을 위시한 구 시가지를 보고 베르기젤 타워 Bergisel Tower에 가서 시내를 조망하고 점심식사를 하기로 했다. 늦잠을 자서 9시가 넘어서 아침 식사를 하러 갔다. 짐을 정리하고 첵크 아웃을 한 것은 10시 경이었다. 황금지붕의 주소를 입력하고 시내로 서서히 차를 몰았다. 주소가 불분명해서 찾기가 어려웠다. 여러 사람에게 물었다. 한 광장에 가서 황금지붕을 찾았다. 황금지붕은 지붕 전체를 황금으로 만든 것이 아니고 유리 창문위의 지붕을 엽전만한 도금한 구리타일 2657개를 이어 만든 지붕이다. 그 아래 일층에서는 결혼식이 있었는지 신랑신부가 사진 촬영에 바빴다.

오래 된 교회도 있었다. 안에 들어가 보니 화려했다. 사진을 좀 찍고 나왔다. 광장에는 상당히 많은 관광객이 몰려있었다. 구경을 하고 강 쪽으로 나갔다. 비가 와서 그런지 석회수 물이 도도히 흐르고 있었다.

인스부르크는 1964년과 1976년 두번이나 동계올림픽이 열린 도시이다.

차를 타고 베르기젤 타워에 가기로 했다. 도심에서 남쪽으로 3km 지점에 있다는데 잘 못 가서 차가 고속도로로 들어섰다. 다시 돌아오는데 10km는 달려야했다. 타워에 도착했는데 문이 잠겨있는 것이었다. 소라는 아래로 자꾸 내려갔다. 가서 올라가는 길이 있는가 알아보고 온다는 것이었다. 혼자 땅에 주저앉아 탑 주위를 보니까 케이블카가 올라가는 것이 보였다. 그러면 위쪽에 출입구가 있을 것이다. 해서 소라를 올라오도록 손짓을 했다. 그때야 그녀는

∴ 베르기젤 타워Bergisel Tower
동계 올림픽 스키점프 스타디움

∴ 인스부르크 시내 전경

관광객과 같이 올라오는 것이었다.

출입문에는 단체 손님이 와 있었고 케이블카 탑승권을 사서 쉽게 오를 수 있었다. 동계올림픽 스키점프 스타디움이다. 그곳 음식점에서 점심을 시켜 먹었다. 나는 닭고기 라이스를 시켰고 소라는 토마토가 들어가는 스파게티를 시켰다. 코카콜라도 한 병 시켰다. 닭고기는 가슴살이라 퍽퍽했다. 한 점 먹고 콜라를 마시고 해서 서너 점 먹었다.

창문을 통해 보이는 인스부르크 시내의 전망이 환상적이었다. 밖에 나가 보니 인스부르크 북쪽의 높은 산들의 표고가 표시되어 있었는데 높이가 2000m가 넘었다. 제일 높은 봉우리는 백두산의 높이 이었다. 동서와 남쪽에도 버금가는 고봉의 산줄기가 뻗어 있었다. 인스부르크는 완전히 분지 도시이었다. 사진을 찍고 내려가서 차에 잘츠부르크의 여관 주소를 입력하고 길을 떠났다.

동쪽으로 가면 될 거 같은데 차는 북쪽 뮌헨 쪽으로 달리는 것이었다. 돌아

가는 것 같았다. 절반쯤 갔을 때 뮌헨으로 가는 길과 갈려서 달렸다. 높은 산들은 야산으로 바뀌고 들이 넓어지더니 잘츠부르크에 도착했다. 여관 찾기가 어려웠다 소라가 배려해서 내 대신 여관을 찾았다.

여관을 찾아 짐을 옮겨놓고 소라는 미장원에 간다더니 머리를 남자처럼 자르고 왔다. 우리는 서로 보고 웃었다.

2014. 7. 19. |토| 잘츠부르크 구름 한 점 없이 맑음

잘츠부르크Salzburg 시내 투어를 하기로 하였다. 모차르트의 생가Mozart Geburtshaus 도 포함된 투어이다.

∴ 모차르트 기념관

∴ 모차르트의 음악에 빠진 관광객들   ∴ 모차르트의 파이프 오르간

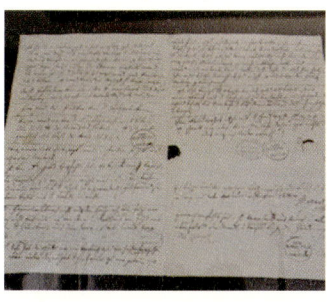 

∴ 모차르트의 편지 그의 필체   ∴ 어린 모차르트 초상

∴ 모차르트의 흉상

티켓은 사무실에 가서 구입했다. 우리는 요금이 싼 것을 택했더니 봉고차로 하는 투어란다. 소녀 같은 처녀가 운전을 하면서 해설을 했다. 인원은 부부 3팀과 젊은 부부 어린애 2명이었다. 10명인 셈이다.

투어회사에서 픽업을 해준다고 해서 기대를 가졌다. 아침식사를 하고 서둘러 밖에 나갔다. 봉고차가 와서 바로 몸을 실었다. 우리 호텔에서 같이 가는 부부도 있었다.

∴ 모차르트의 악보

∴ 어머니의 죽음에 슬퍼하는 모차르트와 그의 친구에게 보낸 편지

∴ 모차르트가 사용한 악기
바이얼린과 피아노, 벽에 가족사진

아주 간단한 팀이었다. 해설사는 독어와 영어로 설명을 해주었다.

잘츠부르크는 도시가 참 깨끗했다. 담배꽁초 하나 보이지 않았다

영화 〈The Sound of Music〉을 촬영한 궁전인 미라벨 성$^{Schloss\ Mirabell}$, 레지덴츠 광장^{Landestheater}, 모차르트 생가$^{Mozarts\ Geburtshaus}$, 모차르트 저택^{Gstattentor}을 차례로 보았다.

기념관은 음악의 대가답게 많은 유품들과 자료들을 수집해놓았다. 그런데 정작 사진을 못 찍게 했다. 처음 들어가서 엉겁결에 찍은 사진이 전부이었다. 미술품도 아닌 사진과 악기 그의 친필과 복사한 악보인데 왜 촬영을 못하게 하는지 이해가 가지 않았다.

다행히도 오디오를 주었는데 모차르트의 음악이 계속 들렸다.

간단한 홍보용 영화도 보았는데 모차르트는 어려서부터 아버지에게 끌려 이태리와 베르린, 파리, 프랑크푸르트, 뮌헨, 런던 등으로 여행을 많이 했다. 그 중 이태리의 여러 도시를 여행했다.

투어의 종착지는 모차르트의 생가이었다. 생가는 잘츠강의 옆에 있었.

어린 신동의 생이 얼마나 고달팠을까 짐작이 갔다. 근 2시간이나 이 작은 기념관에서 보내고 돌아왔다.

호텔에 돌아왔더니 호텔 방이 정리가 되지 않았다. 이런 경우는 처음 겪는 일이었다. 몸이 고달프니까 짜증이 나고 글도 안 써진다.

내일은 소금광산이 있는 잘츠카머구트^{Salzkammergut}의 호수지역을 거쳐 할슈타트^{Hallstattfh}에 들리고 오후에 빈으로 가기로 했다.

2014. 7. 20. |일| 잘츠카머구트, 할슈타트 맑음

잘츠카머구트Salzkammergut는 예로부터 이름난 관광 명소라고 한다. 합스부르크 왕실의 휴양지이었다. 바트이쉴Bad Ischl 5대호를 관광하면서 할슈타트Hallstattfh로 향했다. 그곳에 우리가 목표로 하는 소금광산이 있기 때문이었다.

∴ 맑은 시냇물 속의 자갈

A1으로 가다가 주유소에 들려 물었더니 158 고속도로로 가라는 것이었다. 내가 여러 개 있었는데 우리나라 내처럼 맑았다. 부연 빛이 도는 석회수가 아니었다. 이런 물이 고여 호수의 물빛이 그렇게 아름다운 것 같았다.

∴ 할슈타트Hallstattfh의 경치

이렇게 아름다운 경치를 보고 자란 볼푸강 아마데우스 모차르트가 그렇게 아름답고 지순하고 경쾌한 음악을 작곡한 것 같았다. 자연과 인간은 유기적인 관계가 있는데 바로 이 자연이 음악의 신 모차르트를 탄생시킨 것이 아닐까! 하고 생각했다.

드디어 할슈타트에 도착했다. 우리는 소금광산에 가는 케이블카를 타고 산 위에 올랐다. 코발트 색 수면에 7월의 강한 햇빛이 장렬했다. 우선 호수를 내려다보며 경치를 사진에 담았다.

그곳에서도 소금광산은 한참을 걸어야했다. 포장도 안 된 흙길이었다. 처음에 이곳은 묘지이었다고 한다. 그런데 파운틴 샘에 의하면 이 샘물을 마시고 소금기가 있어서 소금광산을 발견했다는 일화가 푯말에 적혀있었다.

가파른 길은 아니었으나 지친 몸이라 힘이 들었다. 그러나 몸이 회복하는지 잘 견디었다. 드디어 소금광산에 도착했다. 그곳에 갔다 오는 잘츠부르크에 와서 음악공부를 한다는 한국여대생과 그녀의 친구들을 만났다. 5명이었다. 부산대학을 나오고 유학 왔다는데 친구를 데리고 이런 곳에 올 정도라면 잘 사는 집 학생인 것 같았다. 소금광산은 일반에게 공개되지 않았다. 입구만 보았다.

할슈타트Hallstattfh의 소금광산

우리는 케이블카를 타고 하산해서 이제 빈으로 향했다.

오스트리아는 지금은 남한보다 작은 영토의 나라이지만 한 때는 신성로마 황제의 칭호를 사용할 정도의 대국이었다. 그러나 1805년 나폴레옹의 침공이래, 근현대의 격동기부터 몰락을 거듭하였다. 1, 2차 세계대전 후 많은 영토를 잃고 1955년 오스트리아국가조약이 비준됨에 따라 점령군이 철수하고 오스트리아는 중립을 선언하게 된다.

아름다운 도시 빈까지는 멀고멀었다. 장수일 원장이 처방해준 약 덕택인지 감기가 나아지는 것 같았다. 치통도 거의 사라졌다. 치통은 잇몸에서 온 것이었다. 더위에도 내의를 입고 버틴 정신력의 승리일까?

드디어 빈의 힐튼 호텔에 도착했다. 호텔은 많은 손님으로 북적이었다. 혼란 중에 사고가 났다. 한 부인이 출입구에서 앞으로 넘어져서 코 부분이 터져 피가 많이 났다. 내가 사고가 난 것처럼 가슴이 아팠다.

우리 호텔은 다뉴브강가에 있었다. 방은 강 쪽이 아니고 철도 쪽이었다. 예약금이 쌌던지 호텔방이 좋은 쪽이 차지되지 않았다. 모처럼 저녁을 사먹기로 했다.

방에서 인터넷을 사용하면 요금을 부과하고 로비에 가서하면 공짜라고 해서 소라의 노트북과 내 메모리를 들고 내려가서 공간시낭독회에 원고를 보내고 아버지 제사에 대한 메일을 다시 아들에게 보내고 준이와 린이 메일이 와서 답장 메일을 보냈다. 손자 손녀가 메일을 보낼 정도로 성장했다. 가슴이 뿌듯했다.

몸에 살이 너무 빠져서 나는 소고기를 시켜먹었고 소라는 생선 요리를 시켰다. 밤공기가 알맞게 시원했고 음식도 맛이 있었다.

샤워를 하고 잤다.

소금광산

잘츠부르크에서는 모차르트 생가만 구경했다.
몸이 말이 아니다.
여행하고 와서 죽었다는 이야기는 죽기보다 더 싫다

소금광산에 가기로 했다
다행히도, 다음 행선지인
빈에 가는 도중이었다.

인스부르크나 잘츠부르크도 아름다운데
소금광산은 절경이라니 안 볼 수가 없다

A1으로, 158 고속도로 가는 길은
하늘빛 호수와 기묘한 산과 숲
여름날씨가 그만이었다.
내짝 소라는
아름다워도 눈물이 난다고 말했다.

케이블카를 타고 올라
경치를 조망했다.
맑은 하늘과 신비로운 호수
황제가 칭찬할만한 곳이었다.

2014. 7. 21. |월| 빈 흐림

∴ 오스트리아 국회 의사당

소라가 오전 오후 투어를 신청한다는 것이다. 나는 중복이 될지 몰라 걱정을 했다. 오전은 시내 투어이고 오후는 도나우 강 투어란다. 그렇다면 괜찮을 것 같아 그냥 두었다. 다만 회복단계에 있는 내 몸이 견딜 수 있을지 의문이다. 아직도 밤에 잠을 잘 때 손발에서 쥐가 난다.

아침 식사를 하고 소라는 서둘렀다. 아직 한 시간 이상 남았는데 동동댄다. 야속한 생각이 들었지만 꾹 참았다. 인간은 상대의 상태를 망각할 때가 더러 있다. 로비에 내려가서 돈을 지불했다. 두 가지 요금이 168유로이다.

∴ 빈의 쇤브룬 궁전 Schonbrunn Palace 전경

시간이 10분이나 남았는데 픽업 차가 왔다. 회사에 가서 큰 버스로 바꾸어 탔다. 얼마를 달려 버스가 많은 곳에 가서 영어는 영어 버스에 타란다. 타고 보니 영어 아닌 말이 난무했다. 영어가 아닌 것 같아 소라에게 말했더니, 영어냐고 해설사에게 확인을 했는데 그렇단다. 그런데 조금 있다가 나이 많은 해설사가 차에 오르더니 잉글리쉬는 다른 차로 바꾸어 타란다. 그렇게 했다.

유럽은 이렇게 차를 바꾸는 경우가 많다. 오스트리아 관광차는 천장이 없는 특수 제작된 차가 아니다.

시내를 돌며 설명을 하더니 쇤브룬 궁전Schonbrunn Palace에 가서 구경을 했다. 근한 시간이나 따라 다니면서 봤다. 오디오를 하나씩 나누어주어서 잘 들렸다.

쇤브룬 궁전은 오스트리아 제국의 여름 별궁으로 1,441개의 방이 마련되어 있다. 오스트리아에서 가장 큰 궁전으로 관광객이 많이 찾는 곳이란다. 그 궁전은 수많은 금은제품과 보물들을 소장했다.

그리고 모이는 장소를 이야기해주었다. 둘은 화장실에 갔다 와서 모이는 장소에 갔는데 아무도 없었다. 다음 장소로 떠난 것이다. 차에 다 타지 않았는데 떠나다니 황당했다. 참 허무했다.

∴ 빈의 쇤브룬 궁전Schonbrunn Palace의 사치스런 내부

∴ 궁전 내부

결국 중국음식점에 가서 점심을 먹고 오후투어에 가기로 했다. 오페라 하우스에 갔더니 우리 가방이 있었다. 잉글리쉬는 잉글리쉬 차에 타고 보트 투어

Panoramic City Tour with Boat Ride를 하기 시작했다. 그런데 어찌된 일인지 보투 투어가 시내만 돌아다닌다. 투어의 설명문은 다음과 같았다.

> Highlights of this tour are the Panorama View from Cobenzl hill and the boat ride on the Danube River and Danube Canal.

∴ 빈의 다뉴브 강

∴ 다뉴브 강 다리 아래 낙서
유럽은 남미와 달리 낙서가 없다

조그마한 산에 올랐을 때 15분의 자유 시간을 주었다. 미국에서 왔다는 한국인 교포 2팀을 만났다. 일리노이 주에 사는데 남편들이 전부 의사이었다. 나이 좀 들은 분(김덕진. 정선주)은 오른 손이 마비가 된 분이었다. 젊은 여자 분은 Sylvia Lee이었다. 이들과 배에서 같이 타게 되어 이야기를 했고 투어 대신 이야기의 꽃을 피웠다. 그분들에게 내 시집을 한 권씩 주었다. 이제 시집이 한 권 남았다.

저녁은 중국집에 가져온 밥과 어제 저녁에 남겨온 소고기를 냄비에 데워서 먹었다. 짠 기가 좀 가셨다.

250gr을 두 번 나누어 먹었으니까 단백질은 보충이 되지 않았을까. 빈은 아름다운 도시라고 하는데 투어에 대한 인상이 별루라 그리고 날씨가 흐려서 좋은 인상을 주지 못했다.

2014. 7. 22. |화| 빈 흐리고 비

　오늘은 베토벤 기념관과 슈베르트 기념관에 가볼 작정이다. 소라는 내 몸을 생각해서 시내지만 차를 가져가겠다고 말했다. 이런 소라가 진정 고마웠다.
　처음 간 곳은 베토벤의 유서의 집이었다. 유서의 집은 우리 호텔에서 상당이 먼 시의 반대편 변두리에 있었다.

베토벤 기념관
유서의 집

베토벤의 흉상

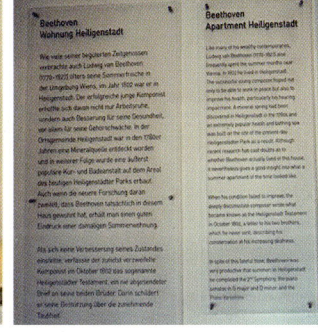
유서의 집 해설 글

베토벤의 머리카락
둥근 그릇 안에 있음

처음 눈에 들어온 것은 피아노이었다. 그의 손때가 묻었을 것이 틀림없는 피아노가 있고 그의 흉상과 데스마스크, 악보와 사진 몇 장, 편지인 친필 등이었다. 그의 연인인 줄리에타 귀차르디의 사진도 있었다. 창문 밖으로는 무궁화가 피어 반은 시들었고 사과나무와 커다란 호두나무에는 과일이 주렁 주렁 매달려있었다. 우리는 그곳에서 음악을 들으면서 한 시간 이상을 머물렀다.

그리고는 베토벤의 산책로를 가보려고 밖으로 나왔다. 종사원은 곧장 가서

∴ 베토벤의 장례 사진

교회가 나오면 왼쪽으로 가다가 오른 쪽으로 가면 강이 나온다고 말했는데 차는 들어갈 수 없고 집들이 들어서서 아무런 의미가 없을 것 같았다.

베토벤이 살았을 당시는 이곳은 전원이었을 것이고 베토벤은 여러 길을 산책했을 것이다. 우리는 차를 타고 도나우 강까지 갔다가 돌아왔다.

슈베르트 생가-기념관

다음은 슈베르트의 생가에 가보기로 하였다. 역시 내비에 주소를 입력했다. 역시 정확하게 데려다주었다. 베토벤의 유서의 집보다 훨씬 중심지에 있었다. 소라는 주차하러 가고 나는 의자에 앉아있었다. 내가 문 앞에 앉아있는 시간

에 방문객이 5, 6명 왔다갔다.

슈베르트의 기념관도 작은 건물의 이층 방 3개이었다. 여자 종업원은 오전은 1시까지라고 말했다. 이미 12시가 넘었다. 그래도 보기로 했다.

∴ 슈베르트의 기념관

∴ 슈베르트의 음악을 들어보는 오디오

∴ 그 유명한 유리알이 깨진 안경

∴ 슈베르트의 필체
일기

베토벤의 유서 집과 똑 같았다. 음악가의 유물은 별로 없었다. 31세의 젊은 나이로 죽은 그에게 유물이 많을 리가 없을 것이다.

피아노와 기타와 유리가 금간 안경, 그의 흉상이 전부인 것 같았다. 너무 초라했다.

시간이 되자 우리는 사진만 찍고 나왔다.

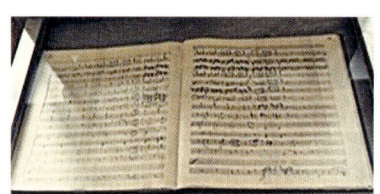
∴ 슈베르트의 악보

∴ 슈베르트의 피아노

다음에 찾아간 곳은 베토벤의 다른 기념관, 파스콸라티하우스이었다. 내비에 주소를 입력했다. 우려했던 비가 내렸다.

∴ 베토벤의 Pasqualati House집

∴ 베토벤의 피아노
악기제조업자의 딸 노나 안나 마리아 스타(1769-1833)가 쓰던 피아노를 베토벤에게 준 것 같다.

∴ 베토벤의 유물
salz und pfefferbehalter aus dem Besitz Beethovens, zuckerdose aus dem Besitz Beethovens
좌측 : 소금과 후추통. 우측 : 식탁용 사탕 그릇

기념관은 6층 건물의 6층 꼭대기의 방 4개 정도인 것 같았다. 6층까지 엘리베이터도 없어서 올라가는데 숨이 턱에 닿았다. 유서의 집과 별반 다를 것이 없었다. 조금 더 장소가 클 뿐이었다. 그의 악보와 친필 편지 등이 좀 많았다. 피아노와 그의 애인의 사진 등이 눈길을 끌었다.

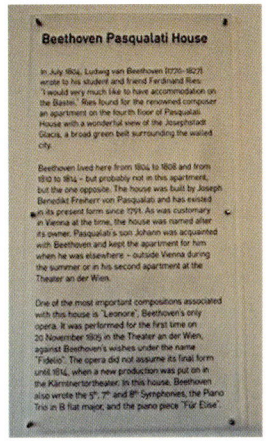 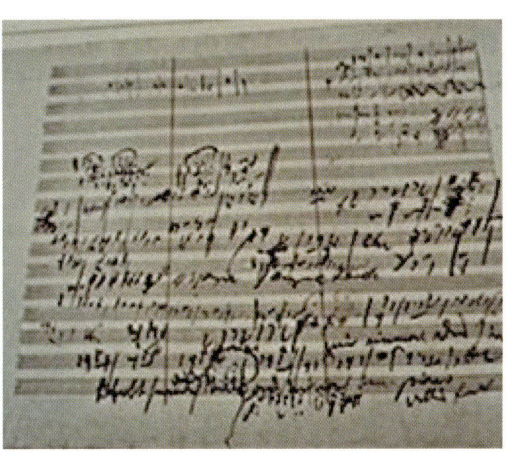

∴ Beethoven Pasqualati House 의 설명문   ∴ 베토벤의 악보

* Beethoven Pasqualati House

In July, Ludwig van Beethoven(1770~1827)wrote to his student and friend Ferdinand Ries:

" I would very much like to have accommodation on the Bastei." Ries found for the renowned composer an apartment on the fourth floor of pasqualati House with a wonderful view of the Josephstadt Glacis, a broad green belt surrounding the walled city.

Beethoven lived here from 1804~1808 and from 1810 to 1814-but probably not in this apartment, but the one opposite. The house was built by Joseph Benedikt Freiherr von Pasqualati and has exited in its present from since 1791. As was customary in Vienna at the time, the house was named after its owner. Pasqualati's son Johann was acquainted with Beethoven and kept the apartment for him when he was elsewhere-outside Vienna during the summer or in his second apartment at the Theater an der Wien.

One of the most important compositions associated with this house is "Leonore", Beethoven's only opera. It was performed for the first time on 20 November 1805 in the Theater an der Wien, against Beethoven's wishes under the name "Fidelio". The opera did not assume its final from until 1814, when a new production was put on in the Karntner for theater.

In this house Beethoven also wrote 5th, 7th, and 8th Symphonies, the Piano Trio in B flat major, and the piano piece, "Fur Flise"'

※ 베토벤의 파스콸라티 하우스

7월에 루트비히 판 베토벤(1770~1827)은 그의 제자이면서 친구인 페르디난트 리스Ferdinand Ries에게 '나는 엘베강 상류의 경승지에 숙박시설을 꼭 갖고 싶다.' 라는 편지를 썼다. 리스는 유명한 작곡가를 위해서, 성곽으로 에워싸인 도시의 넓은 녹색 숲의 절경인, 요새프스타트의 완만히 경사진 언덕에 있는 파스콸라티 하우스 4층에 아파트를 구했다.

베토벤은 여기서 1804에서 1808년까지 살았으며 1810에서 1814년까지는 이 아파트가 아닌 건너편 아파트에서 살았다. 그 아파트는 조세프 베네딕트 남작 파스콸라티가 지어서 1791년이래로 있었지만 지금은 없어졌다. 그 당시 비엔나의 관습에 따라 그 집은 소유주인 이름을 따서 명명되었다. 파스콸라티의 아들 요한은 베토벤과 잘 아는 사이여서 베토벤을 위하여, 그가 여름 동안 빈 밖 어디엔가 혹은 다른 곳에 있을 때나 빈 극장의 세컨드 하우스에 있을 때도 이 아파트를 비워두었다.

이 집과 연관된 가장 중요한 작곡의 하나는 베토벤의 유일한 오페라인 〈레오노레〉이다.

1805년 11월 20일 피델리오라는 제목으로 베토벤의 반대의견을 무릅쓰고 빈

극장에서 초연되었다. 그 오페라는 1814년 케른트너 거리의 극장에서 개작하여 상연될 때까지 상연되지 않았다.

이 집에서 베토벤은 심포니 5번, 7번, 8번과 피아노 삼중주 B 플렛 장조와 소곡인 〈엘리제를 위하여〉를 썼다.

빈의 베토벤 기념관에서는 노 플래시로 사진 촬영이 허용되었다. 잘츠부르크의 모차르트 기념관에서는 사진 촬영이 금지되었다.

빈에는 이 두 하우스 말고 베토벤이 숨을 거둔 에로이카 하우스$^{Eroica\ haus}$가 있고 가까이에 'Mayer'라는 옥호를 달고 있는 이층집이 있는데, 이 집에서 교향곡 합창과 월광 소나타를 썼다고 한다. 그 두 하우스는 가보지 못했다.

빈 대학의 육중한 건물이 비를 맞고 있었다. 그리고 광장에는 황금으로 도금한 자유의 천사상이 내려다 보였다.

2014. 7. 23. |수| 빈 맑음, 프라하 흐림

아침 식사를 하고 어제 보려다 못 본 호프부르크^{Hofburg}를 보러가려고 차에 주소를 입력하려는데 내비의 화면이 뜨지 않았다. 두어 사람에게 도움을 요청했으나 되지 않아서 결국 택시를 불러서 그 뒤를 따르는 것으로 시트론 회사에 가보기로 하였다. 택시비가 22유로나 나왔다. 시트론 회사의 기술자가 누르니까 그냥 화면이 뜨는 것이었다. 작동의 미숙에서 벌어진 사건이었다. 회사에 온 김에 오른쪽 덜컹거리는 부분을 조이었다.

호프부르크Hofburg 궁전

요금이 0.99유로란다. 요금을 지불하고 호프부르크의 궁전 은식기 컬렉션 Silberkammer과 황제의 아파트와 엘리자베스 박물관Kaiserappartements & Sissi Museum을 구경했다. 사진 촬영이 금지되었다. 어마어마한 컬렉션과 화려한 의상에 입이 딱 벌어졌다.

합스부르크가 왕들의 영화가 다른 왕가보다 더 사치스러웠다. 뮌헨에서 본 컬렉션은 비할 바가 아니었다. 구경을 하고 빈과는 이별을 고했다. 아름다운 도시 빈이라고 했는데 날씨도 머무는 동안 흐리고 비가 내렸고 몸도 다운된 데다가 2건의 투어도 마음에 들지 않아 좋은 인상을 갖지 못했다. 다만 호텔이 도나우 강 옆이라 아침식사를 강 옆에서 할 수 있었던 것이 추억에 남을 것 같았다. 그리고 초라하지만 베토벤과 슈베르트 기념관에 갔다 온 것이다.

∴ 호프부르크Hofburg 궁전의 금제품

∴ 호프부르크Hofburg 궁의 사치품들

프라하Prague는 어떤 도시일까? 체코Czech는 어떤 나라일까? 체코는 오스트리아와 마찬가지로 남한보다도 작은 나라이다. 면적이 78,864km²이다. 한때 공산치하에 있었으나 바츨라프 하벨이 이끄는 벨벳혁명으로 자유를 찾았으며 불행히도 슬로바키아와 분리됐다.

유럽은 국경이 불분명하다. 오스트리아와 체코도 그랬다.

오늘 달려야하는 거리가 321km인데 150km이상을 달렸을 때 국경을 넘은 것을 어렴풋이 알 수 있었다. 큰 산은 없고 구릉과 평야뿐인 농촌이지만 오스트리아 농촌보다 가난해보였다. 고속도로도 아닌 시골길이었다. 프라하로 가는 고속도로에 진입한 것은 100km가 남았을 무렵이었다.

∴ 프라하의 블타바 강 정경

　체코는 기름 값도 비쌌다. 그래도 기름을 좀 넣어야 될 것 같아서 20유로만 넣었는데 200유로가 넘게나왔다. 깜작 놀라 그 원인을 물은 결과 유로화와 10배 차이 남을 알았다. 고속도로 통행권을 샀는데 20유로를 주었더니, 체코 돈을 주어, 유로화를 달랬더니 주지 않았다. 유로화가 이익인 모양이다. 체코 여자가 고집이 쌔서 소라에게 포기하라고 하고 프라하로 향했다. 드디어 프라하에 도착 호텔은 쉽게 찾았다.
　바로 강 옆에 호텔이 있었다. 몸이 좀 회복되어서 다행이다.

체코

Czech

2014. 7. 24. |목| 프라하 맑음

　어제 호텔에 도착해서 카프카 뮤지움을 물었더니 찰스 다리 건너편에 있단다. 릴케의 뮤지움도 물었더니 그 위대한 시인을 모르는 것이었다. 엄지 손가락을 치켜들며 최고의 시인이라고 강조해서 말하니, 인터넷을 뒤져보고도 없다는 것이었다. 기가 막힌 일이다. 이런 위대한 시인도 출생지에서 푸대접을 받다니.

∴ **카를교** Charles Bridge

　아침 식사를 하고 누워 있다가 구경을 나갔다. 우리 호텔은 제 2교 조금 아래에 있었다. 제 2교를 지나 카를교 Charles Bridge: Karluv most 쪽으로 천천히 걸었다. 강물은 남빛이었다. 크루즈 배들이 가끔 지나갔다.

∴ 말라스트리나 교탑 Mala Strana bridge tower

제 1교 쪽에 박물관 비슷한 건물에서 동상을 보았다. 한 사람은 모르는 이고 다른 한 사람은 드볼작이었다. 인상이 깊었다.

카를교가 멀리서 나타났다. 유명한 다리답게 사람들이 몰렸다. 다리 이쪽에는 말라스트리나 교탑 Mala Strana bridge tower이 있었다. 다리위에는 많은 동상들이 서있었다. 동상은 오래돼서 그런지 거미줄이 처져있었다. 차가 다니지 않는 다리는 참 튼튼했다. 거리의 화가들, 거리의 악사들이 많았다. 사진을 찍으며 다리를 다 건너고 아래를 내려다보니까 엄청나게 많은 자물통을 매 달아놓은 곳이 있었다.

그리고 카프카 뮤지움을 찾았다. 다리에서 가까운 곳에 있었다. 찾기도 수

∴ 다리 위 거리의 화가

∴ 오줌 누는 동상

월했다. 가는 도중 그것을 내놓고 오줌누는 나신의 두 남자 동상이 있었는데 여자 관광객들이 흘금흘금 쳐다 보았다. 카프카 뮤지움은 그의 명성에 비해서 현대적으로 잘 꾸며놓았다. 뚱뚱한 할머니가 지키고 있었다. 영상자료도 많았다. 가끔 영어로 번역된 문장도 많아 영어 사용 국가의 사람들을 배려한 것 같았다. 카프카가 유대 작가라 유대인의 자금이 흘러들어간 것 같았다. 그의 소설은 걸작이지만 사실 대부분이 재미는 없는 작품이다.

∴ 카프카 소설의 주제를 상징적으로   ∴ 대학시절 카프카의 초상과 필체
　나타내는 설치 작품

∴ 카프카 소설-책 표지 그림

젊은이들이 많이 보는 것도 의외이었다. 사진 촬영이 금지되었으나 나는 중요한 것은 사진에 담았다. 프라하에 언제 온단 말인가? 다시는 못 온다.

성 비트성당 St Vitus Cathedral

성 비트 성당 내부

구 왕궁 Old Royal Palace

    오후에는 프라하 성 Prazsky hrad에 갔다. 트램 22를 타고 가야하는데 트램표 파는 곳에서도 걸어가라고 한다고 하고 현지 안내인도 그렇게 말했다. 소라도 걸어가자고 말했다. 나는 성까지 걸어가느니 트램표를 끊었으니 타고 가자고 해서 트램을 탔다. 4정거장이나 가는 먼 길이었다.

우리는 트랩을 내려서 성 쪽으로 걸어갔다. 프라하 성은 기네스북에 세계 최대 성으로 기록되어있다.

우리는 Ticket B를 끊어 성 비트성당, 구왕궁, 황금 소로 등을 보았다. 아마 프라하를 제대로 보려면 1주일은 소요될 것 같았다. 한국 사람들도 눈에 띄었다. 독일 어학연수를 온 학생과 그의 친구들도 만났다. 중국 사람들은 어디를 가도 많았다. 인구가 많다보니까. 그 위력이 나타나는 것 같았다.

오후 4시에 호텔에 돌아와서 쉬었다. 오늘 사진은 어제분과 합쳐서 261장이다. 이번 여행에서 찍은 사진이 7,000장이 넘었다. 만장은 채워야하는데.

∴ 성 이르치 바실리카 Basilica of St George

∴ 성 이르치 바실리카 Basilica of St George 내부

∴ 아름다운 프라하 시가

2014. 7. 25. |금| 프라하 맑음. 베를린 비

프라하를 떠나 라이프찌히Leipzig로 향했다. 우선 라이프찌히는 독일의 수학자이며 철학가인 라이프니츠를 생각나게 한다. 그도 이 도시에서 태어났다.

소라는 라이프찌히는 독일에서 고전음악과 오페라로 유명하며 바흐, 바그너, 멘델스존의 고향이고 파우스트의 무대가 되었으며 괴테가 자주 다니던 식당이 있다는 것이었다. 또한 1989년 민주화 혁명에서 주도적인 역할을 한 영웅들의 도시라 지나는 길이지만 꼭 보고 싶다고 말했다.

괴테가 자주 다녔다는 고전 레스토랑인 아워바흐Auerbachs Keller의 주소를 입력했다.

∴ 아워바흐Auerbachs Keller 표시

베를린까지는 350km인데 라이프찌히로 둘러 가면 400km가 넘을 것 같아서 8시에 출발했다. 강을 건너 프라하 성 쪽으로 차를 달렸다.

국경 근처에 가서 내비가 이상해졌다. Unmaped zone이 나오기 시작했다. impossible U-turn이 계속 나오는 것이었다. 똑바로 가는 것 같은데 말이다. 스위스의 체르마트에서 인터라켄으로 가는 도중에도, Simplon Pass를 지날 때도 그랬었다. 우리는 앞으로 계속 갔다. 하도 메시지가 떠서 주유소에 가서 확인해도 이 길이 맞다는 것이었다.

독일 쪽에는 나무를 잘 가꾸어놓았다. 산에 나무만 봐도 독일이구나 하는 생각이 들었다. 침엽수의 경제림이 빽빽이 들어선 것을 보면 역시 독일은 국가 경영을 잘 하는구나 하는 생각이 든다.

국경을 넘어 켐니츠Chemnitz에 도착 주유소에 가서 기름을 넣고 도로를 달리다가 u-turn해서 달리니까 내비가 제대로 작동했다.

라이프찌히에 도착한 것은 12시 경이었다. 주차를 하고 아워바흐를 찾았다. 지하에 있는 제법 큰 식당이었다. 음식 값이 비쌀 줄 알았는데 저렴한 편이었다. 손님들도 그렇게 많지 않았다. 나는 커피를 마시고 소라는 콜라를 마시며 음식을 시켜 먹었다.

점심식사를 하고 나오는데 비가 내렸다. 라이프찌히 도시는 깨끗했고 웅장했다. 바흐가 묻혀있다는 교회를 찾았으나 못 찾고 베를린을 향해서 떠났다.

독일의 날씨는 걷잡을 수가 없다. 구름이 늘 끼어있고 비도 자주 내린다.

베를린으로 가는 고속도로는 폭이 넓고 4차선 도로이었다. 공업국가인만큼 화물차가 많았다.

아워바흐 Auerbachs Keller 내부

베를린 시내에 도착해서 Best Western 호텔을 찾는 것이 어려웠다. 주소가 제대로 입력되지 않아서 시내에 들어가서 2시간이나 헤맨 후에 어느 경찰의 도움으로 겨우 찾을 수 있었다. 비는 내리는데 호텔을 찾도록 애써준 그 젊은 경찰이 고마웠다. 호텔에 도착 해보니 8시 반이었다. 마트에서 사온 상추쌈으로 저녁 식사를 했다. 알랑미 쌀을 섞어서 밥을 지었더니 날라 갈 것 같았다. 다음에는 물을 좀 넉넉히 붓고 밥을 해야겠다. 내일 저녁에도 상추쌈 저녁이다.

다시 독일

Germany

2014. 7. 26. |토| 베를린 구름

비가 올 줄 알았더니 비는 오지 않고 구름이 끼었다. 베를린에 왔으니 브란덴부르크 문Brandenburg은 가 봐야한다. 트램을 타고 버스를 갈아타고 갔다. 광장에는 이미 많은 사람들이 운집해 있었다. 어느 쪽이 동독인가 물었더니 사람들이 많이 운집해 있는 쪽이 동독 쪽이라고 말했다. 콰드리아가 그쪽을 향하고 있었다. 날개달린 여신상도 동독 쪽을 향해 있었다.

독일이 통일된지 20년이 넘었는데 우리나라 통일은 요원한 문제이다. 감회가 새로웠다. 서독 쪽은 도로가 시원하게 쭉 뻗어있었다. 국회의사당 유리 돔에 올라가고 싶어 2시간 반을 기다려 차례가 되었으나 패스포트를 가지고 오지 않아서 내일 구경하기로 했다.

∴ 브란덴부르크 문Brandenburg

∴ 가까이서 본 브란덴부르크 문 ∴ 독일 국회의사당
　　Brandenburg

　　티어가르덴Tiergarten에 갔다. 그곳은 꼭 가봐야 한다고 해서이다. 우리 눈에는 그저 공원에 지나지 않는 곳이었다. 특이하다면 그 공원에는 괴테의 동상과, 하이든, 모차르트, 베토벤의 동상과 와그너의 동상이 서 있다는 것이었다. 하이든, 모차르트, 베토벤의 동상은 찾았으나 지역이 너무 넓어 바그너의 동상은 찾지 못했다.

∴ 티어가르덴의 괴테 동상

　　괴테동상 앞 도로 건너편에 수없이 많은 직사각형 시멘트 콘크리트가 있어 물어보았더니 유대인 기념물이라고 말했다.
　　리처드 세라Richard Serra라는 미국의 조각가와 뉴욕의 건축가 피터 아이젠만Peter Eisenman이 계획하고 설계한 작품인 〈홀로코스트 기념비〉는 정식 명칭은 〈살해당한 유럽의 유대인들을 위한 기념비Denkmals für die ermordeten Juden Europas〉이다.
　　나치 독일은 유대인들에게는 원한이 사무치는 곳이다. 오욕을 남긴 이런 전시물들은 이제 역사의 유적으로 남아 교훈을 줄 것이다.

어렵게 찾아간 현대 미술관은 일시적으로 폐관되었다. 힘이 쏙 빠졌다. 발이 잘 떨어지지 않았다.

이제 소라가 백화점에 가자고 해서 서둘렀다. 수진, 지은, 희정이 선물로 가방을 생각했는데 금액이 맞지 않아 도저히 불가능했다. 포기해야겠다. 다른 선물을 생각하기로 하고 돌아오다가 6층에 음식을 판다기에 올라가서 문어와 스파게티를 먹으며, 맥주를 사마셨다.

〈홀로코스트 기념비〉 혹은
〈살해당한 유럽의 유대인들을 위한 기념비 Denkmals für die ermordeten Juden Europas〉

베를린 관광은 내일 하루 더해야한다.

아들에게 메일이 왔다. 제사를 지냈다는 이야기, 참가인원, 상하이 여행 등 자세한 내용이었다. 사진도 보냈다. 준이 린이가 귀엽다.

분데스타크 줄서기

분데스타크에는 유명한 유리 돔이 있다
공짜다.
구경꾼들이 많아 줄을 선다
줄서기는 유럽문화다

로마에 온 이상 로마법을 따라야한다
뜨거운 태양빛 아래
두세 시간을 서서 기다리기는 지루하다
투자한 시간이 아까워 포기도 못 한다

아무도 거역할 수 없는 줄
시간만이 해결해준다

줄어들 줄 모르는 줄
다리는 아프고
지루하고
시간은 달리의 시계처럼 걸려있다

돔에 올라가 봐야 분데스타크와 아무 관련 없는
베를린의 시내가 보일 것이다.
그러나 줄을 서서 기다린다
이렇게 우리는 평생 줄을 선다

* 분데스타크: 베를린에 있는 연방의회 건물

2014. 7. 27. |일| 베를린 맑음

   모처럼 베를린 날씨가 화창하다. 어제 너무 더워서 내의를 벗고 나갔다. 소라는 사진기를 놓고 와서 차에 갔다. 아무리 기다려도 소라가 오지 않는다.
   아마 호텔 방에 간 모양이다. 근 한 시간이나 기다려서 소라가 왔다. 사진기를 호텔의 로비에 놓고 왔는데, 사무원이 잘 간수하고 있더란다.

∴ 국회의사당 유리돔

∴ 유리돔에서 본 베를린 시가

   서둘러 국회의사당에 갔다. 어제 한 번 온 곳이라 쉽게 찾을 수 있었다. 사실은 1999년 리노베이션 때 새롭게 추가된 유리돔 건축물에 간 것이다. 영국 건축가 노먼 포스터의 작품인데 하루에 관광객이 만 명 정도라고 한다. 조금 빠른 시간인데 입장을 허락했다. 감시가 보통이 아니다. 비행기 탑승 수준이다.
   4층까지 엘리베이터를 타고 가서 돔의 경사진 길을 천천히 걸었다. 베를린 시내 전체를 조망할 수 있었다. 장벽이 거친 베를린은 평화스러웠다. 그러나 유리로 가려져서 사진촬영은 아무래도 안 될 것 같아 보류해두었다가 내려와 돔을 벗어나서 사진을 찍었다. 구경을 하고 공원에 가서 벤치에 앉아 빵을 먹고 현대미술관을 찾아갔다.

현대미술관을 찾아가는 것이 정말로 어려웠다. 몇 사람에게 물어갈 수밖에 없었다. 어느 나라 어느 도시나 동시대 미술관은 하도 첨단적인 그림이 많아서 이해하기가 어려웠다. 이곳도 마찬가지이다. 그래도 사진 촬영이 허용되어 다행이었다. 닥치는 대로 사진을 찍었더니 300장 가까이다.

베를린의 현대미술관은 뮌헨의 현대미술관과 많이 달랐다.

정식명칭은 함부르크 반호프^{Hamburger Bahnhof} 현대미술관은 원래는 역 건물이었다고 한다. 파리에 있는 오르세 미술관도 역 건물이었다. 이 미술관은 수집가인 에리히 막스, 마르조나Marzona, 프리드리히 크리스티안 플릭Friedrich Christian Flick 등 많은 컬렉션너들의 수집품이 주를 이루는 것 같았다.

요셉 보이스의 〈The End of the Twentieth Century, 1983-5.〉이라는 작품이 문어귀에 있었다. 땅위에 놓여있는 돌덩이라 브란덴부르크 문 옆에서 본 〈홀로코스트 기념비〉가 생각났다.

∴ 요셉 보이스의
〈이십세기의 종말 1983-5.

조금 더 안으로 들어가니 엔디 위홀의 모택동의 초상화가 걸려있었다. 이 그림은 미국 미술관에서도 본 것 같다. 수십만 명의 사람 목숨을 빼앗은 독재자의 초상화를 엔디 워홀은 왜 그렸을까? 그리고 그 그림이 정말 값진 그림인가? 바라보기도 싫다. 미술은 이해하기 참 어렵다. 하긴 모택동을 좋아하는 별종들도 이 세상에는 있겠지.

유독 설치미술이 많아 나 같은 사람에게는 퍽 낯설었다. 벽에 붙어있는 막스 컬렉션에 대한 글을 읽어보자

The Marx Collection

Early on, the collector Erich Marx(born 1921) developed an interest in art and started to establish his own collection. Along with his entrepreneurial career, he is engaged in various committees for the arts and culture, such as the Verein der Freunde der Nationalgalerie and the Verein zur Forderung des Israel-Museums in Jerusalem.

The first elaborate exhibition of the collection took place in 1982 at the Neue Nationalgalerie in Berlin, where the inclusion of works by Joseph Beuys, Robert Rauschenberg, Cy Twombly and Andy Warhol demonstrated the high quality of the collection.

Over the years, the collection has consistently been expanded through the acquisition of a large variety of art works. With an emphasis on outstanding work groups in particular, the Marx Collection is comprised of essential artistic creations from the second half of the 20th century, thus emphasizing its natural Proximity to the museum.

Since the opening (4th November 1996)of the Hamburger Bahnhof as the national Gallery's museum for contemporary art, the Marx Collection is not only on display at this museum, but it was in fact largely responsible for its founding and the building's reconstruction supported by the Land of Berlin.

일찍이 수집가 에리히 막스(1921년 생)는 미술에 관심이 있어 컬렉션을 시작했다. 프로모터의 경력에 따라, 그는 예술과 문화에 관한 여러 위원회에 관여했다. 예를 든다면 국립미술관 협회 회원과 예루살렘에 있는 이스라엘 박물관의 증진을 위한 협회 회원 등.

최초의 모범적인 컬렉션의 전시는 1982년 베를린에 있는 국립박물관에서 열렸다. 요셉 보이스, 로버트 라우센버그, 싸이 툼 블리, 앤디 워홀의 작품들을 포함한 컬렉션의 수준은 높게 평가되었다.

수년 후 컬렉션은 광범위한 작품의 수집으로 꾸준히 확대됐다. 특수한 분야의 걸작을 강조함으로 막스 컬렉션은 20세기 후반의 필수적인 예술작품을 포함했다. 그래서 자연적으로 박물관에 근접하게 되었다.

1996년 11월 4일 동시대 국립미술관으로 함부르크 반호프가 개관된 이래로 막스 컬렉션은 미술관의 전시뿐 아니라 베를린 시에서 지원되는 설비와 건물의 재건에까지 실제적으로 책임을 다했다.

수집가 에리히 막스 컬렉션에 있는 예술가들: 요셉 보이스 (1921-1986), 안젤름 키퍼 (1945), 로버트 라우센버그 (1925-2008), 앤디 워홀 (1928-1987), 싸이 톰 블리 (1,928에서 2,011 사이), 댄 플라 빈 (1933-1996), 도널드 저드 (1,928에서 1,994 사이), 로이 리히텐슈타인 (1923에서 1997 사이), 브루스 나우 만 (1941), 키스 해링 (1958-1990), 제프 쿤스 (1955), 산드로 치아 (1946), 엔조 Cucchi (1949), 라이너 Fetting (1949), 게오르그 Baselitz (1938), 피오나 래 (1963), 피터 핼리 (1953), 귄터 Förg (1,952에서 2,013 사이), 다니엘 리히터 (1962), 에버 Havekost (1967) 프랭크 Nitsche (1964), 토마스 Scheibitz (1968), 토마스 스트 루스 Thomas Struth (1954), 안드레아스 Gursky (1955), 레이첼 Whiteread (1963), 우고 Rondinone (1962), 매튜 바니 (1967), 즈비그뉴 Rogalski 등

다음은 전시 미술가에 대한 소개이다. 이름은 있고 그림이 빠진 화가들이 있다. 사진을 찍긴 찍었는데 확실하지가 않아 뺐다.

요제프 보이스 Joseph Beuys,

요제프 보이스는 독일의 예술가로서, 조각, 드로잉, 설치 미술, 행위 예술 등 다양한 작품 활동을 하였고, 교육가, 정치가로도 활동하였다. "모든 사람은 예술가이다"라고 주장하며 '사회 조각'이라는 확장된 예술 개념을 통해 사회의 치유와 변화를 꿈꾸었다. 요제프 보이스는 예술계의 거장이라 불리는 한국인 백남준과 절친 관계였다.

그의 작품 ⟨The End of the Twentieth Century (German: Das Ende des 20. Jahrhunderts)⟩ is a monumental installation by the German artist Joseph Beuys from 1983 가 전시되었다.

∴ 로버트 라우센버그의 〈숫사슴Mule Deer(확장 Spread)〉

∴ 로버트 라우센버그의 〈하늘 정원Sky Garden〉

로버트 라우센버그Robert Rauschenberg (1925년 10월 22일 – 2008년 5월 12일) 미국화가. 그의 초기 작품은 추상표현주의 영향을 받았다. 또한 그는 그래픽 예술가로 팝 아트 선구자이다. 그의 대표작이라 할 수 있는 콤바인과 박제된 양을 조합한 그림이 있다. 그는 젊은 시절 빌렘 드 쿠닝의 그림을 지우겠다는 당돌한 제의를 했고 쿠닝은 기꺼이 허락함으로 미술의 새로운 영역을 개척했다.

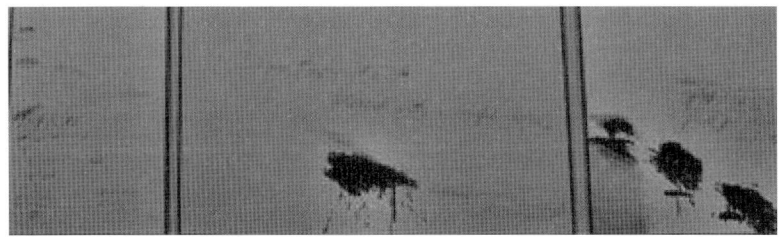

∴ 사이 톰블리의 〈Thyrsis〉

사이 톰블리CY Twombly1928년 4월 25일–2011년 7월 5일)
표현주의 화가
미국의 추상표현주의 2세대 화가로서 미국의 그래픽 아트, 즉 바스키아와 키스, 해링 등에 지대한 영향을 준 것으로 유명하다.

∴ 앤디 워홀의 〈Double Elvis〉

앤디 워홀 Andy Warhol, 1928년 8월 6일 - 1987년 2월 22일)

앤디 워홀은 미국의 미술가이자, 출력물 제작자, 그리고 영화 제작자였다. 시각주의 예술 운동의 선구자로, 팝 아트로 잘 알려진 인물이다. 산업 일러스트로 성공적인 경력을 쌓은 후에 화가, 아방가르드 영화, 레코드 프로듀서, 작가로서 세계적으로 유명해졌다. 본명은 앤드루 워홀라 주니어이다. 가장 높은 가격을 기록한 워홀의 그림은 1963년에 제작된 캔버스로 1억 달러에 거래된 《여덟 명의 엘비스》 라는 제목의 그림이다.

∴ 안젤름 키퍼의 〈Lilith am Roten Meer〉

∴ 안젤름 키퍼의 〈Wege der Weltweishelt die Hermannsschlacht (Ways of Ways of Worldly Wisdom: Arminius's Battle), 1978〉

안젤름 키퍼Anselm Kiefer(1945 3월 8일 생)

안젤름 키퍼는 독일의 화가이자 조각가이다. 그는 1970년대에 요제프 보이스와 공부했다. 그는 작품에서 짚, 재, 점토, 납, 도료와 같은 재료들을 사용했다. 파울 첼란의 시는 카발라라는 신학적 개념과 함께 키퍼가 독일의 역사와 홀로코스트의 공포라는 키퍼의 주제들을 발전시키는 데 일정한 역할을 했다. 키퍼는 제2차 세계 대전 이후 독일이 낳은 가장 유명하고 가장 성공적이며 가장 논쟁이 된 화가이다.

윌리엄 켄트리지William Kentridge(1955년 4월 28일 생)

남아프리카 요하네스버그 출신. 예술가, 애니메이션 영화가. 남아공의 인종차별정책, 아파르타이트Apartheid에 반대한 백인 변호사 가정에서 성장했다. 그는 태어날 때부터 백인 사회에도 섞이지 못하고, 흑인 사회에서도 섞이지 못하는 경계에 서 있었다. 그의 조국, 남아프리카공화국을 짓누르는 근대 유럽의 세계관에 대해 줄기차게 저항을 했다. 대표작으로 〈시간의 거부The Refusal of Time〉가 있다.

안드레아 프레이저 Andrea Fraser(1965 년생)

미국의 미술가. 뉴욕대학에서 공부를 함.

프레이저의 작품은 예술 세계의 사회 구조의 비판적 분석, 사회의 내부 갈등, 구조적 메커니즘을 표현했다.

∴ 코지마 폰 보닌의 〈und jetzt wetter im text....,2008. ...neud fehler warten, 2008〉

코지마 폰 보닌^{Cosima Von Bonin}(1962 년생)

독일의 현대 작가. 캬냐 출신. 1990년대에는 직물회화를 제작하였다. 그 후 설치작업과 각종협업 작품을 선 보였다. 그를 대표하는 작품은 내면의 우울함, 무기력함, 게으름, 고독의 소재를 유머러스하고 재치 있게 표현한다는 평이다.

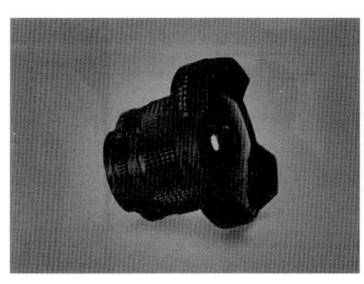

∴ 크리스토퍼 윌리암스의 〈Kiev MC Arsat(Zodiak-8)30mm f3.5 1:3.5 Product Aperture f/3.5 Serial Number 870701 Medium Format Camera Lens Douglas M. Parker Studio, Glendale, California. August 4, 2005, 2005〉

∴ 〈크리스토퍼 윌리암스의 〈루지의 10월 ^{Lodz, October 1}, 2004, 2004〉
※ 루지는 폴란드 중부도시

쥬타 코에테^{Jutta Koether}(1958-) 독일의 예술가, 음악가, 비평가

크리스토퍼 윌리엄스^{Christopher Williams}(1956 출생, 로스앤젤레스)

미국의 개념 사진예술가와 미술작가. 그는 뒤셀도르프식 사진 찍기를 벗어나 미국과 영국, 다른 유럽나라, 아시아 국가와 다양한 이벤트를 주체하였다. 그의

대표작은 〈폭풍의 눈〉이다.

∴ 헤이모 주베닝의 〈AMERIKANER, 1992〉

헤이모 주베닝 Heimo Zobernig (1958년 Mauthen에서 출생)
오스트리아 예술가.

미디어 회화, 조각, 영화에 걸쳐 작업하는 아티스트. Zobernig는 자신의 추상 작품에서 색상을 다루는 것으로 유명하며, 그리드와 단색에 중점을 두면서 강조하는 브러시 스트로크로 유명하다.

∴ 파올라 피비 Paola Pivi의 〈Alicudi Project, 2001〉

파올라 피비 Paola Pivi (1971 밀라노 , 이탈리아)

멀티미디어 예술가이다. 파올라 피비 Paola Pivi는 현재 미국 알래스카주 앵커리지에서 활동하는 작가로, 베니스 비엔날레에서 황금사자상을 수상한 경력이 있다.

∴ **사라 모리스의 〈1972 Rings, 2006-2013〉**

사라 모리스 Sarah Morris (1967년 6월 20일 생)

  영국의 예술가이다. 복잡하고 추상적인 영상이나 회화로 유명한 사라 모리스는 동시대 아티스트 중에서 가장 주목받고 있는 작가이다. 건축물이나 문화적 심볼에 가려져있는 의미나 권위적인 구조를 탐구하고, 그런 사회를 반영하는 컬러와 형식을 작품으로 표현한다. 가장 단순하지만, 작품을 통해 주제와 의미를 찾아가며 관객과 소통하고 싶다는 생각을 중시한다.

Richard Jackson 1939 Untitled〈Model1 for 5050Stacked Paintings)1998년〉

리차드 잭슨 Richard Jackson(1939 년 생)

  미국의 현대 예술가. 그는 예술과 공학을 공부했다. 그는 모교에서 새로운 형태의 예술을 가르쳤다.

  1970 년대 이후 잭슨은 그의 작품에서 개념 절차, 유머와 극단적 인 장애를

결합하는 회화의 새로운 분야를 개척했다. 그는 도전과 실험을 끊임없이 시도하고 오직 그림이라는 명제에 천착하는 neo-dadaist이다.

그의 대표작은 〈메이드의 방〉〈식당〉 등이다.

∴ 피터 핼리의 〈정지 벽지 Static Wallpaper, 1998〉

피터 핼리$^{Peter Halley}$ (1953년 9월 24일 년생)는 네오 지오(Neo-Geo : 뉴 기하 추상주의)의 기수이다. 그의 모든 그림에는 감옥이 그려져 있다. 개념미술과 후기 미니멀리즘에 관심을 가진 비평가이자 화가이다. 과학기술에 근거한 유토피아주의 상징인 기하형상을 사용하여 그것의 허구를 풍자함으로써 기술문명과 신화에 근거가 되는 모더니즘 미술을 내부로부터 공격하였다. 대표작은 〈제목 미정$^{Not Yet Titled}$〉 2004

보얀 사르세비치$^{Bojan Sarcevic}$(1974-)비디오 아트

플로리안 슬러터와$^{Florian Slotawa}$ 개념 예술가

블링키 팔레르모$^{Blinky Polermo}$(1943-1977) 독일 추상화가

∴ **디터 로트의 작품**

디터 로트 & 아들 로트 Dieter Roth & Bjorn Roth (1930-1998) 스위스 화가, 판화, 조각품, 가든 조각

미켈란젤로 피스톨렛토 Michelangelo Pistoletto (1933-) 이탈리아 화가. 행동 예술가. 아르테 포베라 Arte Povera 중요 인물 가운데 한 사람

∴ **모나 하투엠의 〈퍼즐 Puzzled〉**

모나 하투엠 Mona Hatoum (1952-) 초현실주의 미니멀리즘

보얀 사르세비치 Bojan Sarcevic (1974년-) 베오그라드에서 출생 베를린에서 활동 시각예술가

플로리안 슬로터와 Florian Slotawa (1972년-) 독일 개념 예술가

82일간 유럽여행 일기

∴ 〈Die Sammlong A-Z MR ONA AZ. 마조나 컬렉션
  미국과 유럽의 개념미술, 미니멀이즘, Arte Povera 미술로 구성〉

다니엘 뷔렌Daniel Buren(1938년-)프랑스 개념예술가

조셉 코수스Joseph Kosuth(1945년-)미국 개념예술가

∴ 요셉 보이스의 〈토끼 묘혈Hasengrab〉

∴ 요셉 보이스의
  〈"Unschlitt"(1977), 20 톤의 뚱뚱한 지방〉

∴ 요셉 보이스의 작품

∴ 이미 노벨Imi Knoebel의
  〈Konstellation S. Cadmiumrot, !975-1985〉

352

로렌스 와이너Lawrence Weiner(1942년-) 미국예술 형성의 중심인물. 개념미술. 동시대 미술.

한네 다보벤Hanne Darboven(1941년-2009년) 독일 개념 예술가

∴ **카타리나 그로스**
Katharina Grosse의 작품

카타리나 그로스Katharina Grosse(1961-) 독일 설치미술가

존 맥크라켄John McCracken(1934년-2011년) 미국. 가장 중요하고 영웅적인 미니멀리스트 예술가 중 한 명이었다. 그는 로스 앤젤레스, 산타페, 뉴멕시코, 뉴욕에서 살면서 일했습니다.

이미 노벨Imi Knoebel(1940년-) 독일미니멀리즘 추상회화및 조각
리차드 잭슨Richarol Jackson(1939년-)미국화가. 시각예술가. 공연 예술. 네오다다이스트.

모니카 보니치니Monica Bonvicini(1965년-)이탈리아 개념미술, 설치미술, 조각가

중요 예술가들을 간단하게 설명했다. 이곳 현대미술관에서는 생존 예술가들의 작품이 많다는 점이다. 이 점은 다른 미술관에서는 구경조차할 수 없는 놀라운 사실이다.

가장 재미있게 보았던 전시는 'Wall Works'. 2013년 11월 29일부터 2015년 1월 11일까지 개최하는 이 전시는, 벽을 주제로 한 여러 아티스트의 작품을 전시하고 있다. 로타르 바움가튼^{Lothar Bamgrten}, 댄 플래빈^{Dan Flavin}, 니엘레 톨니^{Niele Toroni} 등의 작가들이 작업한 회화, 조각, 비디오 작업 등 다채로운 작품들을 볼 수 있었다.

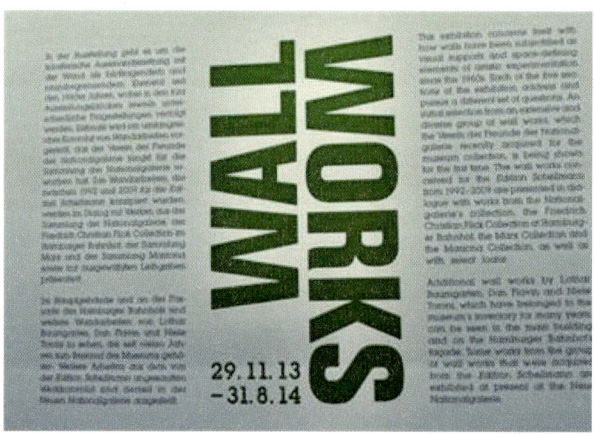

Wall Works

This exhibition concerns itself with how walls have been subjectified as visual supports and space-defining elements of artistic experimentation since the 1960s. Each of the five sections of the exhibition address and pursue a different set of questions. An initial selection from an expensive and diverse group of wall works which the Verein det Freund der national-galerie recently acquired for the museum collection, is being shown for the first time. The wall works conceived for the Edition Schellmann from 1992-2009 are presented in dialogue with works from the National-galerie's Collection, the Friedrich Christian Flick Collection at Hamburger Bahnhof the Marx Collection and Marzona Collection as well as with select loans.

Additional wall works by Lothar Bamgrten, Dan Flavin and Niele Toroni, which have belonged to the museum's inventory for many years, can be seen in the main building and on the Hamburger Bahnhof's lagade. Some works from the group of wall works that were acquired from Edition Schellmann are exhibiled at present at the Neue National-galerie.

이 전시는 1960년대부터 시도된 시각효과와 공간정의의 요소를 벽이 어떻게 주관적으로 해석되는가 하는 그 자체에 관련이 있다. 전시 공간의 5개 구분은 개개의 문제를 다른 세트로 꾸며지도록 추진되었다. 최초의 선발은 국립미술관 조합위원회가 최근에 미술관의 컬렉션을 위해서 엄선된 산업적이 아닌 다양한 벽 작가 구룹이 처음으로 전시되고 있다. 벽 작품들은 1992부터 2009까지 셀만 예술출판사의 총서에서 얻은 목록으로 국립미술관 컬렉션, 함부르크 반호프에 있는 프리드리히 크리스티안 플릭 컬렉션, 막스 컬렉션, 마르조나 컬렉션의 작품 뿐만 아니라 선택적 착용도 했다.

로타르 바움가튼, 댄 플래빈, 니엘레 토르니의 첨부된 벽 작품들은 수년 동안 미술관의 소장품으로 메인 건물과 함부르크 반호프 전시실lagade에 전시될 수 있었다. 셀만 총서의 목록에서 구한 벽 작품 중 몇몇 작품은 노이 국립 고거에 전시중이다.

* 요르그 셸만Jorg Schellmann은 (1944 년생) 독일의 가구 디자이너 및 설립자이자 예술 출판사의 소유자.

* 로타로 바움가든Lothar Baumgarten (born 1944) is a German conceptual artist, based in New York and Berlin. His work includes installation and film.
로타르 바움가든은 독일의 개념미술가로 뉴욕과 베를린에서 활동한다. 그의 작품은 설치미술과 영화 필름이다.

* 댄 플라빈Dan Flavin (April 1, 1933, Jamaica, New York - November 29,

1996, Riverhead, New York) was an American minimalist artist famous for creating sculptural objects and installations from commercially available fluorescent light fixtures

미국의 미니멀 화가. 조각과 상업적으로 유용한 형광등 설치물로부터 설치미술로 유명하다

※ 니엘레 톨니[Niele Toroni] (born March 15, 1937 in Muralto[1]) is a Swiss painter. He lives and works in Paris.

스위스의 화가. 그는 파리에서 살고 일을 한다.

The iron lumps are so heavy in order to prevent me escaping lightly from this hell. -Joseph Beuys 쇠덩이가 너무 무거워서 내가 이 지옥 같은 세상에서 가볍게 벗어날 수 없다.-요제프 보이스

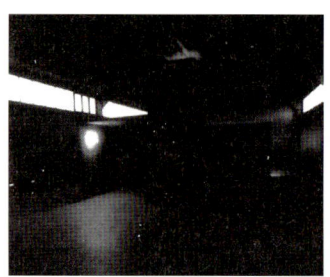

∴ 브루스 나우먼[Bruce Naumann]
Room with My Soul Left Out, Room That Does Not Care(1984)

브루스 나우만[Bruce Nauman] (born December 6, 1941) is an American artist. His practice spans a broad range of media including sculpture, photography, neon, video, drawing, printmaking, and performance. Nauman lives near Galisteo, New Mexico. 브루스 나우만은 미국 예술가다. 그의 시도는 조각, 사진, 네온, 비디오, 드로잉, 인쇄, 퍼포먼스를 포함한 광범위한 미디어에 걸쳐있다. 그는 뉴멕시코주의 갈리스테오[Galisteo] 근처서 살고 있다.

기념품 가게에 가서 애들에게 줄 연필을 샀다. 색 연필 두 곽 소묘연필 12

자루를 샀다.

  37.59 유로인가 이다.

  이제 가장 큰 선물이 남았다. 사기가 어렵다. 내일 호텔의 지하에서 사기로 했다.

  버스를 타고 종점까지 갔다 왔다. 별로 구경할 것이 없었다. 독일 사람들의 작은 단독주택과 아파트 사진을 찍어왔다.

2014. 7. 28. |월| 베를린 비, 함부르크 맑음

　독일의 날씨는 종잡을 수가 없다. 오늘도 비가 내린다. 베를린에 오던 날도 비가 내렸다. 베를린을 떠나는 날도 비가 내린다. 베를린이 슬픈 곳이었던 곳이라 그런가? 이제는 아닌데.
　아침 식사를 한 후 소라는 썬 글라스가 없다고 말했다. 호텔의 방 구석구석을 찾아도 보이지 않는다. 로비에 가서 물어보아도 식당에 가서 물어보아도 보이지 않는다. 결국 포기하고 길을 떠나야했다. 나는 프랑크푸르트에서 썬 글라스를 잊어버렸다가 찾았는데 소라 것은 나오지 않았다. 소라는 퍽 서운해 했다. 다독거릴 수 밖에
　호텔의 지하는 커다란 매장이었다. 그곳에 들려 고추와 오이, 사탕과 땅콩, 상추를 샀다. 오늘도 선물을 사지 못했다.
　물은 5병이나 있어서 다음에 사기로 하였다.
　비가 내리는데 길을 떠났다. 곧 고속도로에 진입하였다. 도로 옆에는 짙은 숲이다. 내가 좋아하는 자작나무는 빈에서부터 부쩍 늘었다. 자작나무 숲을 보러 미국의 슈피리어 호, 호안까지 간 일이 있었다. 독일에는 소나무도 많다. 소나무 중에서도 한국의 아름답고 고귀한 적송이다.
　아직도 추수를 하지 않은 밀 보리밭과 옥수수 밭이 나타났다가 사라졌다. 그리고 풍력발전 기구가 참 많았다. 독일이니까 우라늄의 무서움을 아는 것이다.
　비는 더 세차게 내려 앞이 잘 안 보일 정도이었다. 그래도 소라는 운전을 참 잘 한다. 워싱턴에서 보스턴에 갈 때는 이보다 더 했다. 비는 내리는데 연로부족 사인이 나타났다. 미리미리 디젤을 넣어야하는데. 비싸다고 안 넣은 것이

후회되었다. 결국 다섯 번이나 사인이 나오고서 우리는 고속도로를 벗어나기로 하였다. 다행히도 비는 그쳤다.

어느 마을에 들어가 집을 짓고 있는 사람들에게 물어본 결과 십오 육km를 가면 주유소가 있단다. 뒤에 오는 차에 가서 소라가 다시 물어보니 고속도로에서 가던 길로 5km 가면 주유소가 있다고 말해서 그 쪽을 택했다. 10km 전에 주유소가 있다는 표시를 해놓았으면 마을까지 들어오지 않았을 것인데. 어디나 허점은 있다.

주유소가 있어서 가까스로 디젤을 넣을 수 있었다. 기름을 넣고 화장실에 갔더니 돈을 내란다. 주유소에서 기름을 넣고 돈을 내고 소변을 본다는 것은 납득이 가지 않았다. 이런 경우는 처음이다. 어느 나라나 주유소는 기름을 넣지 않고도 화장실을 개방한다. 독일의 일부 지역만이 요금을 요구한다. 이 또한 치사한 요구 같다.

오후 2시경에 함부르크에 도착했다.

여관은 쉽게 찾았다. 방을 정하고 짐을 가져다놓고 항구에 나가 보트 투어를 하고 저녁을 먹고 오기로 하였다. 지하철을 타고 한 번 갈아타면 된단다. 전부 합쳐서 아홉번 째 정거장에서 내렸다. 해변이었다. 인구가 부산의 반도 안 되는 항구인데 항구는 엄청나게 컸다.

∴ 수많은 자물쇠

∴ 함부르크 항구

∴ 대형 상선

∴ 부두의 대형 기중기

∴ 정유 탱크

∴ 바다에서 본 함부르크 시 전경

　36유로를 주고 항구투어를 신청했는데 조그마한 배이었다. 시내 쪽과 건너편 정유공장 쪽, 컨테이너 부두를 골고루 보여주었다. 항구의 여러 곳을 보았다. 컨테이너 부두에는 컨테이너가 산처럼 쌓여있었다. 그 중에는 한국 것도 있어 가슴이 뿌듯했다.

　그리고는 식당에 가서 저녁을 사먹었는데 내가 주문한 음식은 너무 짰다. 소라 것은 감자가 나왔는데 맛이 있었다.

　이제 빨래도 한국에 가서하면 된다. 내일은 암스테르담으로 간다.

　소라가 메일을 보라고 해서 보았더니 볼만한 것이 없어서 구글에서 아이슈타인을 찾아보았다. 그의 출생지와 성장한 곳, 공부한 대학이 나와 있었다. 그는 박사도 아니었는데 독학으로 쓴 5편의 논문으로 유명해지기 시작했다. 천재는 교육되는 것이 아니고 스스로 성장하는 것이다.

2014. 7. 29. |수| 함부르크 맑음 도중에 비 암스테르담 맑음

함부르크 민족박물관Museum fur Volkerkunde에 갔다가 암스테르담으로 떠나기로 하였다.

∴ 함부르크 민족박물관

주소를 입력하고 찾아갔다. 호수를 지나 오래된 건물이 민족박물관이었다. 양옆으로 사자상이 있고 뒤로 돌아가니 중국식 기와집이 있었다. 물론 민족박물관과는 관련이 없는 곳이다. 직선의 서양 건물만 보다가 곡선의 동양 건물을 보니까 그 독특함이 무척 아름다웠다. 아마 고급 중국음식점인 것 같았다.

박물관에는 아이들을 데리고 온 선생들이 눈에 띠었다. 방학동안의 과제를 하러 온 것 같기도 했다. 초등학생으로 보이는 아이들이 열심히 보고 노트에 적었다. 처음에 간 곳은 미국 인디언의 생활을 표현한 것이었다. 미국에서 참 많이도 보았는데 그럴 듯하게 꾸며놓았다. 그리고 파푸아 뉴우기니, 아프리카, 사모아, 멕시코의 유물들을 전시해 놓았다. 일본 유물은 물론 중국 유물도 한 전시실을 차지하고 있었다. 우리 것은 없었다. 이런 경우 우리나라는 아직 문화에 눈뜨지 못한 거 같아 좌절을 느낀다.

이 박물관은 독일 학생들이 세계를 이해하는데 도움이 될 것 같았다. 독일은 이런 식으로 아이들을 교육시키는구나! 그들의 수준이 부럽다.

함부르크 보트 투어

독일이 자랑하는 항구 함부르크에서 보트 투어를 했다.
어제는 베를린의 현대미술관에 있었고
내일은 암스테르담으로 떠난다

조그마한 보트는 혈관의 적혈구 같이
항구를 비집고 다녔다.
부두에는 음식점, 바다를 향한 고급호텔과 교회건물
어제 간 베를린의 미술관 전시실이 생각났다.
호화여객선, 산만큼 큰 상선
멀리 교회의 철탑
정유공장, 고철이 쌓여 있는 야적장

동시대 미술은 이해가 되지 않는다.
이런 것도 미술인가 하는 생각이 든다.
이론가들은 이론을 전개해놓았다.

그곳에서 근무하는 그들
하루 종일 그곳에 서서
그림을 감상하는 사람을 감시하는 그들은
따블로 따분할 것이다.

온갖 얄궂은 것은 다 모아놓은 이곳
동시대 미술관이다
함부르크 항구가 동시대 미술관이다

∴ 중국 스타일 집

∴ 박물관에 온 초등학교 학생들

구경을 하고 사진에 담고는 암스테르담으로 향했다. 어제 기름 때문에 고생을 해서 독일에서 기름을 넣기로 했다. 경유 값이 너무 비싸 다음 주유소에 가서 넣기로 하고 50km를 달렸다. 차들이 기름을 넣으려고 줄을 서있었다. 그런데 그곳 역시 같은 값이었다. 네덜란드가 기름값이 비싸기 때문일 거라고 생각하고 만탱크를 채웠다. 그런데 그곳도 화장실이 유료란다. 이건 음식점에서 화장실 값을 받는 것이 아닌가. 기분이 나빠 다음 파킹장으로 가기로 하고 차를 몰았다. 국경 근처에 가서는 시골길로 접어들었다.

생각과는 달리 네덜란드가 오히려 기름 값이 싸고 고속도로 통행료도 받지 않았다. 국경을 넘자 구릉하나 없는 평원이었다. 남한의 반 정도의 면적인데 농토는 많을 것 같았다. 그리고 풍차는 보이지 않고 풍력발전 시설만 보였다.

암스테르담에 도착한 것은 5시 경이었다. 호텔은 중심가에 있었고 파킹 비를 걱정했는데 길 건너 지하주차장에 하루에 30유로씩 파킹이 가능하단다. 비싸다니까 호텔은 하루에 50유로라고 연필로 썼다. 교외에 P/R이 있지 않느냐니까 없단다.

모처럼 시내 중심에 호텔이라 야경을 구경하기로 했다. 그래서 밖으로 나가 보았다.

밤에는 날씨가 쌀쌀했다. 웬 놈의 사람이 그렇게 많은지 굉장했다.

다시 독일

Netherlands

2014. 7. 30. |목| 암스테르담 맑음

지금까지 여행한 유럽 나라의 면적과 인구를 조사해 보았다.

네덜란드	41,525km²	1640만
독일	356,866km²	8300만
벨기에	30,000km²	1040만
스위스	41,285km²	740만
스페인	505,000km²	4300만
영국	240,000km²	6000만
오스트리아	83,855km²	820만
이탈리아	301,230km²	5780만
체코	78,864km²	1020만
터키	779,452km²	7240만
프랑스	551,000km²	6020만
바티칸	1km²	900명
모나코	1.95km²	30,000명
산마리노	61km²	28,117명
룩셈부르크	2,584km	44,000명

작은 나라는 살아남기 위해서 독특한 방법을 쓴다. 그리고 불가사의하게 잘 산다. 그 점이 흥미롭다. 바티칸은 종교로, 모나코는 도박으로, 산마리노는 관광산업으로, 룩셈부르크는 은행, 보험, 철강 산업으로, 특히 룩셈부르크는 국민 GDP가 $92,506로 세계 최고이다. 이 작은 나라들의 특징은 하나 같이 관광산업이 잘 발달되어있다는 점이다.

∴ 암스테르담 시청사

∴ 암스테르담의 담 광장-2차대전 중 전사한 장병들의 국가기념비

암스테르담에서 맨 먼저 보트 투어Boat Tour를 했다. 보트 투어는 다른 지역에서도 여러 번 했다. 그 중 베네치아의 보트 투어가 가장 인상에 남는다. 암스테르담 보트 투어는 그냥 수로를 다니면서 시내의 건물을 설명하는 수준이었다.

1시간 반짜리인데 배를 타고 수로를 달리는 것은 차를 타는 것과는 많이 다르다. 요금도 싸고 관람객도 참 많았다.

∴ 세계 중요 도시 해면sea level과 암스테르담 중요 기관 해면 비교

다음은 암스테르담 박물관에 갔다. 세계 중요 도시 해면$^{sea\ level}$과 암스테르담 중요 기관 해면 비교도가 흥미로웠다. 이스트 암스테르담 지역은 무려 -5.5m 레벨이었다. 스히폴 공항은 -3.9m 레벨이었다. 거의 전부가 해면 보다 낮았다. 반면에 남아프리카 공화국의 요하네스버그는 +1,600m이다. 항구도시인 뉴욕, 런던, 시드니도 +8m 이상이다.

박물관은 바다보다 낮은 암스테르담을 현재의 위치로 이룩한 선조들의 업적을 설명한 곳이었다. 바로 암스테르담 DNA가 그것이다.

∴ 한 때 해상왕국이었던 가장 네덜란드 적인 그림   ∴ 2층에서 내려다 본 박물관

박물관 종사원에게 암스테르담이 해저보다 낮은데 어떻게 유지가 되는가? 좀 우둔한 질문을 했더니 펌프가 한다는 것이었다.

암스테르담이 항구가 아닌가 물었더니 로테르담^{Rotterdam}이 중요 항구란다. 그리고 펌프를 구경할 수 있는가 물었더니 인터넷에서 찾아보란다.

사실 이 불가사의한 도시에 대해서는 찾아볼게 많다.

다음에 간 곳은 사진 박물관이었다. 사진 촬영이 금지되었다. 세계적인 수준의 전시실인줄 알았는데 실망했다. 대신 전시해 놓은 사진잡지FOAM, 여러 권의 잡지에서 사진의 경향을 알 수 있었다. 중요한 부분은 사진으로 찍어왔다.

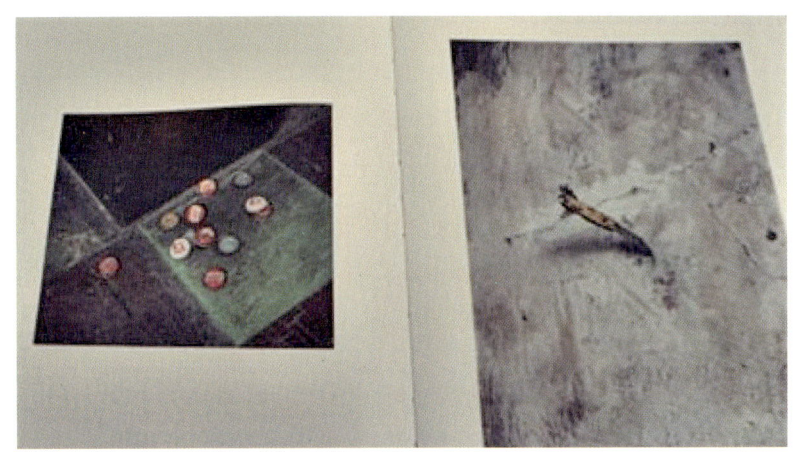

∴ **현대 사진의 면모**
　병뚜껑

∴ **날카로운 칼**

∴ **미르코 마틴**Mirko Martin**의 〈L.A.충격L.A. Crash〉의 한 사진**

　온 몸에 기름을 뿌려 불을 지르고 대로를 질주하는 이 사진은 섬뜩함을 주는 충격이다. 이것은 분명 세기의 위기를 내포하고 있다. 어떻게 이런 작품을 찍었을까?

 다음에 간 곳은 암스테르담에서 유명한 sex 박물관에 갔다. 박물관은 조그마한 건물의 3층까지 이용하고 있었는데, 주로 남자의 성기를 전시해 놓았고 성교의 장면 등은 춘화 정도이었다. 이태리의 나폴리 박물관에서 이와 비슷한 진열품을 본 듯하다.

∴ **섹스 박물관의 해학적인 조각**　　　　　　　　　∴ **정조대**

 성에 대한 관심은 남녀노소가 차이가 없다. 관광 온 많은 중국 처녀들도 얼굴을 붉히며 보고 있었다.

 네덜란드가 세계에서 가장 성이 개방된 국가라 이 박물관을 지었고 이 조치는 청소년의 성교육에 적합할 것 같았다.

 밤에는 그 유명하다는 홍등가에 가보았다. 소라도 선뜻 나섰다. 호텔에서 걸어갈 수 있는 거리에 홍등가는 있었다. 홍등을 켜놓은 홍등가는 불야성을 이루고 있는 곳이었다. 관광객으로 넘쳤다. 서양은 창녀도 직업이라더니, 너무나 예쁜 아가씨들이 많기도 했다. 이렇게 많은 창녀들은 수요도 그렇게 많다는 이야기가 아닌가. 동서고금의 남자들은 어쩔 수 없나보다.

2014. 7. 31. |금| 맑음

　암스테르담 국립미술관Rijksmuseum과 반 고흐 미술관Van Gogh Museum에 가기로 했다. 네덜란드는 미술관에서 사진 촬영이 허용되고 국립미술관은 여행 안내서에 Don't Miss로 소개된 곳이다. 반 고흐는 우리가 알다시피 네덜란드가 낳은 세계적인 미술가이다.

　호텔 앞에서 트램을 타고 10분쯤 간 후 내렸더니 미술관이 보였다. 2009년 보수공사가 끝나 지난해에는 200만 명 이상의 관객이 있었다고 한다.

　팸플릿을 보니 오른쪽 날개는 연대별로 1100-1600, 1800-1900, 1650-1700, 1900-1950으로 구분하여 전시하고 왼쪽 날개는 Special Collection, 1700-1800, 1600-1650, 1950-2000의 작품을 전시하고 사진 촬영이 허용되었다.

∴ 암스테르담 국립미술관 Rijksmuseum 전경
∴ 얀 빌렘 피에만Jan Willem Pieneman의 〈워터루 전쟁Battle of Waterloo〉

∴ 박물관에 전시된 금세공품

∴ 성화

∴ Barend Cornells Koekkoek의 〈겨울풍경화Winter Lanscape〉

∴ 로렌스 알마 타데마의 〈파리오 맏아들의 죽음〉

맨 먼저 눈에 들어온 그림은 얀 빌렘 피에만Jan Willem Pieneman의 워터루 전쟁 Battle of Waterloo이었다.

풍경화가 많았다.

로렌스 알마 타데마Lourens Alma Tadema의 〈파리오 맏아들의 죽음The Death of the Pharaoh's Firstborn Son〉이 있었다.

∴ 미술관에 있는 사치스런 꽃병, 장식품

∴ 한 벽면을 가득 채운 그림들

∴ 헨드릭 빌렘 메스다크 Hendrik Willem Mesdag 의 〈파도 속의 연어 낚시 Fishing Pinks in Breaking Waves〉

∴ 조지 헨드릭의 〈암스테르담의 Paleisstraat 에서 싱겔 다리〉

∴ 자코버스 반 루이 Jacobus van Looy 의 〈여름의 풍요 Summer Luxuriance〉

∴ 얀 투룹 Jan Toorp 의 〈캣츠위크 근처의 바다 The sea near Katwijk〉

조지 헨드릭 브리트너 George Hendrik Breitner 의 그림이 서너편되었다. 그 중 〈암스테르담의 Paleisstraat에서 싱겔 다리 The Singel Bridge at the Paleisstraat in Amsterdam〉를 인상 깊게 보았다. 반 고흐 Van Gogh 의 작품도 서너 점 있었다. 그의 〈농부의 오두막 Farm Cottage〉, 〈요람에서 어머니 네오라르즈 데비-케어 바이 Charbuy 의 초상 Mother by Cradle, Portrait of Leonie Rose Davy-Charbuy〉, 〈그의 초상화〉 등이 미술관에 있어서 다음은 사진으로 담아온 그림이다.

∴ 빈센트 반 고흐의 〈오두막〉

∴ 빈 센트 반 고흐 Vincent van Gogh 의 〈요람에서 어머니 네오라르즈 데비-케어 바이 Charbuy 의 초상 Mother by Cradle, Portrait of Leonie Rose Davy-Charbuy〉

∴ 고흐의 초상화

∴ 미술관의 도기류

Van Gogh and his contemporaries

Vincent van Gogh(1853-1890) was as unknown in the Netherlands during his lifetime as he is world famous today in 1892 the artist Jan Toorop organized the first Dutch exhibition of Van Gogh work. It created a shock wave Van Gogh's exceptionally colourful paintings had a great impact on the younger generation of artists.

Toorop was the most international Dutch artist in the 1880s. Though him, his contemporaries were exposed to artistic developments in Belgium and France. The work of French contemporaries, such as Monet, was otherwise hardly known in the Netherlands.

Experiments in colour and form were also characteristic of the applied arts in this period. Art Nouveou, a movement of French origins, inspired by Japanese art and nature, was called 'New Art' in the Netherlands. It was influenced particularly by indonesian art.

빈센트 반 고흐는 네덜란드에서 그가 살았을 당시는 지금 유명해진 것처럼 알려지지 않았다. 1892년에 얀 투롭이 반 고흐 작품을 독일에서 처음 전시함으로 유명해졌다. 반 고흐의 뛰어난 색채화는 젊은 세대 예술가들에게 거대한 충격을 던진 노도이었다.

투롭은 1880년대 가장 국제적인 독일 화가이었다. 투롭은 벨기에와 프랑스에서 동시대 미술가들을 미술의 발전을 위해 비판했다. 그 당시에는 모네의 작품조차도 프랑스와 네덜란드에서 거의 알려지지 않았다.

빛과 형상에 있어서 실험은 역시 그 시대 응용미술의 특색이다. 프랑스에서 일어난 운동인 아르누보Art Nouveou는 일본 미술이 미술의 본질에서 영감을 주었다. 아르누보Art Nouveou는 네덜란드에서는 새미술로 불려졌다. 그것은 인도네시아 미술에 의해서도 많은 영향을 받았다.

∴ 다비드 테니르스 동생David Teniers the Younger의 〈농부의 축제Peasant Kermis〉

∴ 화가의 이름을 알 수 없는 그림 다수

∴ 코넬리스 드 맨Cornelis de Man의 〈스메렌부르크 마을 근처의 고래정유소The Whale-oil Refinery near the village of Smerenburg〉

∴ 얀 뱁티스트 베닉스Jan Baptist Weenix의 〈이스파한에 가는 길에 있는 네덜란드 대사The Dutch Ambassador on his Way to Isfahan, Jan Baptist Weenix, 1653〉

∴ Allaert 반 에베르딩겐Allaert van Everdingen의 〈헨드릭 트립 캐논 주조소, 스웨덴Hendrik Trip's Cannon Foundry in Julitabruk, Sweden〉

Japan, C 1575-1625의 〈나무 줄기Trunk〉

피터 라스트 만Pieter Lastman의 〈오레스트와 필라데, 제단에서의 논쟁 Orestes and Pylades Disputing at the Altar〉

얀호이옌 Jan Van Goyen의 〈2구르 참나무가 있는 풍경 landscape With Two Oaks〉

애드리안 반 데 벤느 Adriaen Pietersz van de Venne의
〈Prince Maurice and Frederick Henry at the Valkenbure Horse Fair〉

애드리안 반 데 벤느 Adriaen Pietersz van de Venne의
〈영혼을 위한 낚시 Fishing for Souls〉

∴ 카텔 반 만더Karel van Mander 1의
〈스키피오의 정절The Continence of Scipio〉

코넬리스 코넬리스 반 할렘Cornelis Cornelisz van Haarlem
의 〈욕탕에서 밧세바Bathsheba at her Toilet〉

∴ 코르넬리스 반 할렘의 〈인간의 타락〉

∴ 미술관의 성화들

∴ 미술관에 있는 작품들

∴ 미술관에 있는 작품들

램버트 사스트리스의 작품으로 간주되는 attributing to Lambert Sustris 〈누운 비너스 Reclining Venus〉

코르넬리스 반 할렘^{Cornelis Corneliszoon van Haarlem}의 〈인간의 타락^{The Fall of Man}〉

요시다 히로시의 후지산 순례

요시다 히로시^{Yoshida Hiroshi}의 〈후지산의 순례 ^{Pilgrimage up Mount Fuji}〉

3시간 반 동안 열심히 보고 사진 촬영을 많이 했다.

China, Japan and Korea

Around the 1st century AD, Buddhism was introduced from India into China, and in later centuries it spread also to Japan and Korea. This led to the extensive production of Buddhist images and other sacred objects. Many older belief systems already existed in the region. In China, for instance, bronze and jade objects from tombs dating from more than 4000 years ago have also been preserved.

East Asian culture did not, however, focus exclusively on gods and the afterlife. Equal attention was given to enhancing earthly secular life with luxury goods, such as screens, ceramics, metal work and lacquer ware. There was also a long standing tradition of collecting and studying such objects. The cultural elite compiled catalogues of art treasures and wrote treatises on such subjects as the subtle colour gradations of glazes on ceramics.

The objects in this gallery provide an impression of the many facets and high quality of applied arts of China, Japan and Korea. The 'treasury' offers a display of small, sophisticated pieces from all over Asia

AD 1세기경에 불교가 인도에서 중국에 전파되었다. 그리고 몇 세기 후에 한국과 일본까지 전해졌다. 이로 인하여 부처상과 다른 성물들이 광범위하게 생산되었다. 고대에는 다신교가 이미 지역에 존재했다. 예를 든다면 중국에서는 4000년 이상의 날자가 새겨진 청동제품과 비취제품들이 역시 남겨졌다.

그러나 동아시아 문화는 전적으로 신이나 사후세계에 초점이 맞추어진 것은 아니었다. 사치스런 물건과 금속 작업과 칠기세공품은 동시에 사람들이 이승에서의 안정적인 삶을 향유하는 것이었다. 이러한 제품을 지속적으로 수집하고 연구한 오랜 전통이 있었다. 문화 엘리트들은 예술품의 목록을 모았고 도자기의 유약으로 여러 가지 정교한 색채의 재품을 만든 것을 학술 논문으로 썼다.

이 미술관에 진열된 유물들은 많은 사실과 중국, 일본, 한국의 질 높은 예술 수준을 보여 줄 것이다. 이 전시는 전 아시아 예술의 진수이지만 일부에 불과하다.

미술관 밖의 분수에서 노는 아이들

밖에 나와 보니 분수속에서 아이들이 놀고있었다. 너무도 천진스러운 모습이었다.

점심을 먹고 반 고흐 미술관에 갔다. 5분 거리이었다. 그런데 관람객이 많아 줄을 서 있었다. 국립미술관에도 관람객이 많았는데 줄은 서지 않았다. 근 40분이나 기다린 후에 들어갈 수 있었다. 이곳은 사진 촬영이 금지되었다. 사실 반 고흐전시회는 한국에서도 여러 번 있었다. 파리의 오르세 미술관에서도 보았다. 그러나 사진 촬영이 금지되어서 사진을 찍을 목적으로 들어갔는데 허사가 되었다. 팸플릿도 성의가 없었다.

소득이 전혀 없는 것은 아니었다. 그의 유명한 해바라기 사진이 반겼다. 그리고 상자에 든 그의 유품인 반 고흐의 팔레트와 물감튜브^{Van Gogh's palette and tubes of paint}. 자화상을 사진에 담아왔다. 편지 원본도 있었다. 다음 사진은 오베르 쉬르 우아즈에서의 고흐에 관한 많은 자료들 같았다.

그림 옆에는 다음과 같은 고흐의 명구가 있었다.

'Looking at the painting should rest the mind, or rather, the imagination.' 미술을 감상하는 것은 마음의 휴식을 취하는 것이다. 그렇지 않다면 차라리 상상해라.

초기의 작품에서부터 완성기의 작품까지 화풍이 다양했다. 작품 수는 엄청 많았다.

고흐를 위한 훌륭한 미술관이었다.

기념품 상에 가서 책을 2권 샀다. 물론 영어로 된 책이다. 사위에게 줄 선물이다. 두 권에 59유로이었다. 읽기가 어렵겠지만 미술을 전공한 사람이니 참고가 될 것이다. 한 권은 반 고흐 그림책이고 또 한 권은 인상파 화가들의 책이다.

미술관 두 곳을 보는 것으로 하루가 지났다.

집에 와서 짐을 가져다 놓고 소라가 귀고리를 사고 싶다고 해서 나갔는데 마음에 드는 것이 없어서 허탕을 치고 돌아왔다.

밤에 소라가 고흐의 그림책을 열심히 읽었다.

∴ 고흐의 〈해바라기〉

∴ 고흐의 팔렛트와 물감 튜브

∴ 이 사진에는 고흐가 마지막 산 1890년 오베르 쉬르 우아즈의 하숙집, 테호와 나란히 묻힌 무덤, 반 고흐의 사망 광고, 그를 소재로 한 만화, 그의 걸작 중 하나인 까마귀가 나는 밀밭 등이다.

∴ 고흐의 필체와 편지

∴ 예술가의 방

2014. 8. 1. |토| 로테르담 맑음

벌써 8월이다. 이제 긴 여행도 5일 남았다. 10여 일 전만해도 빨리 가기를 바랬는데 이제 끝날 무렵이 되니까 아쉬움이 남는다.

암스테르담에서 3일을 관광하고 로테르담Rotterdam의 킨데르다크Kinderdijk에 가서 풍차를 보려고 길을 떠났다.

3일 동안의 주차비가 90유로이다. 호텔에서 카드로 지불하고 지하주차장에 가서 차를 끌고나오는데 차단기가 열리지 않는다. 카드로 지불해서 2유로를 더 내란다. 동전을 넣는 곳이 없다. 아무데나 넣었더니 동전만 꿀꺽하고 열리지 않는다. 이번에는 4유로를 지불하란다.

하는 수 없이 카드와 동전을 들고 지상의 주차장 관리인에게 갔더니 자리를 비우고 단추를 눌러도 응답이 없다. 지하에 다시 내려와서 어떤 남자에게 도움을 청했더니 동전을 위에 가서 기계에 넣어야 된단다. 다시 위로 올라갔더니 마침 관리인이 있어서 이야기를 했다. 4유로를 기계에 넣어주면서 2유로에 대해서는 알바 아니란다. 더러운 놈들! 기계를 잘 만들어 놓을 것이지. 욕이 저절로 나왔다.

지하에 내려가서 소라에게 이야기하고 카드를 넣었더니 차단기가 그제야 열려 주차장을 나왔다.

암스테르담 시내의 도로가 미로와 같아서인지 자꾸 내비가 헤맨다. 한참을 헤매다가 겨우 빠져나와 고속도로로 접어들었다. 킨데르다크까지는 90km이다. 룩셈부르크까지는 493km이다. 시간을 보니 8시에 출발했는데 지하주차장과 암스테르담 시내에서 허비한 시간이 2시간 반이라 이미 10시 반이다.

네덜란드는 다시 보아도 평야다. 지평선이 끝없이 전개된다. 목장이 이곳보다 더 많은 곳을 보지 못했다. 평야에 한가롭게 풀을 뜯는 소들을 보니 소의 팔자도 출생지에 따라서 결정되는 것 같았다. 감옥 같은 소막사에서 사료만 먹는 한국의 소가 불쌍하다.

∴ 킨데르다크Kinderdijk의 풍차

∴ 풍차
풍차 옆에는 집과 보트가 있다

로테르담Rotterdam의 킨데르다크Kinderdijk에 도착한 것은 11시 반 경이었다. 두 개의 수로에 풍차가 20여개 있었다. 그림에서 본 것처럼 아름답진 않았다. 몸통이 하얀색이 아니고 거무튀튀한 색이었다. 각각의 풍차 옆에는 집과 배가 있었다. 수로변에는 갈대가 무성하게 자랐다. 수로의 물빛이 칙칙했다. 4.5유로씩 지불하고 30분 동안 유람선을 타고 풍차를 구경하고 사진을 찍고 룩셈부르크 시티를 향해서 길을 떠났다.

로테르담 시내가 멀리 보였다. 로테르담은 네덜란드의 두 번째 큰 도시로 유럽 최대의 항구로 소개되어있다. 인구가 겨우 60만 정도의 중간 도시가 이런 명성을 얻은 것은 무엇일까?

긴 터널을 지나더니 가끔 고속도로가 막힌다. 50km로 달리라는 표시가 나온다.

룩셈부르크에 가려면 벨기에 영토를 지나야한다. 구릉이 나타났다. 내일 갈 브뤼셀과는 이별을 하고 아론Arlon을 향해서 달렸다. 아론을 지나 룩셈부르크 나라에 진입했는지 분위기가 달랐다. 이태리와 포르투갈 이민이 많이 산다는 이 소국은 경제적으로 부자란다. 도시가 참 아름답고 깨끗했다.

이름도 이상한 Double Tree by Hilton Luxembourg 호텔에 도착 여장을 풀었다.

룩셈부르크

Luxembourg

2014. 8. 2. |일| 룩셈부르크 맑음 쾰른 떠나면서 비 브뤼셀 맑음

∴ 광장의 재미있는 조각들

∴ 꽃 가게

룩셈부르크 시티를 잠시 구경하고 쾰른 성당을 보려고 한다. 룩셈부르크 시는 피트뤼스와알제르 강 계곡에 발달된 도시이다. 이 시는 과거 400년 동안 20번 이상 포위되고 무너지고 다시 세워진 도시라고 한다. 그만큼 전략적인 요충지이며 지금은 세계자연유산에 등재되어 있을 정도로 역사적이고 아름다운 도시이다. 도시의 산세가 범상치가 않다. 일인당 국민 GDP는 $92,506로 세계 1위다.

∴ 룩셈부르크 시가

∴ 정면에서 본 쾰른 대성당

시내에 있는 조각들이 해학적이고 해학적이었고, 우연히 꽃 시장에 갔는데 꽃을 사는 사람들이 참 많았다. 꽃을 사랑하는 사람이 많다는 것은 그만큼 자유스럽고 평화하다는 이야기다.

쾰른 성당에 가기 위해서 서둘렀다. 도시를 막 빠져나오는데 연료부족 신호가 나왔다. 고속도로까지 갔으나 주유소가 없었다. 연료부족 신호가 3번이나 나와 고속도로에서 나와 지나가는 차를 세우고 물어보았더니 5km만 가면 주유소가 있다고 해서 찾아가서 디젤을 가득 넣었다. 어제 디젤을 넣었으면 이런 일이 없을 터인데 나태해져서 벌어진 일이었다.

쾰른까지는 200km가 넘는 길이었다. 성당 하나를 보러 200km를 달린다. 어찌 보면 어리석은 일 같기도 한데 이것이 여행이다. 서둘렀는데도 1시 반이나 되어서 쾰른 대성당에 도착했다.

자료를 찾아보니까 쾰른 대성당은 높이가 157.38m이며 1248년에 시작을 해서 1880년에야 완성이 되었다 고한다. 1996년 세계문화유산으로 등재되었고 이 성당은 "인류의 창조적 재능을 보여주는 드문 작품"이라는 칭송이 자자하단다.

대성당에 도착해보니 관광객이 참 많았고 지하주차장은 축구장 서너 개 정도로 넓었는데 차가 꽉 찼다. 건물은 세월의 때가 묻어 시커멓다. 200km를 달려올 가치가 있다고 생각되었다. 결혼 기념 사진을 찍는 사람들도 있었다.

∴ 옆에서 본 쾰른 대성당

∴ 쾰른 대성당을 사진에 담고 있는 사진사

∴ 쾰른 대성당 내부

∴ 금박한 성화

∴ 중국의 인권을 규탄하는 독일 사람들

중국강제수용소를 규탄하는 현수막을 든 사람들이 있어 사진을 찍었더니 영어판과 한글로 된 팸플릿을 주었다. 나치독일의 유대인 집단 학살과 비슷한 일이 중국에서 일어난다는 내용이었다.

중국에 대해서는 이런 고발이 있는데 왜 북한에 대해서는 서양인들의 고발이 없을까? 북한이 중국보다 더하면 더했지 덜 하지 않는데. 잠시 생각에 잠겼다.

대성당 내부에 들어가 보았다. 내부는 웅장하고 화려하고 아름다웠다. 기둥의 숲을 보는듯 했다. 비교가 무의미한 것이지만 지금까지 본 성당 중에서 최고인 것 같았다. 우리는 구경을 하고 브뤼셀을 향해서 떠났다.

막 쾰른을 떠나는데 비가 내리기 시작했다. 독일은 참 비가 많은 곳이다. 비가 내리기 시작하면 동이로 물을 붓는 것 같다. 차가 달릴 수가 없다. 1시간쯤 비가 내리더니 언제 비가 왔느냐 듯이 그치고 날이 밝았다. 이제 벨기에 영토에 진입했고 어제 아론을 지날 때와 달리 공장도 있고 평야지대라 벨기에의 진면목을 보는 것 같았다. 가만히 생각해보니까 지난 월드컵에 우리나라가 벨기에에게 진 것이 생각났다. 남한의 1/3 정도의 나라에 진 것이다. 하긴 중국도 우리나라에 지지 않는가. 중국은 공한증을 앓고 있는 점이 심각한 문제일 것이다. 축구는 그런 경기이다.

  브뤼셀에 도착한 것은 오후 6시가 넘어서였다. 주차비가 주말이라 30유로라고 해서 거리 옆에 차를 세워두었다. 밤에는 공짜고 낮에는 1시간 당 1유로란다. 하루에 9유로만 내면 된다.

  벨기에는 홍합요리가 유명하다고 해서 가까이에 있는 음식점에 가서 지금까지의 무사 여행을 자축할겸 홍합요리와 맥주를 마셨더니 38유로가 나왔다. 소라도 맥주를 2잔이나 마셨다.

  기분이 참 좋았다. 그러나 대전의 농수산 시장에 가서 홍합 2,000원어치만 사면 포식을 하는데 40,000원 이상이 들은 셈이다.

  홍합 요리도 그만 먹어야겠다. 한국 가서 실컷 먹기로 했다.

벨기에

Belgium

2014. 8. 3. |일| 브뤼셀 맑은 후 오후 한때 비

브뤼셀에서는 그랑 플라스Grand Place와 왕립미술관Musees Royaux des Beaux-Arts, 악기박물관Musee des Instruments de Musique 만 보기로 했다. 브뤼셀은 유럽 연합EU 본부가 있어 사실상 유럽 연합의 수도이다.

∴ 악기박물관의 다양한 섹스폰   ∴ 여러 종류의 금관악기

호텔 리셉션에서 트램 타는 방법과 표 끊는 법, 타는 역과 내리는 역, 트램의 번호를 물어서 나갔다. 광장에 일요시장이 서고 있었다. 농산물과 과일 잡화 등 다양했다. 사진을 찍었더니 퍽 좋아한다.

지하철까지는 5분 거리라고 말했는데 먼 편이었다. 근 10분은 걸어 가야했다. 슈만 역은 이제 공사 중이라 내려가고 올라오는데 엘리베이터와 에스컬레이터도 없었다. 1호선과 5호선 중 어느 것을 타도 좋다고 해서 얼른 탔다. 4번 째 정거장에서 내렸다.

∴ 목관악기 현악기

∴ 옛 피아노와 축음기

∴ 음향기기

　소라는 세계 제일이라는 악기박물관을 가보고 싶다고 말해서 그렇게 하자고 했다. 색소폰 악기가 참 많았다. 그리고 전통 악기와 피아노, 기타와 바이올린 등 종류가 다양했고 수량도 많았다. 사진을 많이 찍었다. 유리 상자에 넣어 있어 비친 그림자가 안 나오도록 조심해서 찍었는데 소용없었다. 소라는 사진을 나보다 배는 많이 찍은 것 같다.

　오후에는 왕립미술관 Musees Royaux dex Beaux-Arts에 갔다. 악기 박물관에서 가까웠다. 요금은 싼 편이었다. 박물관 3곳을 보는데 9유로 씩 18유로를 냈다. 처음은 지하에 갔다. 좋은 그림이 많았다. 사진 촬영이 금지되었다. 감시가 그렇게 심하지는 않았다. 반 허용인 것 같아 사진을 찍었다.

　다음은 마그리트 박물관 Musee Magrittee museum 전시실이있다. 별로 볼만한 그림은 없었는데 사진 촬영을 하지 말라고 출입구에서 금지시켰다. 아래 사진들은 왕립박물관 사진들이다.

∴ 입구에 있는 〈수태교지 조각〉

∴ 얀 반 데렌Jan Van Delen의 〈모성 상 Staue of Caritas(隣人愛)〉

∴ 미술관 입구

얀 반 데렌Jan Van Delen의 〈모성 상Staue of Caritas(隣人愛)〉,

장 프랑수아Jean-Francois Portaels의 〈사막의 전투Battlefield in the desert〉, 루이 갈라이트Louis Gallait의 〈예술과 자유Art and Liberty〉,

구스타프 워퍼스Gustaf Wappers의 〈보카치오 나폴리여왕 조안나에게 데카메론을 읽어주다Boccaccio reading from the Decameron to Queen Johanna of Naples〉.

∴ 구스타프 워퍼스의 〈보카치오 나폴리여왕 조안나에게 데카메론 독서〉

∴ 헨리 레이스의 〈1583년 앤트워프의 프랑스 분노. 스케치〉

헨리 레이스Henry Leys의 〈1583년 앤트워프의 프랑스 분노, 스케치 French Fury in Antwerp in 1583. Sketch〉,

∴ 구스타브 드 스메트의 〈이브 또는 사과〉

∴ 구스타브 반 데의 〈우스테이네의 일요일 오후〉

구스타브 드 스메트Gustave Franciscus De Smet의 〈이브 또는 사과Eve or The Apple〉, 아드리아 조셉 헤이만Adrien Joseph Heymans의 〈달밤Moonlit Sky〉, 찰스 허먼스Charles Hermans의 〈새벽에At Dawn〉,

귀스타브 반 데 우스테이네Gustave Van de Woestyne의 〈일요일 오후Sunday Afernoon〉 등의 사진을 카메라에 담았다.

∴ 정원이 아름다운 광장

    구경을 하고 그랑 플라스 Grand Place 로 갔다. 광장에 사람들이 북적이며 일요장이 서고 있었다. 광장주변에는 음식점이 많았는데 의자에 빼곡히 앉아서 음식을 들며 맥주를 마시고 있었다. 삶을 즐기는 여유로움이 있었다.
    카이젤 수염을 멋있게 기른 사람의 동상이 있었고 관광객들은 그곳을 배경으로 사진촬영을 열심히 하고 있었다. 브뤼셀도 관광객이 많았다.

2014. 8. 4. |월|브뤼셀 맑음

브뤼셀의 만화박물관^{Centre Belge de la Bande Dessinee}과 오줌 누는 소년 분수^{Manneken Pis}, 아토미움^{Atomium}을 보기로 하였다. 그런데 가장 기대를 가진 만화박물관은 월요일이라 문을 열지 않는단다. 내일 방문하기로 하고 아토미움에 가기로 했다. 아토미움은 1958년 세계박람회에 출품한 철 분자를 16억 5천만 배로 확대한 거대한 모형인데, 처음 그것을 보면 누구나 감탄한다고 한다.

∴ 아토미움 전경

∴ 빛의 향연

호텔 리셉션에 물었더니 1호선이나 5호선을 타고 Arts-Loi역에 가서 6호선을 타고 Heysel Heizei역에서 내려서 걸어가면 된단다. 20역을 가는 걸 보니 교외에 있는 것이 분명했다.

∴ 붉은 빛의 향연　　　　　　　　∴ 브뤼셀 시가 전경

　여행안내서의 설명대로 거대한 구조물이 있었다. 알루미늄 색으로 햇빛에 번쩍이는 구조물의 높이는 102m이고 9개의 구형으로 조성되었다. 102m의 Top은 엘리베이터로 오르게 되어있고 3, 4, 5관은 에스컬레이터로 오르게 되어있었다. 구조물은 여러 색의 광선으로 현란하게 만들어 놓았다. 우리 대전의 엑스포가 생각났다. 1993년에 만든 한빛탑은 사장되었는데 브뤼셀의 1958년의 작품이 아직도 구경꾼들을 불러 모으고 있으니, 이 차이는 무엇일까? 두고두고 생각해볼 필요가 있을 것이다.

　　The Atomium is a building in Brussels originally constructed for Expo 58, the 1958 Brussels World's Fair. Designed by the engineer André Waterkeyn and architects André and Jean Polak, it stands 102 m (335 ft) tall. Its nine 18 m (59 ft) diameter stainless steel clad spheres are connected so that the whole forms the shape of a unit cell of an iron crystal magnified 165 billion times.

　　Tubes of 3 m (10 ft) diameter connect the spheres along the 12 edges of the cube and all eight vertices to the centre. They enclose stairs, escalators and a lift (in the central, vertical tube) to allow access to the five habitable spheres which contain exhibit halls and other public spaces. The top sphere includes a restaurant which has a panoramic view of Brussels.

CNN named it Europe's most bizarre building.

　　아토미움^{Atomium} (/ at oum I am / a- TOH -mee-əum)은 1958년 브뤼셀 세계 박람회를 위해 만든 브뤼셀에 있는 본래의 구조물이다. 엔지니어 앙드레 ^{Waterkeyn}가 디자인했고 건축가 앙드레와 장 폴락이 만든 구조물은 높이 102m (335피트)이다. 직경 18m (60피트)인 9개의 스테인리스 스틸 구를 연결해서 전체 모양, 수정같은 쇠구를 유니트 셀의 모양이 되도록 16억 5천배로 확대했다.

　　튜브는 정육면체의 12모서리와 8개의 꼭지 점 모두는 중심부에 연결되어있다. 전시 홀과 기타 공공장소가 있는 5개의 관람 가능 공간에 접근 할 수 있도록 계단, 에스컬레이터 및 리프트 (중앙의 수직 튜브에 있음)를 연결해 놓았다. 꼭대기 구는 레스토랑과 브뤼셀의 파노라마 전망대를 포함한다. CNN은 아토미움을 유럽에서 가장 기괴한 건물로 이름 지었다.

∴ 오줌 누는 소년 분수

　　구경을 마치고 두 번째 구경할 오줌 누는 소년 분수를 보러갔다. Baurse Beurs역에서 내려 조금 걸어가니 관광객들이 몰려있는 곳이 있었는데 바로 그곳에 오줌 누는 소년 분수가 있는데 너무 작아 기가 막혔다. 무슨 사연이 있기에 이 조각이 그렇게 유명하게 되었는지 모를 일이다. 사진을 좀 찍고 쇼핑가를 기웃거리다가 햄버거 집에 들려 햄버거를 하나 사서 맥주를 마시며 먹고 호텔로 돌아왔다.

　　앞 슈퍼에 가서 땅콩을 샀는데 생 땅콩이었다. 그것을 까서 볶아야 되겠다.

　　이제 내일 만화박물관을 구경하고 파리로 떠난다. 그리고 6일 귀국비행기를 탈 것이다. 돌이켜 보니 이번 여행에서 햄버거는 처음 먹어 본 것 같다.

2014. 8. 5. |화| 브뤼셀 맑음

　브뤼셀의 만화박물관을 보고 파리로 가야한다. 내일 귀국 비행기를 탄다. 서둘렀다. 브뤼셀 시 세금을 하루에 9유로씩 27유로를 요구했다. 세금 받는 방법도 여러 가지다. 현금으로 지불했다. 그리고 만화박물관 주소를 입력하고 박물관을 찾아갔다. 주소만 올바르면 잘 찾아가는 것이 내비이다. 시내라 그런지 주차비도 많이 받았다. 11시 반까지 4유로를 지불했다.

　만화박물관은 3층인데 관광객이 의외로 많았다. 언어가 다르니까 수박겉핥기로 볼 수밖에 없다. 특히 일본 관광객이 많았다. 정말로 진지하게 보는 사람들. 노인들도 더러 있었다.

∴ 만화 창작실

∴ 만화 표지들

　벨기에 만화를 이끈 두 잡지 〈땡땡〉과 〈스피루〉를 전시해 놓았다. 다음과 같은 글귀가 눈에 띄었다.

　"제 9예술과 아브누보의 결합 The marriage of the ninth art and Art Nouveau" 이라는 문구이었다. 그리고 유럽만화의 아버지인 벨기에의 작가 에르제Hergo와 그의 작품 〈땡땡의 모험The Adventures of Tintin〉을 많이 전시해 놓았다.

에르제의 경력과 피켓을 든 열렬한 애독자들의 그림과 땡땡의 시대별 주인공의 변천표를 보며 그가 얼마나 위대한 만화가인가를 알 수 있었다.

에르제 못지않게 유명한 천재 만화가 인 앙드레 프랑캥 Andre Franquin과 그의 작품 〈가스통 라가프 Gaston Lagaff〉와 〈마수필라미 Marsupilami〉도 전시해 놓았다.

사진을 조금 더 보고 선물가게에 가서 서진이에게 줄 인형을 하나 샀다. 10 유로를 주었다.

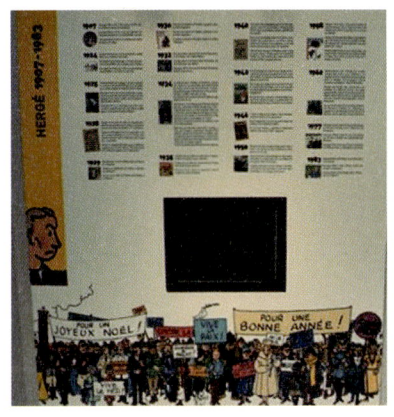

∴ 유럽 만화의 아버지 에르제의
  〈일생과 독자의 환영 사진〉

∴ 스모피 캐릭터   ∴ 에리제의 탱탱의 모험   ∴ 구여운 만화 캐릭터들
                시리즈의 탱탱 캐릭터

만화박물관의 선물가게 앞에는 캐릭터들이 많았다.

구경을 하고 파리 베스트 웨스턴 호텔의 주소를 입력하고 308km를 달렸다. 시내의 좁은 도로를 지날 때 Unmaped 신호가 나왔다. 이럴 경우는 큰 도로로 나가야한다. 큰 도로로 나갔더니 유턴하란다.

기름이 어떤가?. 소라에게 물었더니 300km는 달릴 수 있단다. 국경을 지나자 프랑스 영역표시가 나타났다. 그리고 지금 보니 프랑스는 도로 주변에 나무가 없어서 시골 경치를 잘 감상할 수 있다.

어제 밤에 글을 좀 쓰느라고 잠을 덜 잤더니 졸린다. 소라도 졸아서 좀 쉬었다가 다시 달렸다.

소라가 어떻게 생각했는지 오늘 렌트한 차를 반납하잔다. 처음에 나는 오늘 반납하고 소라는 내일 반납하는 것이 좋겠다고 해서 싸우기 싫어서 그렇게 하기로 했는데 주차비가 15유로라고 했더니 오늘 반납하자는 것이었다. 사실 내일 12시 04분 비행기인데 차를 반납하고 비행기를 타려면 바쁠지도 모른다. 내 의견을 이야기했더니 소라도 이해하고 오늘 반납하기로 했다.

파리 호텔에 도착해 가는데 연료부족 사인이 나타났다. 디젤을 좀 넣을 걸 잘 못했다. 간신히 호텔에 도착하고 호텔의 종사원에게 부탁해서 차를 인도하게 했다. 리스회사에 가서 차를 반납하니 기분이 홀가분했다. 그러나 80여일 여행을 같이 한 차와 이별은 서운한 것이었다. 호텔 종사원에게 팁으로 5유로를 주었다. 그래도 주차비를 내는 것보다 이익이다.

다음은 내일 탈 비행기 표이다. 호텔에 부탁했으나 종업원이 못해서 우리는 셔틀버스를 타고 비행장에 가서 소라가 기계에서 비행기 표를 뽑아왔다. 호텔 바에 가서 맥주를 사서 마셨다. 이제 내일 비행기를 타고 무사히 가는 일만 남았다.

한숨 자고 일어나 짐정리를 했다. 웬만한 것은 다 버리기로 했다. 문제는 선물용 꿀 20병이다. 안 깨지도록 옷으로 잘 쌌다.

2014. 8. 6. |수| 파리 흐림

    귀국 비행기를 타려면 서둘러야하기에 6시 반 경에 식당에 갔다. 음식이 이미 동이 났다. 심지어 빵조차 없었다. 바게트도 없고 냄비에는 채소류도 없었다. 이런 경우는 처음이다. 아마 중국인 단체손님이 휩쓸고 간 것 같았다. 우리도 바쁘고 해서 그냥 먹기로 하였다.

    리셉션 실에 있는 소나무와 둥근 공을 기념 촬영했다. 꿀병을 넣었더니 가방 두개 무게가 굉장하다. 셔틀버스가 와서 짐을 싣고 탔다.

    어제 리즈한 시티론을 반납한 것은 정말 잘 했다. 그리고 비행기 표를 뽑아 둔 것과 1, 2, 3터미널을 가 본 것도 잘 한 일이었다. 프랑스 드골 공항이 구조가 이상해서 당황하기 일 수일 것 같았다. 3터미널에서 내려 1터미널을 찾아 루프단자 회사를 찾는데도 어려웠다. 물어갈 수밖에 없었다.

    루프단자 회사 세 4 구역에 갔더니 줄이 끝이 안보일 징도이었다. 또 줄이다. 소라가 줄을 섰다. 나는 의자에 앉아 기다렸다.

    11시 45분까지 탑승 12: 40분 뮌헨으로 출발, 뮌헨에서 16시 05분 출발 서울인천 도착이다.

    뮌헨은 한 시간 정도의 거리이었다. 점심으로 샌드위치를 주었다. 좌석이 소라와 떨어져있어서 소라는 점심을 어떻게 하는지 몰랐다. 수진이 지은이 희정이 선물로 향수를 샀다. 그리고 포도주 2병도 샀다. 이제 결국 선물은 다 산 셈이다. 마음이 가볍다.

    16시 05분 뮌헨공항을 이륙하자 주위의 농경지가 보였다. 옥수수 농장이 절반은 되는 것 같았다. 독일도 옥수수 농사를 많이 짓는다. 그리고 지루한 비행시간이 계속되었다.

뮌헨에서 출발한 비행기는 저녁으로 쌀밥과 소고기 갈비가 나왔다. 입맛에 맞아 맛있게 먹었다. 밥 먹는 시간은 시간이 잘 간다.

비행기가 북쪽으로 해서 러시아 영공을 지나오기 때문에 북쪽이 붉은 색으로 물들었다. 스마트 폰으로 사진에 담았는데 어떨지 모르겠다.

서울에 도착, 출구를 나갔더니 동서와 처제, 사위와 지은이, 수진이가 마중을 나왔다. 지은이는 어제 분양받았다며 맹도견 새끼를 안고 있다. 사위도 방학이라 나와서 밥을 사주었다. 건하와 산하는 공부 때문에 나오지 않았다. 선물을 건네고 대전으로 오는 리무진을 탔다. 한 시간쯤 잠을 잤다. 한국은 비가 내렸다.

소라가 오피스텔에 차를 가지고 와서 e마트에 들려 장을 봐왔다. 우리가 사는 O2 그란데 미학 아파트에 오니 피로가 한꺼번에 밀려왔다. 무사히 여행을 마칠 수 있어 다행이었다.

유럽여행일기
82일간 유럽여행 일기

2017년 12월 15일 인쇄
2017년 12월 20일 발행

|지 은 이| 배인환
|발 행 인| 정해석
|후   원| 대전광역시, (재)대전문화재단

|펴 낸 곳| 애드파워
|주   소| 대전시 유성구 대학로 227번길
|전자우편| addpower1@addpower.co.kr

|대표전화| 042-862-9607
|팩   스| 042-862-4510

ISBN : 978-89-88852-63-7 (03800)
값 23,000원

이 사업은 ❋대전광역시 대전문화재단에서
사업비 일부를 지원 받았습니다.